천주성교 天主聖教

자책 自責

스스로 꾸짖음이라

박형무朴炯武 品

천주성교 天主聖敎 자책 自責

첫째판 1쇄 인쇄 | 2013년 7월 1일
1쇄 발행 | 2013년 7월 8일
둘째판 1쇄 인쇄 | 2014년 5월 30일
1쇄 발행 | 2014년 6월 10일

지 은 이 박형무
발 행 인 장주연
발 행 처 군자출판사
등 록 제 4-139호(1991. 6. 24)

본 사 (110-717) 서울특별시 종로구 창경궁로 117 (인의동) 동원회관 BD 6층
Tel. (02) 762-9194/5 Fax. (02) 764-0209

* 파본은 교환하여 드립니다.
* 검인은 저자와의 합의 하에 생략합니다.

ISBN 978-89-6278-889-1
정가 12,000원

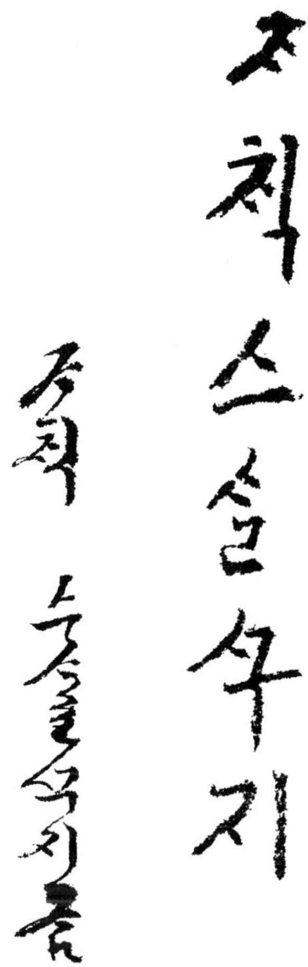

천주 강생 이천 십삼년 사순시기에

박형무 방지거

■ 붓글씨는 필사본 자책에 쓰여 있는 글씨이다.

서문

이 땅에 천주교가 들어 온 지가 200년이 넘어섰다. 외부로부터 민들레 씨앗처럼 날아 들어온 천주교는 많은 신앙 선조들의 순교로서 뿌리를 내리게 되었다. 천주를 신앙함은 근본적으로 유교를 기반으로 한 조선 사회의 마찰과 저항을 불렀고, 선조들은 끝내 자신의 목숨을 버림으로서 신앙을 증거하고 지켜나갔다.

한국 천주교는 순교사로 시종되고 있다. 천주교가 이 땅에 전래된 다음해 을사乙巳년의 추조적발사건秋曹摘發事件을 시작으로 초기의 신해辛亥박해, 그리고 신유辛酉, 기해己亥, 병오丙午, 병인丙寅년의 사대박해 등 여러 크고 작은 박해와 교난敎難 등을 거치며 약 일만 명 이상의 선조들이 성교聖教를 위하여 순교의 피를 뿌리며 신앙을 이어갔다. 한강 양화진의 잠두봉은 절두산切頭山으로 이름을 달리 할 만큼 역사의 참혹함과 신앙의 경건함을 말해 주고 있다.

신앙의 승리는 결국 거룩한 순교자들이 이룩한 몫 이었다. 순교자의 피는 신앙의 씨앗이 되어, 조선 천주교의 꽃은 활짝 피게 되고, 1857년 순교자 중 82분이 가경자可敬者로 선포되었다. 1925년에는 기해 병오박해의 순교자 79분이 복자福者로 시복되었고 1968년에는 병인박해의 순교자 24위가 다시 시복됨으로서 모두 103위의 복자를 모시게 되었다. 한국 천주교 전래 200년이 되는 1984년에 이들 103위 복자는 성인으로 시성되었다.

자책은 신유박해 때 배교를 하고 경상도 한구석으로 유배를 간 한 인간의 글이다. 그런 면에서 자책은 배교를 했던 패배자의 글이다.

살기 위해 겉으로 마음에도 없는 배교를 하고 일생 스스로를 꾸짖으며 한없는 슬픔과 후회에 가슴을 치며 자책했을 그를 떠올려 본다. 얼마나 절망하고, 후회하고, 슬퍼하였을까. 이승세복은 말할 것도 없거니와, 두 번 다시 천주를 뵈옵지 못하고, 죽어서도 천당영복을 모두 잃어 가련한 처지가 될 것을 생각하며 그는 한없는 안타까움에 가슴을 저미었을 것이다.

천주를 위해 자신을 내어놓는 행위, 위주치명爲主致命은 아마도 천주를 위해 할 수 있는 인간 최고의 희생일 것이다. 주主께 바치는 이러한 희생은 정말 인간의 한계를 뛰어넘는 것이며 주의 크나큰 은총만으로 가능하다. 그러나 인간적인 허약함으로 인해 어쩔 수 없이 자신의 신앙을 포기하고 소위 "배교자"로서 모진 목숨을 이어간 사람들은 아마도 소수의 순교하신 분보다는 수백, 수천 배나 많았을 것이고, 이러한 평범한 보통의 사람들은 무관심과 주목을 받지 못한 채 역사에서 잊혀졌다. 당시에 살았다면 많은 보통의 평범한 우리네 처지가 이러하지 않았을까?

생각해 보면 그들 배교자의 삶 또한 얼마나 고달팠을까? 아마도 죽음보다 더한 고통이었으리라. 강한자보다 약한 자가, 순교한 이보다 배교한 이가 아픔이 적고 괴로워하지 않았다고 누가 감히 단언할 수 있겠는가. 평범한 삶을 사는 우리네처럼 약한 자 또한 더 더욱 아프고 고통스러웠을지도 모를 것이다.

그는 자기 삶의 전부였던 천주를 위해 죽지 못한 자신이 한없이 부끄러웠다. 삶이 떳떳한 죽음보다도 못하여 괴로웠다. 신공을 세워 순교한 동료를 떠올리면 자신은 한없이 초라하고, 작게만 느껴졌다. 주를 또다시 십자가에 못 박은 망극함과 자신의 나약함에 한심하고 서러워 가슴을 치며 눈물을 뿌렸다. 타인들이 비웃는 '천주학 죄인'이 진정코 자신이었다면, 오히려 얼마나 기쁘고, 떳떳하고, 위안이 되었을까. 자신을 생각하면 할수록 슬픔과 후회에 가슴이 메이고 한심 가련하였다.

그러나 유배 중 그는 스스로를 꾸짖고, 진정한 뉘우침과 단단한 정개를 통한 일생 치명의 길로 나아감으로서 다시 구원될 수 있음을 깨닫게 되었다. 그는 천주 십계를 묵상하며, 자신을 다시 돌아보았다.

인간은 끊임없이 넘어지지만, 또한 일어설 수 있다. 천주께서는 넘어져 있는 우리 곁에 항상 계시고 우리가 손을 내밀기만하면 어느 때라도 어느 곳에서도 손을 잡고 일으켜 세워주실 것이다. 새벽닭의 울음에 구슬피 운 베드로를 용서하셨듯이 그렇게 용서하여 주실 것이다. 자책과 통회와 정개는 천주의 내미시는 손을 다시 잡음으로서 가능할 것이다.

자책의 그는 홍해의 유배 생활 중 자신의 심정과 깨달음을 글로서 남겨 두었다. 세상의 복도, 천상의 복도 잃었을 한 인간이 또다시 구원으로 나아갈 수 있음을, 깨달음의 과정으로 남겨두고 있다. 나처럼 용기 없고, 나약하고, 죄 많은 사람도 자책을 읽노라면 참으로 위안과 용기를 받을 수 있게 된다.

자책의 그를 위해, 또 책이 발간되기까지 도움을 주신 많은 분을 위해 그리고 우리 천주天主께 감사의 기도를 드린다.

천주 강생 이천 십삼년 사순시기에

박 형 무 방지거芳濟加

추천사

한국 교회사 연구 동인회의 간사로 활약 하고 있는 박형무 프란치스코 중앙대 의대 교수가 '자책'을 발간하였습니다.

'자책' 이라는 책은 신유박해 때 포항 지역 홍해로 유배오신 최해두라는 분이 자신의 부족한 믿음을 깊이 통회하며 남긴 문장을 현대문으로 풀이하여 쓴 책입니다. 최해두는 조선의 밀사인 윤유일 바오로의 사촌 매제가 되는 분으로 신유박해 때 주님을 증거하지 못하고 홍해로 유배 온 것에 대해 통절히 반성하며 자책이라는 문장을 남기신 분입니다. 자책의 문장 속에는 인간적인 고통, 고뇌 그리고 잘못을 통회함으로써 주님 앞에 용서를 청하는 참회의 내용이 담겨있어 오늘을 사는 우리 신자들에게 하느님의 자녀로서 지켜야 할 믿음과 삶의 도리를 주옥같은 문장으로 일깨워 주고 있습니다.

이 책에서는 고어로 쓰여 진 자책 문장을 원문과 함께 현대문으로 작성하여 누구나 읽기 쉽게 하였을 뿐만 아니라, 최해두의 문초록을 함께 수록하여 역사적 사실에 대한 고증에도 충실하였습니다.

저자는 최해두의 자책 원문을 읽은 후, 유배 중에 통회의 눈물 속에서 은수자적인 삶을 살아가신 분들도 있다는 사실을 알게 되었고 특히 최해두의 삶을 재조명하여 그분의 인간적 고뇌에 대하여 많은 독자들과 함께 나누고자 자책을 저술하게 되었습니다. 저자는 최해두와의 공감과 고증을 위해 홍해 성당을 방문하였으며 대리구의 시복 시성위원회에 참여하여 최해두를 위한 추모 활동에 대한 제안도 해 주신 바 있습니다. 저자의 이러한 열정은 우리 대리구에서 추진하고 있는 신앙의 뿌리 찾기 운동과도 맥락을 같이 하기에 대리구 시복시성 위원회에서는 여러 차례 논의를 거쳐 2014년 6월에 포항, 경주 지역 신앙 뿌리 찾기 심포지엄을 개최하기로 결정하였으며, 아울러 신앙 선조 최해두를 추모하고 많은 분들에게 알리기 위하여 '자책'을 재 발간하기로 하였습니다.

박형무 교수의 '자책'이라는 책이 우리 형제자매들에게 널리 읽혀져 박해 시대 유배자들이 흘린 통회의 눈물에 대한 깊은 묵상과 함께 우리의 삶을 반추하며 더욱 더 깊은 신앙심을 다지는 계기가 되었으면 하는 바램입니다. 아울러 이를 계기로 우리 지역 신앙의 뿌리 찾기 운동에 대해서도 많은 관심을 가지게 되기를 기원합니다.

천주교대구대교구 제4대리구장

전 재 천(암브로시오) 신부

목차

일러두기

1. 이 책은 한국교회사 연구소에 소장되어 있는 필사본 자책의 영인본을 저본으로 하였다.
2. 본문에 표시된 쪽수는 필사본 자책의 쪽수이다.

자책 풀이

들어가는 말

조선시대 후기에 쓰여진 것으로 추정되는 "자책"은 한글로 쓰여진 비교적 짧은 글로서 현재 한국교회사연구소에 필사본으로 한부가 보관되어 있다. 서른두 쪽의 이 글은 1801년의 신유박해 때 "사학"을 믿었다는 죄명으로 문초를 받고, 배교함으로써 살아남아 유배 간 한 배교자의 신앙 고백을 담은 '참회록'이다. 이 글은 경상도 흥해興海 땅으로 유배간 자신의 심정과 향후 각오, 그리고 천주 십계에 대한 그의 생각으로 이루어져 있다.

자책의 그는 초기부터 조선 천주교에 적극 참여함으로써 깊은 신심과 신앙적 지식을 갖추었으나, 박해를 견디지 못하고 배교함으로써 그 후 천주교인으로써 참담하고, 비통한 삶을 살았던 것 같다.

그는 유배 생활의 현실적인 어려움보다는 죽기로 신앙했던 천주를 스스로 버린 자신의 인간적인 나약함에 대해 절망하였다. 이 세상과 하늘나라로 부터도 버림을 받게 되었다는 생각은 그를 깊은 슬픔과 고독 속으로 몰아넣었다. 순교로 치명한 동료들을 생각하면 살아있는 자신이 한 없이 부끄럽고, 나약하고 너무나 작아보였다.

천주가 없는 삶은 그 허망함이 너무나 깊어, 그는 삶의 의미에 대해 다시 깊이 묵상하였다. 결국 그는 진정한 뉘우침만이 천주의 삶으로 이끌

수 있음을 깨달았다. 이를 자책自責, "스스로를 꾸짖음"이라는 글로 남김으로써 자기의 믿음과 신앙적 삶의 편린을 우리에게 보여 보여주게 되었다.

배교背敎

그의 "스스로를 꾸짖음"은 이렇게 시작된다.

"두루 심란하고 답답하여 두어줄 글을 쓰노니, 슬프고 슬프도다. 나는 천주교에 입교하여 근 이십 년을 죽기로써 봉행하였노라. 그러나 시절이 불행하여 성교회에 대한 박해가 크게 일어나니, 평소 열심히 봉행하여 믿음을 크게 이룬 이는 모두 우리 천주의 가르침을 본받아, 목숨을 버리는 순교의 큰 은혜를 받았지만, 나처럼 아무런 공도 믿음도 없이 죄로 가득한 사람은 천주께서 내리신 순교치명의 큰 은혜에 동참치 못하고, 혼자 빠져나와 이곳 경상도 구석진 흥해 옥중에서 욕된 목숨을 부지하고 있으니, 이 어찌 절박하고 원통한 일이 아닌고."

흥해의 유배된 삶을 그는 '흥해의 옥중'이라 하였다. 흥해의 너른 들판도 동해의 푸른 바다도 유배된 그의 마음속의 이곳은 비좁고 답답한 옥중이었다. 믿음이 없어 순교치명의 큰 은혜를 받지 못하고, 경상도 한쪽 끝 흥해에 유배되어 욕된 목숨이 남아, 살아 있는 자신을 돌아보니 한심 가련하였다. 치명한 동료를 떠올리면 자신은 더욱 작고 초라하고 부끄러웠다. 삶은 차라리 죽음보다도 못하였다. 죽음보다 못한 삶을 산다는 것이 참으로 괴롭고 부끄러웠다. 떳떳하게 죽을 수도 없는 자기 삶이 처절하여 더욱 괴로웠다.

오, 살아남음으로부터 오는 이 부끄러움이여, 가련함이여, 절망이여.

자신의 사람됨이 본래 믿음이 부족하고, 모든 면에서 변변치 못하였다. 주를 향하는 마음은 뜨겁지 아니하고, 주를 위해 덕을 쌓는 데는 게을렀다. 뉘우치고 결심함은 부족하여 백이면 백가지가 어느 것 하나 남들보다 나은 것이라고는 조금도 없었다. 더욱이 이제는 유배되어 주위에는 권면하여 줄 친우도 없고 바른길로 이끌어줄 서책도 없으며, 믿고 바랄 사람 또한 하나 없어 앞으로는 홀로 세상을 헤쳐 가야만 할 것이다. 남은 삶은 무슨 모양으로 어찌될는지 가늠키가 어렵고, 참으로 암담하고 한심하기만 하구나.

세복世福, 천복天福을 양실兩失 함

"살아서는 세복을 잃고, 죽어서는 천복도 또한 잃을 것이니, 세상과 하늘의 복 모두를 잃을 것이요, 또한 살아서는 세상의 시련을 면치 못할 것이고 죽어서는 지옥의 저 벌을 면치 못할 터이니, 세옥 지옥은 또 어찌 다 견디자는 말인고."

그는 천복과 세복 모두를 다 잃게 되었음을 한탄하였다. 비록 이승 세복이 천복의 그림자라 잠깐이요 온전치 못하다 하였으나, 유배되어 이 흉해 옥중에 갇힌 신세이니, 이제 살아서는 이 세상의 복을 잃게 되었고, 또한 천주를 거스르고 배교하였으니, 죽어서도 영원 무궁세의 비할 데 없는 저 천상의 참된 복도 또한 잃을 것이라 탄식하였다.

세복도 천복도 다 잃을 것이니 앞으로 닥칠 이 세상의 시련과 지옥의 벌은 또 어찌 다 견디어 낼 것인가. 나 죽을 날이 가까워 오니, 지옥 또한 나날이 내 앞으로 가까이 다가오는구나. 누구를 원망하며, 누구를 탓하겠는가. 도대체 무엇이 부족하여, 육신의 욕심만을 좇고, 그 크신 주의 은총을 버렸단 말인가. 생각할수록 원통하고 애닯기만 하구나.

송경誦經

"음식과 의복은 육신을 기르는 재료요, 덕행과 선공은 영혼을 기르는 양식이니, 하루 두세 번 음식을 먹지 못하면 육신이 굶주릴 것이요, 아침기도와 저녁기도를 빠뜨리면 영혼이 때를 놓칠 것이다. 육신이 아침을 굶으면, 저녁에 비록 두 그릇을 먹어도 한때에 두 그릇을 먹었지, 아침에는 굶었고, 영혼이 때를 놓치고 그 후에 기도문을 외어 보속을 하여도 그때 이미 때는 놓치게 되었는지라, 어찌 아깝지 아니하겠는가."

새벽에 일어나 정신을 가다듬고 매번 암송하였던 아침 기도문의 '오직 나로 하여금 천주만을 생각하고 천주를 사랑하여 죽기에 이르도록 공경하여, 바르게 경계함을 따르게 하여 주옵소서'라고 한 이 구절은 대체 무슨 마음으로 매일 아침 그처럼 정성스레 외웠던가. 더욱이, '천하의 모든 복을 잃고 천하의 모든 고통을 다 받더라도 주께 죄를 짓지 아니하고, 이후는 주의 명을 단단히 지켜 한결 같이 죄에 빠질 끝을 버려 죄를 멀리 하리이다.' 라고 한 회죄경의 그 구절에 이르니 소스라치게 두렵기만 하구나. 주를 향한 나의 마음과 믿음이 이토록 무디고 허약하였던가.

죄인罪人, 천주학죄인天主學罪人

천지 만물을 창조하신 천주는 천지의 대군대부大君大父이시니, 천주를 섬기는 길을 잃어버린 나는 곧 천지의 죄인이 되었구나.

천주 없는 나의 삶은 이제 하루를 살면 하루의 죄가 쌓이고 한 달을 더 살면 한 달 모두가 죄일 것이다. 나날이, 다달이, 해해연년이 죄는 산과 바다처럼 첩첩 쌓이는데 고해성사를 통한 속죄의 길은 전혀 보이지 않으니 이를 어찌하면 좋을 것인가. 애고 애고, 나 죽으리로다. 가슴은 터지고 미치고 취한듯하여 그저 죽고만 싶은 심정뿐이며, 생각하면 생각할수록 그저 원통하고 애닯기만 할 뿐이다. 도대체 무엇이 부족하여, 그 크신 주의 은총을 버렸단 말인가.

천주로부터 돌아섬으로서 자신은 이미 끝이 보이지 않는 절망의 구렁텅이로 떨어져 버렸고, 앞으로는 살아가는 삶의 길이만큼 죄는 더욱 깊어만 갈 것이다. 그러나 움직일수록 더욱 깊이 빠져만들고 도저히 헤쳐 나갈 길은 보이지 않으니 서글프고, 가련하고, 안타까움에 절절히 탄식만 나오는구나.

천주여, 나의 천함을 보시고 나의 연약함을 살펴보소서. 나를 불쌍히 여기시어 내가 빠져드는 이 수렁에서 건져 주소서(시편 69:14).

이 곳 유배지 흥해의 사람들은 나를 매번 '천주학 죄인, 천주학 죄인'이라고 비웃고 조롱하나, 생각해보니 진정코 내가 우리 주 천주를 위하여 한 일이라고는 조금도 없구나. 천지 만물을 주재하시는 천주를 봉사함으로야 어찌 죄 될 일이 있겠는가마는 천주를 위해 한 일은 조금도 없고, 그저 헛된 이름만 가지고, 내용도 없이, 교회만 욕되게 하였으니, 나야 말로 '진실로' 천주학 죄인이 되었구나. 어찌 슬프지 아니하리오.

타인들이 나를 천주학 죄인이라고 비웃더라도 차라리 내 진정코 '천주학의 죄인'이었다면 오히려 얼마나 떳떳하고, 기쁘고, 마음에 위안이 되겠는가. 남들은 자신을 천주학 죄인이라고 부르나, 자신은 진정한 천주학의 죄인이 되지 못했기에 슬프기만 하였다.

고난苦難

유배 생활은 진정코 고통의 삶이었다.

진복팔단에 이르기를 고난을 받는 자가 진정 복된 사람이라 하였다. 그러나 내 비록 온 세상의 괴로움을 홀로 다 받은들 내 어찌 진정코 복된 사람이 되겠는가. 자신의 행위를 생각건대, 천주를 믿는 이로써의 무슨 도리를 행했다 할 수 있겠는가? 내가 이 흥해의 옥중에 앉아있음은 육신의 복을 취하고자 함인가, 육신의 안일을 위함인가?

예수께서는 상산수훈을 통해 고난을 받는 자가 참된 복을 받을 것이라 말씀하셨다. 그러나 고난을 받음에도 여러 까닭이 있으니 예수의 고난과 옛 성인의 모범을 따라 고난을 감수하면 비록 작은 고난이라도 다 공功이 되어 진정으로 복된 사람이 될 것이나, 이같이 아니하고는 비록 온 세상의 고난을 홀로 다 받더라도 진복의 사람이 될 수가 없을 것이다.

나의 행위를 돌이켜 보니 어찌 교우로서 도리를 행하였다 할 수 있겠는가. 나는 천주를 거슬러 배교하였음으로 온 세상의 고통을 홀로 다 받는다 하여도 복된 사람이 될 수 없을 것이고, 세상 고난이 또한 나에게 아무런 위안이 되지 못할 것이다. 예수는 나 때문에 모욕을 받고, 박해를 당할수록 후일 하늘에서 받을 상이 크다고 위로하였다. 그러나 내가 받는 고난과 세상의 모욕과 박해는 천주 때문이 아니라 오직 나 자신으로 인해 얻게 된 것임으로 조금도 기뻐하고 즐거워 할 수가 없었다.

내가 받는 고난은 진정 모두 다 헛 고난이고, 참 재앙眞禍이로다.

고난苦難을 감수甘受함

천주께서는 지극히 높고 귀하시며, 아무런 허물이 없으셔도 남의 나무람과 비웃음과 업신여김과 욕함을 달게 받으셨거늘, 나는 지극히 작고 천하며 죄악과 잘못이 첩첩히 쌓였으니 남의 나무람과 비방함을 받아 마땅하거늘 무엇을 참기 어려워하는가? 남이 업신여겨 욕하거든 평화한 얼굴로 고개를 숙이고 감사하며 달게 받으라. 해롭지 아니할 것이다. 그리하면 어찌 괴로운 중에서도 즐거움이 있지 아니하겠는가.

세상 고난을 당하면 세속사에 희망을 두지 않아 이로우며, 남이 나를 업신여겨 욕하면 겸손한 마음을 발하고 허영심을 드러낼 위험이 없어 도움이 되고, 남이 나를 천히 여겨 나무라고 비방하면 자연히 주님만을 증인으로 찾게 되어 유익하니, 오로지 천주께 온전히 의탁하고 세상에서 많은 위안을 찾을 필요가 없으리라.

자신의 죄지음과 이로 인한 세상 사람들의 조롱과 비방을 주의 은혜로 생각하여 주께 감사하고 기꺼이 달게 받을 것이다. 그렇게 함으로써 괴로움 속에서도 즐거움을 찾을 수 있으리라.

자신의 이러한 처지에 대해 뭇 사람들에게는 변명치 아니하고자 하였다. 자신의 입으로 변명치 아니하여도 주님께서는 속속들이 다 아시고 헤아려 주실 것이다.

자기 힘써 행行함

다만 이를 알기는 하나, 행하기는 극히 어려우니 이는 죄로 인해 주의 은총이 없고 힘써 아니한 자기의 탓이다. 덕을 쌓기 위한 자기 공부는 전혀 자기에게 달려있으니 주를 의뢰依賴하여 자기 힘써 선을 행하면 주 도우실 따름이니, 자기 힘쓰지 않으면 천주께서 어찌 도움을 줄 수 있겠는가.

자기 힘만 믿고 주를 의뢰치 아니하여도 공부가 있지 못할 것이고 주만 의뢰하고 자기 힘을 쓰지 아니하여도 또한 덕행이 서지 아니 할 것이다.

영혼靈魂의 조찰澡擦함

나의 영혼을 곧게 지켜 맑고 깨끗하게 하여야 주께서 즐겨 오실 것이다. 세상의 귀한 손님을 집에 모시려 하여도, 고운 자리에 불 밝히고 물 뿌리고 비로 쓸어 극진히 하여야 하거늘, 하물며 더없이 높고 귀하신 천주를 모시려 함에 있어서야 어찌 천주 모실 준비가 필요치 않겠는가.

내 영혼을 곧게 지켜 조찰케 하여야 주 즐겨 오실 것이요, 그리하여 주의 총광을 잃지 않아야 자연히 착한 일에 부지런하고 스스로 즐거움이 생겨 날 것이다. 만일 영혼이 사욕과 편정과 잡념으로 지저분하고 더럽혔으면, 천주 어찌 더럽게 여기시어 바삐 떠나지 않으시겠는가. 그리하여 주의 총광을 잃으면, 더럽고 악한 행실의 근본이 되리니, 마귀의 해 날로 심할 것이다.

성찰省察

유배지에서 삶은 살아도 살아 있는 것이 아니었다. 인간의 나약함과 천주 없는 인간 삶의 허망함을 뼛속 깊이 느꼈으며 자신이 살아내어야 할 남은 삶에 대해, 그리고 살아간다는 것의 진정한 의미에 대해 다시금 깊이 생각하였다. 자신을 자세히 살펴 일상에서 범한 모든 죄를 알아내어 반성하고, 진정한 뉘우침을 통해서만이 새로운 삶을 살 수 있음을 깨달았다.

우선 생각과 말과 모든 행함에 있어 성찰을 잘 하여야, 개과가 쉬울 것임을 알았다. 말 한마디를 한 후에도 이 말이 죄 될 말인가 아닌가 성찰하였고, 매 생각과 행함에는 짧은 순간의 즉각적인 시각時刻성찰을 행하였다. 아침과 저녁에는 정신을 가다듬어 조과와 만과를 행한 후에 어젯밤과 오늘 날을 어찌 지냈는가 조석朝夕성찰을 행하였고, 또한 한 달과 한해가 마치면 이 달과 이 해를 어찌 지냈는가 성찰함으로써, 일상에서의 성찰함을 조금도 그대로 지나쳐 보내지 않았다.

죄를 앎으로써 뉘우침이 생겨날 것이고, 뉘우침이 나야 다시는 죄 짓지 않기로 결심함이 단단할 것이므로 성찰만이 통회정개의 마음을 불러 올 수 있을 것이다.

향주삼덕向主三德

죄의 뿌리를 끊지 못함은 믿음의 덕이 없는 탓이다. 우선 신덕信德이 있어야 망덕望德을 바라며, 또한 애덕愛德이 따라 올 것이다. 굳게 믿음으로서 굳게 바랄 것이요, 사랑하는 마음이 발하여야 죄의 실마리가 없을 것이다.

착함을 행하고 악함을 피함에 있어 천주께로 향하게 하는 이 세 가지의 큰 덕보다 더 나은 것이 어디 있겠는가. 마땅히 가장 힘써 행하여할 지고至高의 덕행이리라.

삼구三仇

영혼의 원수는 세 가지가 있으니 마귀와 세속과 육신이라. 죄를 짓고, 구령의 조당에는 삼구 같은 것이 없다.

자신은 유배되어 세속과는 결별하였음으로 다행히 삼구 중 하나를 덜었으니 이는 천주의 특은이며, 눈물을 흘려 감사할 것이라 하였다. 고통에 빠지는 것도 주의 사랑으로 생각하며 감사해 하는 조선의 욥과 같은 그의 마음이다. 마귀는 지극한 원수이기는 하나 가까이 하여야 해害함으로, 내가 삼가면 오히려 피하기 쉬울 것이다.

피치 못할 원수는 육신이다. 육신이 안일하면 영혼은 매멸된다 하였다. 옛 성인들의 고행도 실은 육신은 다 원수 같이 여기고 영혼을 구하기만을 치중케 하기 위함이었다. 그러나 자신은 육신을 원수 같이 대접치 아니하고 육정을 방종케 맡겨 두어 분수없는 일에 아까운 영혼만 죽이려 하였으니 가엾고 한심하였다. 무엇이 부족하여 육신의 욕심만 쫓고, 영혼의 대사大事는 돌아보지 아니하였던가. 육신은 불과 백년 내에 흙과 나무처럼 썩어 없어지는 것이거늘, 영원무궁세에 불사불멸不死不滅하는 영혼을 왜 이렇게 몹시도 못 찾아 하였는가.

나 지금 흉해 옥중에 앉았으니 대체 이것이 나의 육신의 복을 취함인가, 나의 육신의 편안함을 위함인가. 이 모양으로 육신의 복과 안일만을 위해 방탕하여 영혼을 돌보지 아니하고 회심하기를 바삐 아니하여서는 받는 바 고난이 모두 다 헛 고난이요, 얻는 바 모두가 다 참 재앙일 뿐이로다.

통회痛悔

육신의 때는 물로 씻고, 영혼의 죄는 통회로 씻는 법이므로, 죄를 짓고 통회의 눈물이 없으면 어찌 영혼의 죄를 씻었다 하겠는가. 또한 죄를 지어 천주와 성모의 성심聖心만 상하게 하고 정작 자신의 마음은 아프지 아니하면 무슨 뉘우침이 되겠는가. 오직 참되고 간절한 뉘우침만이, 다시는 죄를 짓지 않으며 죄지을 기회를 피하기로 굳게 다짐하는 단단한 정개의 마음을 생겨나게 할 수 있을 것이다.

통회는 두 가지가 있으니 상등통회와 하등통회라. 죄를 범함으로서 하늘의 영원한 복을 잃고 지옥의 영원한 고통을 면치 못할 것이니, 이러한 연유에서 죄를 범함이 서러워 눈물을 흘리며 뼈가 아파하면 이는 자기 신세를 위하여 나오는 뉘우침이라 이를 하등통회라 한다.

예수께서는 내 죄로 인하여 십자가 위에서 천신만고千辛萬苦를 받으셨다. 자식이 되어 부모를 저 지경에 이르게 하고, 또 다시 죄를 지어 부모의 마음을 상하게 하였으니, 자식의 도리로 어찌 이럴 수가 있겠는가? 이런 마음에서 죄를 범한 것이 서러워 눈물을 흘리고 아파하면 이는 천주 사랑하는 마음으로 죄를 뉘우침이니 가장 크고 가장 귀한 상등 통회이다. 죄를 짓는 것은 우리 대부모이신 예수를 두 번 십자가에 못 박는 것이니, 이를 생각하면 어찌 놀랍고 망극하지 아니한가.

죄를 짓고 뉘우침에는 때가 있는지라, 기다림 없이 금세에 행하여야 유익이 무궁하거니와, 내세의 뉘우침을 기다리며 눈을 말끔히 하여 죄 없는 듯이 마음 편히 있으면 때는 이미 늦었노라. 아침이 되면 저녁에 이르지 못할 줄로 생각하고 뉘우침을 행하며, 저녁이 되면 다음날 아침을 못볼 줄로 알고, 새로운 달과 해를 맞으면 다음 달과 해에 미치지 못하리라 여기어 성찰하고 통회하여야 할 것이다.

정개定改

죄를 범하고 다시 범함은 다름이 아니라, 죄지을 동기와 기회를 버리지 못하고, 그 까닭을 아껴 마음 한 구석에 남겨두었기 때문이다. 만일 죄를 범하면 죽기로 마음을 정한다면 어찌 두 번 다시 범죄할 지경에까지 이르겠는가.

죽기로 마음을 정하여야 두 번 죄를 범하지 않을 것이며, 죽을 마음이어야 덕을 이룰 수가 있을 것이다. 죄를 또 다시 범하는 것은 아직도 마음에 죄지을 연유를 남겨 두었기 때문이니, 만일 죽기로 작심하여 이를 끊어 버리면 어찌 또 다시 죄를 범할 수 있으리오.

옛 성인께서도 죄의 해악이 깊은 줄을 너무나 잘 아심으로, 죄 짓기를 죽기로 바꿈으로써 죄지음을 피하셨다. 그러나 나는 어찌 이런 죽음도 마다하지 않는 단단한 마음가짐도 없이 죄지음을 피해 덕을 이루고자 하였는가.

심판 날에 의인들과 더불어 떳떳이 서 있으려거든 지금 내 죄를 깊이 생각하고 참회의 눈물을 흘려라. 그리고 다시는 죄를 짓지 않으며 죄지을 기회를 피하기로 굳게 다짐하여라. 마지막 모두를 던질 수 있다는 각오로 죄지음을 피하여야만 덕을 이룰 수 있을 것이다.

일생치명一生致命

부월에 죽는 이는 잠시 치명이거니와, 은수 고수자의 공부는 곧 일생치명이라 더욱 어렵다 하였다. 우리의 치명터를 만났으니, 영복永福과 영고永苦가 그 감수 여부에 달렸구나.

그는 자신의 배교를 뉘우치며, 비록 단 시간에 목숨을 바치는 '잠시치명'은 하지 못하였으나, 대신 더욱 어렵다 하는 일생치명一生致命을 행하고자 하였다.

도끼에 목이 잘리어 순교하는 것은 잠간 동안 고통을 당하여 죽음에 이르는 잠시 치명이다. 그러나 은수자와 고수자의 수도의 삶은 인간 욕망과 본능을 억제하고 일생 고통을 참고 견디어 매 순간 죽음에 이르는 일생 치명이니, 그는 비록 잠시치명은 하지 못하였으나, 은수, 고수자처럼 일생 치명의 길고 험한 길을 가겠다고 결심하였다.

충청도 내포의 원시장 베드로가 겨울 옥중에 갇혀 얼어 죽으니 북경 주교님께서는 이를 들으시고 비록 연장에 죽은 바는 아니나 위주치사爲主致死라 하셨다. 이로보아 흉해의 옥중에 있는 자신 또한 마침내 능히 위주치사하면 치명 칭호를 얻을 수 있을 것임으로 어찌 다행하지 않겠는가 하고 스스로를 위안하였다.

그는 절망의 끝자락에서 자기의 진정한 죄인 됨을 뼈 속 깊이 뉘우치고, 죄인 됨을 벗어 날 실낱같은 희망을 발견하였다. 자신을 추스르고, 격려하고, 마음을 다지고 분발하여 자신의 삶의 방향을 다시 바르게 잡아 나아가고자 하였다.

실행實行의 어려움

이곳 흥해로 유배왔던 초년에는 그래도 마음속 양심이 조금은 남아 있었다. 그러나 시간이 흘러 이제는 몹시 그릇되어 음담패설 하기를 도리어 기뻐하고 점점 물들어 입으로 그런 말하기를 믿음이 없는 속인에게도 지지 아니하니, 이 무슨 일인가? 나의 행실을 생각건대 천주를 믿지 않는 속인도 웬만큼 지각이 있는 자는 잘하지 않는 버릇을, 천주를 믿는다 하는 자가 버리지 못하니 어찌 가히 한심하고 서럽지 아니하겠는가. 쓸데없는 말과 죄 되는 생각은 부러 일삼아 부지런히 맛있게 하고, 유익하고 공되며 덕 되는 기도문을 외울 때는 어서 바삐하고, 무슨 큰일이나 있는 듯이 입만 놀려 맛없이 지나치니, 이렇게 하고도 어찌 때를 잃지 아니하였다 하겠는가.

오직 주를 향한 굳은 결심도 시간이 흐르니 무디어지고 약해지게 되었다. 그리고 어느 날 문득 외교인보다 오히려 더 나쁜 버릇에 물들어 있는 자신을 보게 되었다. 천주와 성모께 덕 되는 좋은 일에는 게으르고, 죄 되는 몹쓸 일에는 날래어, 십계와 칠죄를 범하고도 마음은 쇠와 돌처럼 단단하니 자신의 처지가 한심하고 가련하여 서글펐고, 자신의 나약함에 탄식하였다.

그는 스스로를 꾸짖으며, 주께 대한 신공과 송경과 첨례를 부지런히 함으로써 자신을 돌아보고 때를 잃지 않고자 하였다. 비록 주께 큰 죄를 지었으나 진정한 통회와 단단한 정개로써 속죄하고 앞으로의 일을 잘해 나가면 지옥의 영원한 고통을 면할 수 있을 것이라 하였다. 연옥이 두렵기는 하나 우리 모두가 실망치 말고 부지런히 힘써 볼 것을 자신에게 다짐하며 주위 사람들을 권면 하였다.

천주흠숭天主欽崇과 애인愛人

그는 마음을 가다듬고 천주십계를 다시 찬찬히 짚어 가며, 자신을 다시 다잡았다. 한 천주를 만유 위에 흠숭하라는 으뜸 계명을 다시금 마음에 깊이 새기며 자신의 신앙을 담금질하였다.

천주는 전지全知, 전능全能, 전선全善하시니 과연 그 아심과, 그 능하심과, 그 선善하심이 어떠하시뇨. 천주는 지존지귀至尊至貴하시나 나는 지비지천至卑至賤하니, 이러하신 천주를 마땅히 흠숭할 것이요, 천주는 지의지엄至義至嚴하시나 나는 지악지열至惡至劣하니 이러하신 천주를 마땅히 흠숭할 것이요, 천주는 상선벌악賞善罰惡이 분명하시나 나는 불명부지不明不知하니, 이러하신 천주를 마땅히 흠숭할 것이다.

지극히 높으시어 비할 데 없으시고, 또 없는 가운데로 나를 내셨으니, 이는 나의 큰 부모시라, 마땅히 흠숭할 것이요, 하늘로 덮고 땅으로 씻고 일월성신日月星辰으로 비추시고 오곡백과로 먹여 기르시니 은혜 크신지라, 마땅히 흠숭할 것이요, 세상 사람으로 일러도 하인 되고는 위를 흠숭하거든, 하물며 천주는 위 없는 위이시니 어찌 흠숭치 아니하겠는가.

그는 크고 무한하신 천주의 사랑만이 자신의 영혼을 구원할 수 있을 것임을 깨달음으로써, 어찌 한분이신 천주를 만유 위에 흠숭하지 않을 것인가 하는 신앙적 고백을 다시금 토로하였다.

또한 부모께 효경하고, 사언행위思言行爲를 조심하여 나쁜 쾌락에 이끌리는 사음邪淫을 멀리하고, 자신과 타인의 영혼과 육신의 해害함을 피하려 하였다.

맺는말

그는 순교자가 아니라 배교자였음으로 조선 천주교회 역사에서 그가 차지할 자리는 없었을 것이다. 그러나 그는 자책을 통해 모든 인간적인 잘못, 고통과 고뇌는 통회함으로서 용서 될 수 있을 것이라고 확신하였다. 그는 치명한 영광스러운 순교자의 뒤에서, 스스로를 꾸짖고 참회함으로써 또 다른 순교의 길을 가고자 하였던 것이다.

죄란 무엇인가, 이는 돌아보지 않고, 통회하지 않음일 것이다. 인간은 순간적인 욕망을 이기기 어려운 한 없이 나약한 존재이며, 끊임없이 죄의 돌부리에 부딪혀 넘어지는 존재이다. 그러나 다시 일어설 수 있는 존재이다.

조선말기 최해두의 슬픔과 고통과 희망을 적은 글 "자책自責"은 오늘날을 살아가는 죄 많고 평범한 우리들에게 참으로 위로와 힘이 된다.

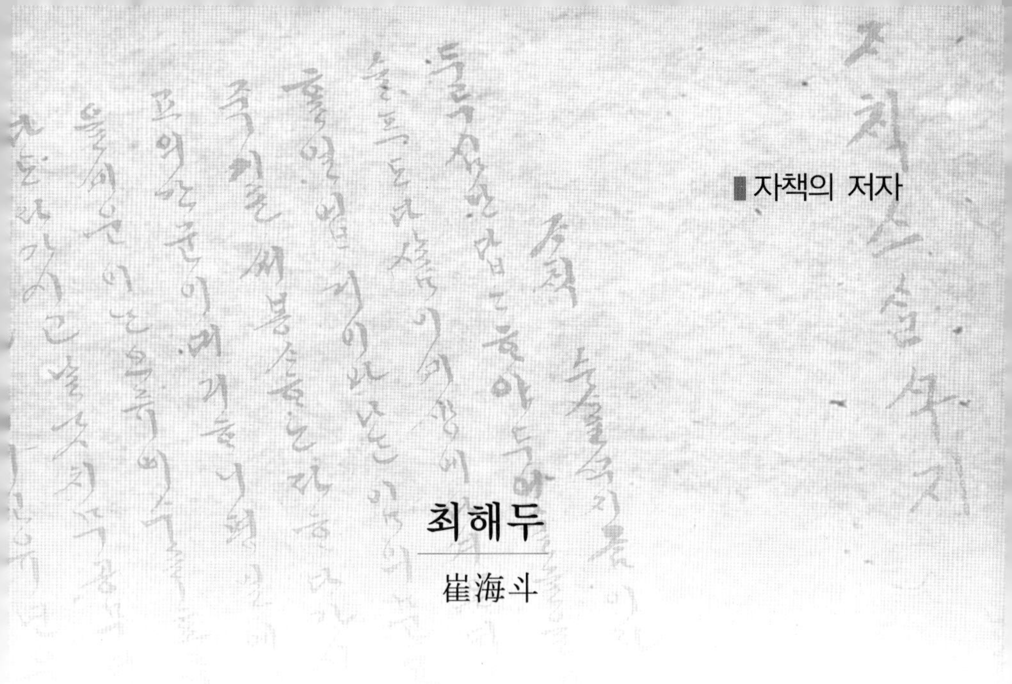

■ 자책의 저자

최해두

崔海斗

천주교에서는 신앙의 덕이 지극히 높은 분을 성인이라고 하는데, 성인의 전단계를 '복자福者', 복자의 전단계를 가히 공경할 만한 분이라 하여 '가경자可敬者'로 칭하였다[1].

1857년 한국의 순교자 중 82분이 교황 비오 9세에 의해 가경자可敬者로 선포되었고, 1925년에는 기해박해와 병오박해의 순교자 79 위가 복자福者로 시복되었다. 1968에는 병인박해의 순교자 24위가 다시 시복됨으로서 한국 천주교는 도합 103위의 복자福者를 모시게 되었다. 한국 천주교 전래 200년이 되는 1984년 5월 6일에는 교황 요한 바오로 2세께서 우리나라를 방문하여 이분 103명의 복자를 성인품에 올림으로서 성인으로 시성되었다.

복자의 시성에는 그들 복자로 말미암아 일어난 "기적"이 증명되어야 한다. 한국 천주교는 성직자의 입국 선교 활동이 없이 오직 중국에서 전래된 한문교리서를 통해 자발적으로 신앙을 깨쳐 교회가 창설되었고, 100년간의 오랜 박해로 국내에 성직자를 모시지 못한 시기가 60년이나 됨에도 불구하고, 오직 신자들에 의해 신앙이 이어져 옴으로서, 한국 교회사 그 자체가 "기적"이었음을 인정받아 교황청으로부터 기적 심사를 면제 받고 1984

년 순교복자 103위가 성인품에 오르게 되었다.

백여 년 간의 박해 동안 만여 분이 순교하였으나 현재는 이분들 중 103분만이 성인으로 시성되어 있다. 아직도 시복시성이 되지 않은 많은 순교자들 중 신유박해 전후의 순교자 124위의 시복이 현재 추진 중에 있다[2].

자책은 유배지에서 쓰여진 참회의 글로서 필자가 밝혀져 있지 않다. 그러나 원문 중에서 "신유년 동국 봉교인에게 상사하신 그리 흔한 치명의 대은을 참례치 못하고 절박 원통이 나 혼자 빠져나와 이 흥해 옥중에 잔명이 붙어살았으니, 이 무슨 일인고."라는 글귀에서 필자로서 가능성이 있는 인물을 추정하여 볼 수 있다. 필자는 우선 1801년 신유년 천주교 박해 시 순교하지 못하고 살아남아, 경상도 흥해로 유배된 소위 "사학죄인"임을 알 수 있다.

당시 순교하였거나 유배된 사람이 수가 얼마나 되는 지는 정확히 알 수는 없다[3]. 1801년의 신유박해 시 포도청 및 형조에서 문초와 형벌을 받은 천주교 신자들의 진술 내용과 판결문을 모아 편찬한 사학징의邪學懲義에 의하면 신유박해 시 유배된 사학죄인은 총 213명이었다. 사학징의 1권 제4장에는 유배 죄인을 분류해 기록해두었는데 이를보면 국청에서 유배 보낸 죄인 14명, 형조에서 유배한 죄인 71명, 각도에서 유배 보낸 죄인 121명, 황사영 연좌인 유배자 7명이었다.

이들 유배자중 경상도 흥해로 유배된 자는 최해두崔海斗와 박판남朴判南 단 두 사람이다. 최해두는 양반 출신으로 천주교회 창설 직후 입교하여 초기 교회의 지도급신자로 활동하였으며, 흥해로 유배된 또 다른 한 사람은 유항검의 비부婢夫인 박판남이다.

글쓴이는 자책의 내용에서 나타난 바와 같이

---

1) 가경자可敬者라는 용어는 한국천주교회에서 과거에 사용하였던 용어이다. 오늘날에는 이 용어 대신에 시복 시성 대상자를 '하느님의 종'이라는 용어로 사용하고 있다

2) 현재 시복이 추진 중인 하느님의 종 124위는 신해박해 3위, 을묘박해 3위, 정사박해 8위, 신유박해 53위, 을해박해 12위, 정해박해 4위, 기해박해 18위, 병인-무진박해 19위 등이다. 시복 조사 문서들은 2009년 6월 3일 시성성에 정식 접수되어 그 절차가 진행되고 있다.

1) 근 이십년을 죽기로서 봉사하였으며

2) 경세금서經世金書와 칠극七克 등의 한역서학서에 정통하고, 또한

3) 성인전을 즐겨 읽었고

4) 천주교리에 깊은 지식을 가져 십계를 논할 수 있는 사람이다.

사학징의의 문초에 나타난 행적과 쓰여진 글의 문체나 내용 등을 고려하여볼 때, 경상도 흥해로 유배된 사학죄인 둘 중 "최해두"가 자책의 저자일 것으로 추정된다.

---

3) 신유박해가 10년이 지난 1811년 신미辛未년 10월 24일(양력 12월 9일) 조선 교우들은 교황님께 한통의 서한을 보내게 된다. 이 서한은 현재 교황청 인류 복음화성 고문서고에 보관되어 있는데 편지는 조선 천주교회의 부흥을 위해 신유박해 때 순교한 주문모 신부의 뒤를 이을 신부님의 파견을 눈물로서 호소하고 있다. 편지의 내용 중 신유박해와 그 후의 상황이 간단하게 부가적으로 덧붙여져 있음으로 이를 참고하면 당시 지도급 교우들이 파악한 신유박해의 실상을 알 수 있으리라 생각되어 소개한다.

"죄인 방지거 등은 땅에 엎디어 가슴을 치면서 전세계 성교회의 으뜸이시며, 지극히 높으시고 위대하신 교황 성하께 이글을 올리오니, 부디 저희를 불쌍히 여기소서. (중략) 대박해가 일어난 것은 저희가 성교회를 받아들인 지 20년이 채 안되었을 때였으며(계묘년1783년부터 신유년1801년까지), 신부님이 오신 지 불과 7년밖에 안되었을 때였사옵니다. 그 전에도 박해가 있었으나, 순교한 사람은 얼마 되지 않았사옵니다. (중략)

당시 신유박해로 순교한 사람이 100명이 넘었으며, 귀양 간 사람도 거의 400명이나 되었사옵니다. 하지만 그 밖에도 교리를 조금밖에 모른다거나 기도문을 겨우 외우는 사람 그리고 무식한 하층계급 사람들은 그냥 풀어 주었습니다. 그리고 때로는 말로만 성교회를 배반한 사람들도 풀려났습니다. 그리하여 많은 사람들이 체포되었다가도 마치 물고기들을 한 꿰미에 줄줄이 꿰어 놓듯 줄줄이 풀려났으니, 그 수를 헤어아릴 수 없을 정도였사옵니다. (중략) 어쨌든 이렇게 저렇게 따져 볼 때, 서울과 지방에 흩어져 살면서 천주님을 믿는 사람들의 거의 수천 명에 이르고 있사옵니다.

그러나 성사는 이미 오래 전부터 볼 수 없게 되고, 교리에 밝은 사람들도 없어진지 오래되니, 저희들은 그저 앞이 안 보여 답답할 따름이옵니다. 살아서는 이렇게 한 치 앞도 볼 수 없게 살다가, 죽으면 암흑세계로 갈 처지가 되었으니, 저희 신세가 참으로 딱하고 가엾기 그지없사옵니다. 게다가 저희들은 지금 돈도 다 떨어져서 거지같이 빌어먹는 신세이기 때문에 어찌 해볼 도리도 없는데, 나라에서도 국경 관문을 통과하는 것을 금지하고 있기 때문에 그 어떤 방책도 마련할 수가 없사옵니다. 그래서 이제 저희들은 그저 앉아서 죽을 날만을 기다릴 수밖에 없게 되었사오니, 제발 이 불쌍한 수많은 영혼들을 굽어 살펴 주옵소서.

(윤민구 역주. 한국 초기 교회에 관한 교황청자료 모음집. 210-212쪽. 가톨릭출판사. 2000년)

사학징의에 실려있는 최해두의 포청초捕廳招와 형추초刑推招에 의하면 그는 처사촌인 윤유일로 부터 '사서邪書를 혹惑해서 배워' 지금은 16년이 되었다고 진술함으로서 자책의 "근 이십년을 죽기로서 봉사하였다"는 내용과 일치하고 있다.

그는 장인 윤현과 이웃에 사는 정광수, 조섭 등과 천주교에 대해 강론을 하였고, 정약종, 이현, 이희영, 이재화, 심낙훈, 홍시호, 황사영, 최창현, 홍문갑 등 당대 천주교를 이끌었던 여러 지도급 교우들과 상종하며 왕래하였다는 진술로 보아 초기 천주교의 핵심적 인물이었음을 추측해 볼 수 있다. 또한 그는 강완숙의 집에 머물렀던 주문모 신부를 정광수의 집에서 세 번 만났으며 주문모 신부로부터 사학을 권면 받았다는 진술을 통해 볼 때 주문모 신부로부터 많은 교리 지식과 가르침을 받았을 것으로 추정된다.

최해두는 평소에 보던 천주교 관련 서적을 신유년 박해 시작 시 모두 정광수의 집에 옮겨 두었다고 진술하였다. 사학징의에는 신유년 윤현의 집에서 많은 요화사서妖畵邪書[4]가 발각되어 불태워졌다고 기록하고 있으며, 이들은 정광수의 집에서 옮겨져 보관되어 있던 것으로 알려져 있다. 그러나 최해두의 진술로 미루어 보아 윤현의 집에서 발견되어 불태워진 지금까지 정광수의 것으로 알려져 왔던 서적의 상당 부분은 본래 최해두의 '사서邪書'이었을 것으로 추정된다. 따라서 최해두는 자책의 내용처럼 "평소 성인전 읽기를 좋아하고" 많은 천주교 서학서와 교리서 등을 즐겨 읽었으며 이러한 바탕위에 교리와 십계를 논할 수 있었으리라 생각된다.

이러한 깊은 천주 신앙과 교리에 대한 해박한 지식을 가졌음으로 보아, 자책의 저자가 최해두崔海斗임에는 의심할 여지가 없을 것 같다.

---

4) 요화사서妖畵邪書: 사학징의 2권 3장의 부록편에 요화사서소화기妖畵邪書燒火記가 실려 있다. 요화사서란 성화와 천주교관련 서적일 것이다.

최해두崔海斗는 누구인가?

최해두 본가

강릉 최崔씨 계보[5)]
최창은 崔昌殷
최해두 崔海斗
최영수 崔榮受
최병문 崔秉文- 이연이 李連伊

최창주 崔昌周
원경도 요한의 부인
최조이: 신태보의 며느리

가족과 배경

최해두崔海斗에 대해 남겨진 기록은 그리 많지 않은 듯하다. 사학징의邪學懲義 제2권 제2장의 유배 죄인 문서철流配罪人秩에는 유배流配나 도배徒配되었던 천주교인들에 관한 기록이 수록되어 있는데 이들의 이름 밑에는 가는 글씨로 정배자의 거주지, 가족관계, 정배일 정배소등이 기록되어 있다.

이에 따르면 최해두는 서울 전동典洞에 살던 양반으로 윤현尹鉉의 사위이며, 최창주崔昌周의 조카로서 1801년 신유년의 박해 시 포도청으로부터 형조

5) 윤유일의 본관을 추적하는 과정에서 윤현의 사위인 최해두의 본관이 강릉江陵이라는 사실을 확인하게 되었지만, 현존하는 강릉 최씨의 족보에서는 그의 이름이나 아들 병상 병문의 이름을 찾을 수 없었다(고난의 밀사 차기진 어농성지 2003년 288, 294쪽)고 하였다.

로 이송되었으며, 그해 5월 10일 흥해興海로 유배되었다고 기록되어 있다.

그는 본래 경기도 여주의 양반 집안 출신으로서 부친은 최창은崔昌殷이며 어머니에 대해서는 알려져 있지 않다. 최해두가 양반이었음은 포청초와 형장문목에서 알 수 있다. 포청초에 "저는 반예班裔[6]로서 처사촌인 윤유일에게 사서邪書를 배웠습니다."라고 진술하였으며 형장문목에도 "너는 신분이 본시 반족班族이나 대체 무슨 속마음으로 요사한 것을 전하고 사악한 것을 배웠느냐?"고 묻는 신문조목에 나타나 있다.

신유박해 시 순교한 최창주崔昌周(1749-181) 마르첼리노가 그의 숙부이며, 한국 천주교의 최초의 신앙 밀사였던 윤유일尹有一 바오로의 숙부인 윤현尹鉉이 그의 장인이 된다. 따라서 그의 본가와 처가 모두가 순교자 집안임을 쉽게 알 수 있다.

최해두의 두 아들 영수와 병문이 기해박해 시 순교하였으며, 그의 본가 쪽에서는 순교한 분들로는 숙부 최창주 와 그의 딸로 신태보의 자부가 된 최조이, 그리고 사위 원경도이며, 그의 처가 쪽에서는 처의 큰 숙부 윤장의 두 아들 윤유일과 유오, 작은 숙부 윤선과 그의 두 딸 윤점혜와 운혜 그리고 윤운혜의 남편 정광수 까지 합하면 무려 11명의 순교자가 생겨난다.

최해두는 그 자신도 조선의 초기 천주교회의 지도층 신자로서 자신의 고백처럼 "근 이십년을 죽기로서 봉사함으로써" 초기 천주교회의 시작 시 입교하여 매우 활발하게 활동하였다. 그는 신앙 성조의 반열에 오를 수도 있었을 것이다. 그러나 신유박해 시 불행히도 배교하고 유배됨으로서 그의 초기 업적은 빛을 바래고, 후일 한국 천주교의 역사와 관심에서도 멀어지게 된 듯하다.

그에 대해서는 아직까지 많은 연구가 없고, 남겨진 기록 또한 많지 않다. 따라서 초기 교회에서 그와 관련된 주변의 인물들을 살펴봄으로서 그들과 연관된 행적을 통해, 단편적으로나마 그에 대해 유추하고 살펴 볼 수 있을 것으로 생각된다.

---

6) 반예班裔: 양반의 후예

초기 천주교회에서의 활동

최해두는 천주교에 입교하기 이전에는 과거에 뜻을 두고 공부를 해 왔다. 그가 천주교를 신앙하게 된 동기와 입교 후의 활동에 대해서는 포도청에서 다음과 같이 진술하였다.

"저는 양반의 후예班裔로서 처사촌인 윤유일에게 사서邪書를 혹惑해서 배워 지금은 16년이 되었습니다. 천주교의 강론에 대해 뜻을 같이하는 사람들로는 장인 윤현과 이웃에 사는 정광수, 조현이었고, 상종하며 왕래하는 자는 정약종, 이현, 이희영, 서소문 안에 사는 이재화, 심낙훈, 홍시호, 황사영, 최창현, 홍문갑 등 여러 사람들이었습니다."

문초에서도 "너는 본시 양반의 신분인데 비록 유일과 인척간이기는 하나, 대체 무슨 속마음으로 요사한 것을 전하고 사악한 것을 배웠느냐?"고 묻고 있다.

이로보아 그는 처숙부 윤장尹鏘의 아들, 즉 처의 사촌인 윤유일로부터 천주교의 교리를 배운 후 입교하게 되었으며, 사학을 배운지가 16년이 되었다고 함으로서 그의 입교 시기는 신유박해가 있기 16년 전, 즉 1785년경 이었을 것으로 추정된다. 이때는 이승훈이 북경 천주교 북당의 프랑스 예수회 소속 그라몽 신부로 부터 세례를 받고 조선에 천주교를 전한 이듬해가 되는 때이다.

그는 후일 서울로 이사한 장인 윤장과 서울의 이웃에 살던 정광수, 조섭 등과 천주교에 대해 강론하였고, 정약종, 최창현, 황사영 홍문갑 등 초기 한국 천주교회의 지도급 인사들과 상종 왕래함으로서, 아마 이들과 함께 활동하며 초기 교회를 이끌어 나갔던 것으로 추정된다.

그는 주문모 신부의 조선 영입에도 깊이 관여하였다. 1793년 봄 윤유일은 포천의 홍인 레오로부터 성직자 영입을 위한 의견을 담은 편지를 받았다. 윤유일은 즉시 먼저 여주의 최해두와 최창주에게 이 안에 대한 견해를 들었으며, 그 후 한양의 총회장 최창현과 최인길을 방문하고, 북경 밀사 계획을 결정하게 되었다. 그 결과로 1794년 12월 3일(양력 12월 24일) 주문모 신부의 조선 입국이 이루어지게 되었다.

서울로 이사

그가 여주로부터 언제 서울로 이사하였는지는 명확하지 않다. 자책의 내용 중 "부모를 떠나 오륙 년을 지내다가 엄친의 망극한 상사문부를 들어"라는 구절에서 엄친의 상사문부를 들게 되는 시점은 1801년 유배시 이다. 그는 유배 간 그 해 사망한 것으로 추정됨으로, 만약 '부모를 떠나'라는 의미가 '부모가 사는 여주를 떠나'라고 추정하여 보면, 이는 여주를 떠나 5~6년을 지내다가라는 의미가 됨으로 서울로 이사한 시점은 1795-1796년 경쯤이 될 것이다.

사학징의에 의하면 그는 서울의 전동典洞[7]에 거주하였다. 처의 사촌 윤운혜와 그의 남편 정광수의 공초에서 보면, 이들 부부는 1799년 여주에서 서울 벽동碧洞[8]으로 이사하여 최해두, 조섭과 이웃해서 살았으며, 이들 세 집은 담장을 가운데 두고, 서로 통하며 왕래하였고, 정광수의 포청초에서는 세 집은 담을 터놓고 지내면서 한집이 되어 주야로 같이 사서를 학습하였다고 진술하였다. 조섭과 여동생 조도애의 공초에서도 이들은 모두 벽동碧洞에서 거주하였던 것으로 기록되어 있다. 이러한 기록으로 볼 때 최해두 또한 벽동에 거주 하였을 것으로 추정되나 최해두는 거주지가 전동으로 엇갈리게 나타나고 있음을 보아 최해두의 집은 아마도 현재의 견지동과 송현동의 경계부에 위치하였으며, 반면 정광수와 조섭은 견지동과 인접한 송현동 부근에 위치하였을 것으로 추정된다.

정광수는 서울 벽동으로 이사 후 그의 집 빈터에 새로이 정사精舍를 마

---

7) 전동典洞
현재의 종로구 견지동·종로2가동·공평동에 걸쳐 있던 마을로서, 조선시대 의료행정과 의학교육을 관장하던 관청인 전의감典醫監이 있던 데서 마을 이름이 유래되었다. 전의감은 갑오개혁 때 내의원에 통합되었다. 전의감은 현 견지동 39번지 부근이라고 하였으니, 오늘의 종로구 견지동에 해당된다(서울지명사전, 2009, 서울특별시사편찬위원회).

8) 벽동碧洞
종로구 송현동·사간동·중학동에 걸쳐 있던 마을로서, 이곳이 벽장처럼 동 사이에 길게 끼어 있고, 다락처럼 길가 깊숙한 곳에 위치한 마을인 데서 마을 이름이 유래되었다. 벽장골·다락골이라고도 불렀다. 사간동 91, 97-2번지와 송현동의 미대사관 직원 숙소 서쪽 그리고 율곡로가 지나고 있는 중학동 북쪽 일대에 해당된다.

련함으로서 천주교인들이 모여 교리를 공부하고 강론하는 장소로 사용하였다. 그는 몇 칸 되는 방을 깨끗하게 지어서 '도당徒黨'을 모으고 날마다 서학을 강습하였다. 그리고 그해 가을과 겨울에는 강완숙의 집에 머물러 지내던 주문모 신부를 모셔다가 가을에는 사흘 밤낮에 걸쳐, 그리고 겨울에는 수일 동안 첨례와 강학을 하였다. 이때 모였던 사람들은 강완숙과 아들 홍필주(홍문갑), 홍시호, 홍익만, 이용겸, 김백심, 김낭청, 윤점혜와 강완숙의 비녀 소명小明과 정임丁任 등 이었다. 공소 주인인 정광수, 윤운혜 부부와 이웃하여 한집처럼 살았던 최해두와 조섭[9]이 함께 당연히 이첨례와 강학에 참석 하였을 것이다.

최해두는 홍문갑의 집에 몰래 숨어 있었던 주문모 신부를 정광수의 집에서 세 번 만났다고 진술함으로서 정광수가 포도청에서 말한 가을과 겨울 각 한 차례 씩의 첨례와 강학외 한 차례의 강학이 더 있었을 것으로 추정된다. 이러한 강학과 성사를 통해 자신의 신앙을 더욱 굳건히 다질 수 있었을 것이다.

한해 후 1800년에는 최해두의 장인인 윤현도 서울로 이사하였는데, 윤현의 공초에 보면 정광수에게 부탁하여 그 마을에 집을 사가지고 살며 서로 왕래 담화하였다고 하였다. 사학징의에 윤현의 처 임소사는 고로동古老洞[10]에서 거주하였다고 기록되어있다. 이로보아 아마도 신유박해 즈음에는 오늘날의 송현동, 견지동, 안국동 일대의 서울 내에 새로운 작은 교우촌이 형성되었으리라 짐작된다.

자책의 저자로 추정되는 최해두崔海斗가 살았던 한양의 전동典洞

최해두는 여주를 떠나 한양으로 올라와 전동 典洞에서 살았다. 벽동 碧洞의

9) 사학징의의 정광수 문초록에서 보면 정광수는 "이름은 알 수 없으나 자字를 이수而秀라고 하는 조가趙哥가 참석하였다"고 진술하고 있다. 정광수와 조섭은 이웃하여 담을 트고 지내던 사이였음으로 이름을 모를리 없다. 아마도 당시 조섭의 체포 여부를 몰랐던 상황에서 조섭을 보호하려던 의도에서 였으리라 생각된다.

10) 고로동古老洞: 현 안국동을 말한다.

정광수鄭光受, 조섭趙燮과 이웃해서 살았으며, 이들 세집은 담장을 가운데 두고, 서로 왕래하며 담을 터놓고 한집처럼 살았다. 정광수는 벽동 집내 정사 精舍를 마련하고 주문모 신부를 모셔와 첨례와 강학을 하였다. 신유 박해가 있기 한 해 전에는 최해두의 장인인 윤현尹鉉도 고로동古老洞으로 이사하였다. 이로보아 아마도 신유 박해 즈음에는 오늘날의 송현동, 견지동, 안국동 일대에 작은 교우촌이 형성되었으리라 추정된다.

서울역사박물관에 소장되어 있는 1861년도 제작된 목판본지도인 수선전도首善全圖에 나타나 있는 전동은 현재의 종로구 견지동·종로2가동·공평동에 걸쳐 있던 마을로서, 조선시대 의료행정과 의학교육을 관장하던 관청인 전의감典醫監이 있던 데서 마을 이름이 유래되었다. 벽동은 종로구 송현동·사간동·중학동에 걸쳐 있던 마을로서, 이곳이 벽장처럼 동 사이에 길게

▼ 수선전도首善全圖에 나타난 전동典洞

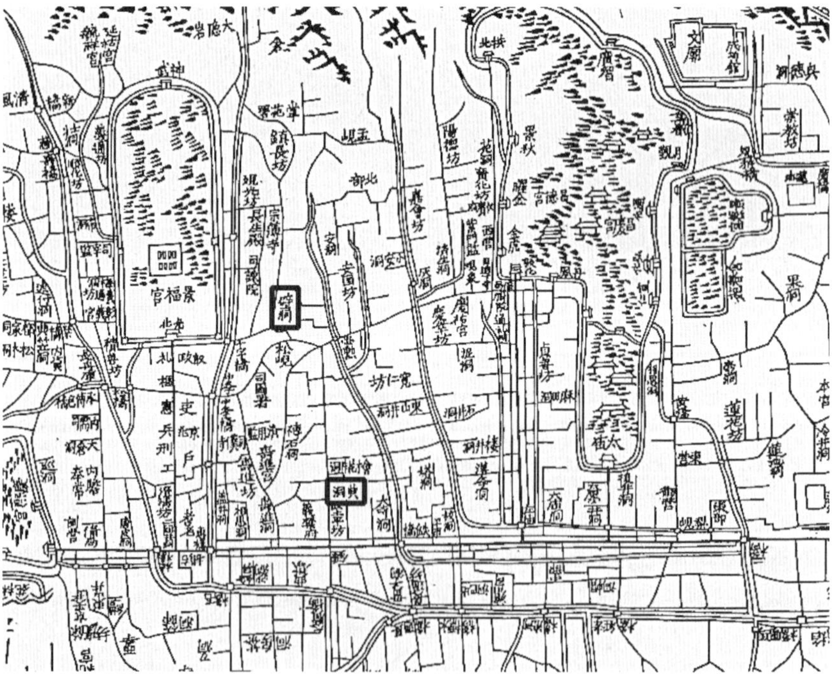

경복궁景福宮 옆으로 벽동碧洞과 송현松峴이 위치하며 인접하여 안국방 安國坊과 관인방 寬仁坊이 보인다. 최해두가 살았던 전동典洞은 벽동 아래쪽으로 위치하여 견평방堅平坊과 함께 표시되어 있다.

끼어 있고, 다락처럼 길가 깊숙한 곳에 위치한 마을인 데서 그 이름이 유래되었으며 벽장골·다락골이라고도 불렀다.

신유박해 시 피신과 체포

1800년 경신庚申 음력 6월 28일 정조가 승하하고 7월 4일에 겨우 11세의 제2자 공玜이 순조純祖로 즉위하였다. 이에 영조 계비繼妃이며 노론老論 벽파僻派인 대왕대비 정순왕후貞純王后 김씨金氏가 수렴청정을 하게 됨으로서 자연 노론 벽파가 득세하고, 반대파인 시파時派 특히 남인 시파는 천주교도 즉 사류토멸邪類討滅을 빙자하여 일소一掃 됨으로서 그 세력이 급속히 약화되었다. 이조의 뿌리 깊은 붕당朋黨과 가까이 임오壬午년 사도세자思悼世子의 죽음으로 돌발된 시, 벽파의 분파分派의 다툼은 마침내 천주교에 대한 박해에 이르게 되었다.

이전에도 조상제사를 거부하는 천주교에 대한 1791년의 신해박해가 있기는 하였으나, 정조는 근본적으로 천주교에 대해 정학定學(성리학)이 크게 밝혀지면 사설邪說은 스스로 꺾이고 말 것이라는 온건한 벽이단闢異端 정책을 유지하였다. 천주교에 대해 비교적 온전한 정책은 천주교가 확산되는 계기를 만들어, 정조18년 1794년에는 주문모 신부가 입국하게 되고, 신유박해가 일어날 당시 교세는 만 명을 돌파하였다.

신유년의 박해에 대해 황사영黃嗣永의 백서帛書에서는 '대왕대비는 경신년 11월 선왕의 장례가 끝나자마자 벽파를 끼고 독한 성미를 부려 한쪽 시파 사람들을 모조리 몰아내어 조정안은 절반이 비었으며, 조선 개국 후 살인의 수가 금년보다 많은 때가 없었다.'고 기록할 만큼 참혹한 박해가 일어나게 되었다.

그해 11월 1일 정조는 수원의 건릉健陵에 모셔졌다. 장례가 끝남을 계기로 11월 17일 최필공崔必恭 토마스가 체포되고, 19일에는 그의 사촌동생 최필제崔必悌 베드로가 오현달吳玄達 스테파노와 함께 체포되었다. 이듬해 1801년 1월 9일에는 배교자 김여삼金汝三의 밀고로 총회장 최창현崔昌顯 요한이 체포되었다. 1월 10일에는 대왕대비의 금교령禁敎令이 내려지고, 2월

5일에는 충청도 내포의 이존창李存昌이 호서 영옥에 갇히고, 9일에는 이가환李家煥, 정약용丁若鏞, 이승훈李承薰, 홍낙민洪樂敏 등이 의금부에 체포되고, 11일에는 권철신權哲身과 정약종丁若鍾, 14일에는 정약전丁若銓, 16일에는 이기양李基讓이 체포 되었다. 2월 24일에는 여회장 강완숙이 잡혔다. 3월 12일에는 주문모 신부가 의금부에 자수하고 4월 19일 노량진 한강변 사장에서 순교하였다. 주문모 신부의 자수와 순교로 천주교에 대한 박해는 더욱 격화되었다. 많은 이름난 양반신자들이 속속 체포되어 참사당하고 혹은 유배되었다.

사학징의의 포청초에 나타난 최해두의 피신에 대한 기록을 보면 "저의 삼촌인 최창주는 여주에 거주하였는데, 이번 2월에 경기도 감영圻營에 잡혀 갇혔습니다. 그 때문에 저는 두려움과 무서움을 이기지 못해 장인인 윤현의 집에 숨어 피했으나, 장인 역시 본청에 잡혔습니다. 그 때문에 저는 각처의 여러 집으로 피해 옮겨 다녔습니다. 저의 부친인 최창은崔昌殷은 제가 숨어서 피신하는 일로 인해 본청에 갇히게 되었습니다. 그래서 제가 그저께 스스로 포청에 자수하였습니다."라고 진술하였다.

그는 1801년 신유년 2월 경기도 여주에 사는 그의 숙부 최창주崔昌周가 경기도 감영에 체포되자 신변에 위협을 느껴 일시 피신하였다. 처음에는 고로동의 장인 윤현의 집으로 피신하였으나 윤현 역시 포도청에 체포되자 그는 이곳저곳으로 피해 다녔던 듯하다. 사학징의의 기록에 의하면 윤운혜는 남편 정광수가 최가 최가崔哥(최해두)와 조가趙哥(조섭)와 함께 1월 6일에 피신하였다고 진술하였다. 반면 정광수의 진술에서는 자신은 2월초 쯤에 피신하였으며, 금지령이 매우 엄해 각자가 따로 도피하였다고 하였다.

최해두는 연좌율에 따라 부친 최창은이 대신 체포되었다는 소식을 듣고 즉시 관청에 자수하게 되었다.

좌포도청과 우포도청이 발송하여 형조가 접수한 1801년 4월 6일자 공문에서는 '포도청에서 심문한 결과 최해두를 포함한 18명은 사학에 홀려서 정황을 알고도 고하지 않은 죄인知情不告知罪人으로 대신大臣이 경연에서 아뢴바와 임금의 지시 및 그 조사 근거 기록에 근거하여 먼저 이송하며, 그 밖의 죄인은 차례로 이송할 계획이다.'라고 기록하고 있다. 이로 보아 최해두는 4월초 이전에 체포된 것으로 보인다.

배교와 유배

그는 포도청에서 "저는 금일 비로소 천주학이 오랑캐와 금수의 법임을 알게 되었고, 뉘우치고 깨우쳐 바른길로 돌아가 영원히 선량한 백성良民이 되고 싶은 뜻이 이와 같으니, 공초를 받더라도 무슨 애석한 일이 있으며, 같은 무리가 도피하여 숨어 잠복한 곳을 직고하지 않겠습니까?"라고 진술하였다. 또한 형추초刑推招에서는 "저가 지금 비록 뉘우치고 포도청에서 문초를 받으나, 이전부터 사학邪學에 깊이 혹惑했고 주가를 만나 서로 강론한 죄는 만 번 죽어도 아쉽지 않습니다."라고 진술하였다.

그는 천주학이 이적금수의 법임을 비로소 알게 되었고, 늦게나마 뉘우치고 깨달아 바른 길로 돌아가서 선량한 백성이 되고 싶다고 하였다. 또한 전부터 사학邪學에 깊이 빠져, 주한周漢(주문모신부)과 만나 서로 사학을 토론한 죄는 만 번 죽어도 아깝지 않다는 배교의 뜻을 진술함으로서, 용서받을 단서가 있음을 참작 받아 1801년 신유년 5월 10일 경상도 흥해로 유배형에 처해졌다.

최해두가 신유박해때 유배되었던 경상도 흥해興海

흥해는 경상북도 포항시 흥해읍 지역에 있던 조선시대의 현縣이다. 신유박해 때 서울에서 최해두, 전주에서 박판남朴判南이 흥해로 유배되었으며 서울의 정약용丁若鏞과 경기도의 조우교趙禹敎는 부근의 장기長鬐현으로 유배되었다. 경기도의 유아기劉阿只 충청도의 박효인朴孝仁 전라도의 김영손金永孫이 청하淸河현으로 서울의 박성염朴成艶이 영일迎日현에 유배되었으며, 아마도 이들이 포항지역 천주교 신앙의 출발점으로 보여진다.

신증동국여지승람에 의하면 흥해의 경계는 남쪽으로는 영일현 경계까지 21리, 서남쪽으로 경주부 안강安康현 경계까지 31리, 서쪽으로 경주부 신광神光현

경계까지 9리, 북쪽으로 청하현 경계까지 13리에 이르렀으며 서울과의 거리는 826리 였다.

조선시대에는 남쪽의 영일현과 북쪽의 청하현를 연결하는 해안도로가 발달하였다. 서쪽으로는 냉정冷井현을 지나 영천永川과 연결되었다. 해안지역의 칠포진漆浦鎭에는 수군만호水軍萬戶(조선 시대 각도에 설치되었던 수군水軍 제진諸鎭의 장將으로 종4품 외직무관外職武官이었으며 수군우후水軍虞侯의 아래에 해당하였음)가 있어 해안방어를 맡았다.

흥해들로 불리는 흥해평야로 둘러져 있는데 예전에는 이 들이 모두 바다였다 한다. 흥해읍성과 흥해군의 동헌이었던 제남헌濟南軒(현 영일민속박물관)등의 유적을 볼 수 있다.

흥해라는 지명은 동쪽의 바다에서 어염의 생산이 많고, 넓은 들이 있어 농토가 비옥하다 하여 유래되었다. 이곡은 시에서 "밭은 살지고 땅은 이로운데 어염까지 겸했으니, 다만 백성을 다스림이 청렴하지 못할까 두렵네"라고 읊은 바 있으며 조선 초기의 문신 권근은 "땅이 제일 끝까지 가다 막혔는데, 물고기와 소금과 땅이 기름져서 이로움이 있다"고 하였다. 그러나 일설에는 '바다가 일어나 땅이 되었다'라는 의미라고 한다.

본래 신라의 퇴화군退火郡이었는데 757년(경덕왕 16) 의창군義昌郡으로 고쳐 6현을 관할하였다. 고려 태조 23년(940년)에 지금의 지명인 흥해군으로 고쳤다. 현종 9년(1018년)에 경주부의 임내任內로 하였으며, 명종 2년(1172년)에 감무監務를 두었고, 공민왕 16년(1367년) 국사國師 천희千熙의 고향이라 하여 지군사知郡事로 승격시켜 조선시대에도 그대로 따랐다[11].

조선시 흥해군은 군수(종4 품)가 다스렸으며 별감이 2명 군관이 50명, 통인 14명 사령 14명, 관노 17명 등이 거주 하였으며, 종 6품인 현감이 있었던 주위의 다른 지역 청하현, 영일현, 장기현보다 규모가 큰 지방행정의 중심지였다. 조선 고종 32년(1895년) 동래부 소관의 군이 되었다가 1896년 경상북도에 속하게 되었다. 1914년 행정구역개편 때 흥해면이 되어 영일군에 병합되었다가 1956년 의창

---

11) 신정일이 짓고 출판사 황금나침판에서 2006년 출판된 '대동여지도로 사라진 옛고을을 가다'의 253쪽, 제6장 경북 포항 흥해를 참조.

▼ **경상도**慶尙道 **흥해**興海

경상도 고지도에 나타난 흥해興海. 북쪽으로 청하淸河, 남쪽으로 영일迎日과 장기長鬐, 서쪽 아래로 경주慶州가 표시되어 있다.

면으로 개칭, 1973년 읍으로 승격되었다. 1983년 다시 흥해읍으로 개칭되었고, 1995년 영일군과 포항시가 통합되어 포항시가 되었다.

유배 후의 삶과 죽음

최해두가 얼마동안 유배 생활을 하였는지는 확실하지 않다. 다만 그가 유배지 흥해에서 한 많은 생을 마쳤음은 분명하다. 그의 장례에는 큰아들 최영수崔榮受가 참석하였다.

최영수의 1841년 신축년 우포도청등록에 나타난 진술을 보면 전동에서 살 때 조부와 부친이 천주학을 강습하였으며, 부친 해주海舟[12]는 신유년에 체포되어 흥해군으로 유배당해 그곳에서 돌아가셨다고 하였다.

달레의 한국천주교회사에는 흥해로 유배갔던 최해두가 세상을 떠나자, 그때 10세 밖에 되지 않았던 장남 최영수 필립보가 부친의 시신을 메고 멀리 떨어진 곳에 가서 묻었다고 기록하고 있다. 아들 최영수가 10세 때 아버지 최해두의 장례를 치렀으며, 최영수가 태어난 해가 1791년임을 고려하여 추정해 본다면 최해두의 사망 시점은 1801년이 될 것이다. 이로 보아 최해두는 흥해로 유배 된지 얼마 지나지 않은 시점에 사망한 것 같다[13].

또한 자책의 내용 중 "자기를 의논컨대, 부모를 떠나 오륙 년을 지내다가 엄친의 망극한 상사문부를 들어"라는 구절에서 보듯이 그의 부친 최창은도 그의 유배 중 사망하였음으로 1801년에 사망하였다고 추정된다.

자책의 마지막 부분은 천주 십계에 대한 그의 생각을 적어두고 있다. 천주 십계 중 육계 까지만 논하고 더 이상의 논함이 없이 끝난 것은 그의 유배시의 짧은 삶 때문 이었을지도 모르겠다.

---

12) 우포도청등록右捕盜廳謄錄에는 최영수의 부친이 해주海舟로 기록되어 있으나 이는 관가에서 진술한 말을 기록하는 아전이 두斗를 주舟로 잘못 알아듣고 기록한 결과로 보인다.

13) 최해두의 사망시점을 이와 달리 볼 수도 있을 것이다. 즉 아들 최영수의 우포도청등록에 기록된 진술에서 보면 최영수가 열 살 때 부친에게서 십계를 배웠고 부친이 귀양살이 떠나신 후 다른 의뢰할 곳이 없어서 동생과 함께 구걸을 하여 목숨을 보존하였다고 함으로서 최해두의 유배후 사망 시점이 1801년 보다 좀 더 후 일 가능성도 있다. (矣身十歲 受學十誡於矣父是白加尼 矣父居謫後 無他依賴處 共弟勉受行乞保命是乎矣 우포도청등록右捕盜廳謄錄)
또 '부모를 떠나 오륙년을 지내다가 엄친의 상사문부를 들어'라는 의미를 유배됨으로서 어쩔 수없이 부모와 떨어져 있은 기간으로 해석하면 '귀양생활이 시작 된지 오륙년 후 부친의 부음을 듣게 되어'라는 의미임으로 이 시점은 1805년경이 되며 따라서 최해두의 사망은 이보다는 더 후의 일일 것으로 추정된다. 향후 좀 더 많은 연구가 필요하리라 생각된다.

아들 최영수와 최병문

최해두의 큰아들 최영수는 기해박해 2년후 신축년 1841년의 순교자이다. 영수榮受는 그의 본명이며 자는 희원希遠으로 동종의 항렬에 따라 병상秉常으로 개명하였고 그의 동생 희영[14]은 병문秉文으로 개명하였다. 그는 후일 남명혁의 권유에 따라 앵베르 라우렌시오 범세형 주교로부터 세례와 견진성사를 받았으며, 견진 시 범주교로부터 필립보란 세례명을 받았다.

최영수는 그 후 어머니마저 죽자 동생 최병문崔秉文 야고보와 함께 삼촌댁으로 가서 여러 해 동안 밭일을 하며 지냈다. 삼촌댁으로 갔다는 기록으로 보아 이 삼촌이 만일 외삼촌이라면 윤현의 자녀중 아들이 있었음을 추정하여 볼 수 있다. 윤현의 자녀는 4녀 만이 있다고 하는 주장이 있으나 아마도 윤유일의 사촌이며 현재까지 윤현의 아들인지 혹은 윤선의 아들인지 알 수 없다고 알려진 윤구손[15]이 윤현의 아들이라면 윤구손이 살았던 양근으로 갔을 것으로 추정하여 볼 수 있다. 물론 아버지 최해두의 형제에게로 가서 지냈을 수도 있다.

이후 아우 최병문이 이연이李連伊와 혼인하자 최영수는 동생부부와 함께 서울로 올라와 살았다. 그의 우포도청 진술에서 보면 나이가 스물이 되었을 때 집안을 꾸려갈 직업이 약간 있어서 남대문 밖 이문동里門洞에 거쳐하

14) 희영. 한국천주교교회사 중권 400쪽에 혜영으로 표시되어 있으나 한자로 '혜'자가 없음으로 혜영은 오기로 생각된다. 차기진의 고난의 밀사 228쪽에는 병문의 자가 희영이라 기록되어 있다.

15) 윤구손尹九孫에 관한 기록은 사학징의에 기록된 홍익만洪翼萬의 포도청 진술에 나타난다. 신유박해가 일어나자 송현松峴에 거주하였던 홍문갑洪文甲과 이현李鉉의 장인 홍익만 안토니오는 이천의 권달성權達聖의 집으로 피신하였으며 이때 윤구 손을 통해 자신의 집에 편지를 전하였다고 하였다.

"저는 황급한 마음을 이기지 못해서 올해 정월 초에 안산으로 내려 갔다가 이천의 권달성의 집에 가서 몇 달을 숨어 지냈습니다. 양근에 있는 윤유일의 사촌인 윤구손이라는 사람이 저를 권달성의 집으로 찾아 왔습니다. 그래서 저는 몰래 윤구손을 시켜 서찰을 저의 집에서 주고받았으며, 교중의 소식을 탐지했습니다." 진술하고 있다

이후 윤구손에 관한 기록은 없어 그가 어떻게 되었는지는 알 수 없으며, 그가 윤유일의 숙부 윤현과 윤선 중 누구의 아들인지도 현재로는 알 수가 없다.

구손은 그의 손가락이 아홉 개 밖에 되지 않았으므로 붙여진 이름이라 하였다.

면서 분주히 생계를 꾸려 가는데 골몰하였으므로 특별히 다른 곳에서 천주학에 관해 배우지는 못하였다고 하였다.

그는 어린 시절 아버지를 여의게 되고 이로 인한 어려운 가정형편으로 인해 구걸하여 생계를 삼았으므로 비록 글(한문)을 배우고 싶었으나 여가가 없어 한문을 배우지 못하였고 다만 한글로 된 책만 겨우 이해할 뿐이었다. 후일 그가 붙잡혔을 때 "어찌 숨겨둔 장물이 한글로 기록된 책 두권과 약간의 묵주뿐이냐"는 신문에 그는 "저는 무식한 때문에 본래 한자로 된 책은 한 권도 없습니다. 그러나 약간의 한글로 된 책과 도구가 있어서 제 동생이 힘써 배웠습니다."라고 진술하였다. 더욱이 그는 다른 사람과 함께 천주학을 공부한 일은 없었다. 그러나 그는 이미 아버지로 부터 배운 것이 있었음으로, 동생과 더불어 힘써 학습하였고 평상시에도 침묵 중에 마음 속으로 기도문을 암송하고 천주를 존경하고 공경하였다[16].

그가 천주학을 한 것은 신문에서 나타난 바와 같이 '아버지가 전하여 자식이 물려받은 것이니 진실로 가히 가정에서 배운 학문이다父傳子受 眞可謂家庭之學'고 말할 수 있을 것이다. 이로 보아 최해두 자신은 비록 배교하였으나, 아들 최영수가 일생 마음속에 간직하였던 천주학에 대한 생각에 미친 아버지 최해두의 영향은 거의 절대적이었다고 할 수 있을 것이다.

그들은 열심히 묵상수계하면서 끊임없이 근심 중에 있는 사람들을 위로하고 냉담자들의 마음을 뜨겁게 하며, 무식한 이들을 가르쳐 그들의 지칠 줄 모르는 박애심으로 모든 이의 이목을 끌었다. 프랑스 선교사들이 입국하자 그들은 강당講堂을 준비하고, 신자들이 성사를 받을 수 있도록 준비시켰다.

최영수는 남명혁南明赫 다미아노의 인도로 남명혁의 집에서 앵베르范世亨주교, 모방 나신부, 샤스탕 정신부를 만났고 앵베르 주교로부터 세례와 견진 성사를 받았다. 그러나 의사소통을 할 수 없었으므로 그들로부터 천주학을 배우지 못하였고, 남명혁으로부터 주요경문 12가지 즉 12단 기도문[17]을 배웠다.

그는 주교와 두 신부들이 일상생활에 필요한 물건들 양식과 반찬거리등

---

16) 矣身雖不識文字 既有受學於父 則居常默念心誦 尊敬天主矣
우포도청등록右捕盜廳謄錄

물품을 조달하여 제공하였으며, 이에 따라 이들 선교사들이 간혹 머물렀던 침교沈橋의 평신도 회장 정하상鄭夏祥의 집에도 왕래하였다. 또한 남명혁이 권하여 미사 때 사용할 포도주를 제조하여 바쳤다. 포도를 구매하고 그 즙을 짜 포도주를 빚을 때 그 양조 방법을 가르쳐 주고자 범주교, 나신부, 정신부 등 세 분이 여러 차례 최영수의 집으로 오기도 하였다. 그러나 이때도 특별히 함께 공부하지는 않았다.

1839년 기해박해가 일어나자 이들은 즉시 밀고를 당하였다. 4월 12일(양력 음력2월) 집에 있던 아우 최병문과 제수 이연이 그리고 그의 두 딸(14살과 5살)은 좌포도청에 체포되고, 그의 집은 약탈당하였다. 그러나 최영수는 마침 다른 곳으로 외출하여 붙잡히지 않았고, 이후 남이관南履灌 세바스티아노의 집으로 피신하여 체포를 면할 수 있었다. 최영수와 남이관은 애초에는 서로 알지 못하는 사이였다. 동생이 잡힘에 따라 그가 황급하게 도주하게 되는데, 도주 시 과거 그가 정하상의 집에 왕래할 때 알고 지내던 이경천李景千을 만나게 되어, 그의 주선으로 주동鑄洞의 생원 남이관의 집 사랑채에서 두 달간 피신하게 되며, 그때 비로소 남이관을 알게 되었다.

최병문의 아내와 두 딸은 병이 들었으므로 비교적 가벼운 고문 밖에는 당하지 않았다. 그러나 최병문 야고보 자신과 그의 집에 얹혀살던 두 과부 교우는 무서운 고문을 겪어야 하였으니, 그것은 포졸들이 교회의 일을 맡아보는 이들 중의 한사람인 최 야고보의 아우[18] 최영수 필립보가 숨어있

---

17) 여러 경문중에 가장 중요한 12가지 기도문으로
1. 성호경 2. 천주경 3. 성모경 4. 종도신경 5. 삼종경
6. 고죄경 7. 소회죄경 8. 영광경 9. 천주십계 10. 성교법규중 사규
11. 삼덕송 12. 봉헌경을 말한다.

18) 달레의 한국천주교회사 400쪽 에서는 최영수 필립보가 아우로 기록되어 있으나 이는 번역상의 오류일 것이다.

19) 물고物故는 현재 유명한 사람이 죽음, 세상을 떠나다로 사용된다. 글자의 원래의 뜻은 고의가 아니었다는 말이다. 과거에 재판을 통하지 않고 피의자를 죽이는 수단으로 심문할 때 정해진 한도를 넘는 장杖을 치거나 심한 주뢰형 등 법외의 남형濫刑을 가함으로써 피의자를 죽음에 이르게 하였는데, 이를 관가에서는 흔히 물고라고 표현하였다. 이로 보아 최병문 야고보는 순교했을 가능성이 높다.
再昨年二月分 矣父及矣女 罪爲被捉於左廳 矣女背敎蒙放 矣夫移刑曹 背敎出來矣 十月分 矣夫又捉於左廳 物故是如乎 우포도청등록右捕盜廳謄錄

는 곳을 어떻게 해서라도 알아내려고 한 까닭이었다.

최병문의 처 이연이는 배교하고 석방되었고 최병문 야고보는 형조로 이송된 후에 배교하고 풀려났다. 그러나 최병문은 10월에 다시 좌포도청에 붙잡혀서 물고物故를당했다[19].

이후 최영수는 조심하여 몸을 숨겨야 하였으나 그런데도 순교자들의 시신을 거두기 위하여 가장 큰 위험을 무릅쓰는 것을 마다하지 않았다. 그리고 현석문 가롤로 이문우 요한 등과 함께 앵베르 주교가 시작한 순교자의 행적을 수집하고 확인하고 보충하는 데 참여함으로서 후일 기해일기가 만들어지는데 일익을 담당하였다[20].

우포도청에서 신문을 살펴보면 최영수의 체포 시 그의 거처를 수색하여 가져온 책자 중 한권에는 근래 좌, 우포도청에서 체포한 천주교 신자들의 행적이 적혀 있었다. 이 책자에 대해 그는 경자년更子年(1840년) 2월 남명혁南明赫 형수라고 칭하는 여인이 전옥典獄에 갇힌 이경천李景千이 보내준 것이라 하면서 종이 한 묶음을 전해 주었던바, 그 종이에는 사형에 처하여진 여러

---

20) 기해일기는 1839년 기해박해 때 순교한 천주교 신자들의 행적을 기록한 순교자전이다. 제2대 조선교구장인 앵베르 주교에 의해 시작되었고, 현석문이 순교 일기를 완성한 뒤에는 제3대 페레올 주교가 이를 보완하였다.

앵베르 주교는 1838년 말 박해가 일어나 순교자들이 생겨나게 되자 이들의 사적을 기록하기 시작하였다. 앵베르 주교는 같은 해 12월 31일부터 자신이 체포되기 3일 전인 1839년 8월 17일까지 순교 사적을 수기 형태로 기록하여 '1839년 조선 서울에서 일어난 박해에 관한보고'라 명명하였고, 동년 9월 6일 모방과 샤스탕 신부에 의해 파리외방전교회 본부로 보내졌다.

앵베르 주교는 향후에 자신이 체포될 것을 예상하고 이 기록을 마치기 몇 개월 전부터 정하상 바오로와 현경련 베네딕다에게 순교자들의 사적을 조사하여 정리하는 일을 계속하도록 하였으며, 다른 한편으로는 최영수 필립보, 이문우 요한과 현석문 가롤로 등에게도 같은 임무를 맡겼다.

앵베르 주교는 자신이 예상한대로 8월 10일 포졸들에게 자신 스스로 체포 되어 9월 21일 모방과 샤스탕 두 신부와 함께 순교하였다. 정하상과 현경련, 이문우 등도 1839년에 모두 순교하였다.

이때부터 최영수와 현석문은 주교의 명대로 산간벽지를 돌아다니며 순교자들의 행적을 조사하여 정리하기 시작하였으며, 1841년 8월 최영수마저 순교한 뒤에는 현석문이 전적으로 이 일을 맡게 되었다. 현석문은 이후 이재의 토마스와 최 베드로의 협력을 얻어 전후 3년 동안 교우들로부터 모아들인 자료를 정리하고 기록하여 기해박해 순교자전을 완성하였는데 이것이 '기해일기'의 원본이다.

사람의 행적이 기록되어 있어 그가 이 내용을 책으로 만들어 베껴 두었다고 진술하였다. 훗날의 증언에 따르면 당시 그는 신자들을 통해 순교자의 행적을 탐문하고 옥중 서한도 수집하여 치명한 분들의 기록을 작성하였으며, 현석문이 그 내용을 교정하여 기해일기己亥日記를 만들었다고 한다.

우포도청등록의 신문 기록에도 나와 있는 바와 같이 남명혁의 형수인 윤씨는 기해년(1839년)에 우포도청에 체포되었다가 형조로 이송되어 사형에 처해졌음으로 기록이 적힌 종이를 전한 여인이 남명혁의 형수라고 함은 도저히 말이 되지 않으며 바르게 고하라고 심문하였다. 이에 대해 그는 "남가와 더불어 본래 집안이 통하는 의義(의리)가 없었으니 곧 면목이 생소합니다. 다만 전해오는 말에 의지하여 그가 남가의 형수라는 것을 알았을 따름이며 다른 사람은 알지 못하니 이경천이 살아 있다면 대질하여 조사할 것이로되 이미 처형되었으므로 그 여인이 누구인지 조사하여 물을 길이 없습니다."라고 진술하였다.

기해박해는 그해 10월 18일(양력 11월 23일) 검교제학檢校提學 조인영 趙寅永이 지은 기해척사윤음斥邪綸音을 조정에서 반포함으로서 박해를 끝내고자 하였으며, 이후 새로운 박해는 일어나지 않았다.

최영수도 기해년의 박해는 모면하였으나, 포도청은 어떻게 해서라도 그를 체포하고자 하여 그의 행적을 추적하고 있었다. 그래서 그가 숨어있는 곳을 안다고 의심 받은 신자 여럿이 붙잡혀 신문을 당하였는데, 1841년 2월 허許대복 안드레아가 최영수 필립보의 공범으로 그리고 같은 무렵 순교자 권득인權得人 베드로의 형 권權성여 프란치스코가 최영수의 숨은 곳을 알 것이라고 밀고 되어 체포되었다. 그러나 그들은 고문을 참아 받으며 아무것도 고해 바치지 않았다.

최병문이 죽은 후 최영수와 제수 이연이는 서로 의지하며 함께 살았다. 1841년 3월 최영수는 체포되기 한 달 전 살던 종현鐘峴의 집을 팔았다. 이사 갈 집을 결정하지 못한 상태에서 이사 갈 날이 다가와 서부西部 후동後洞의 한소임韓小任의 건너방을 임시로 빌려서 머물게 되었다. 한소임 막달레나는 후동에서 과부인 딸 장임이張任伊와 함께 살며 소주장사로서 생계를 이어가는 과부로서, 최영수와는 종현의 집에 내왕하였을 때 제수 이연이와 더불어 친하게 알게 된 바 있었다.

최영수는 1841년(헌종 7년) 4월 말에 서부 후동의 한소임의 집에서 제수 이연이와 한소임 모녀 등 다른 신자들과 함께 체포되었다. 달레의 한국천주교회사에 최영수의 체포 당시 모습이 비교적 소상하게 기록되어 있음으로 이 부분을 살펴보자.

권성여 프란치스코가 체포된 후 며칠 안 되어 포졸들이 수상하다는 정보를 들은 어떤 집을 포위하고 거기에서 집안 식구가 아닌 사람을 만나 이름을 물었더니 그는 "최崔라고 합니다."하고 대답하였다. "네 본명이 혹시 필립보가 아니냐." "맞았습니다." 포졸들은 곧 와아 하고 환성을 올리고 그와 집 주인들을 결박하여 포장捕長에게 인도하였다. 포장은 이런 거물들을 잡은 것이 몹시 기뻐서 비웃음을 머금고 말하였다. "이렇게 3년 동안이나 우리 손을 빠져 나가다니 너도 어지간히 약은 놈이다. 하지만 결국은 우리가 더 약아서 이제 네가 붙잡혔구나. 이제는 우선 네 천주를 배반하여 보아라." 최영수 필립보는 대답하였다. "절대로 안 됩니다." 관장은 그를 몹시 치라고 명하였다. 형리들은 기꺼이 그 명령에 따랐다. 그런 다음 포장은 덧붙여 말하였다. "너는 그 부끄러운 교를 믿는 데 그치지 않고 수많은 사람을 부패케 했다. 너는 외국인 신부를 자주 네 집에 받아들였고 그들은 네게 많은 물건을 맡겼다. 네 죄는 다른 사람들 죄보다 열배나 더 중해, 너는 여러 조목으로 죽어 마땅하다. 너는 틀림없이 죽음을 면치 못할 것이다." 그런 다음 최영수 필립보는 목에 아주 무거운 큰 칼을 쓰고 옥으로 끌려갔다. 4개월간 다른 신문은 당하지 않았다. 그러나 옥리와 포졸들에게서 받은 시달림은 이루 말할 수 없는 것이었다. 그의 우러러 볼만한 인내는 단 한 순간도 변함이 없어 함께 갇혀 있는 사람들을 가르치고 격려하기 위한 외에는 입을 벌리지 않았다. 4개월 후에 다시 관장 앞에 호출되어 나가니 배교하라고 강요하였다. 그러나 최영수 필립보는 여전이 꿋꿋하였으므로 여느 때보다도 더 가혹하게 주리를 틀리고 매를 맞은 다음 다시 옥에 갇혔다.

함께 체포된 한소임은 한글로 된 십계 등의 책도 해득하지 못해 입으로 암송하여 교리를 배웠으나, 1840년 3월 포도청에 붙잡혀 배교하고 나온 후에는 다시 서학을 학습하지 않았으며, 단지 그들과 더불어 한집에서 거처했기 때문에 함께 붙잡혔으니 진실로 애매하다고 진술하였다. 반면 딸 장임이는 천주학을 익혀온 것이 20년이 되어, 예수를 배척하여 스스로 지옥에 떨어지지는 않겠다고 진술하였다. 헌종 7년(1841년) 4월 25일에 최영수, 이연이, 한소임, 장임이를 포도청에서 고문하였다는 기록이 있다

달래의 한국천주교회사에는 최영수와 함께 붙잡힌 신자들 중에 이군겸 야고보와 그의 아주머니 장 아나스따시아의 이름이 거론되는데 장 아나스따시오는 장임이 일 것으로 추정되고 있다. 이군겸 야고보는 고문을 당하고 5월 옥중에서 이질에 걸려 36세의 나이로 죽었다.

허대복 안드레아와 권성여 프란치스코가 먼저 8월 10일에 교수형을 받아 순교하였으며, 며칠 후 8월 14일 장아나스따시아도 교수형을 당하였다.

포도청에 압송된 최영수는 혹독한 문초와 형벌에도 불구하고 흔들림 없는 신앙심을 보여 주었고, 교회에 해가 되는 말은 조금도 입 밖에 내지 않았다. 그는 "제가 비록 심히 어리석고 미혹할지라도 어찌 삶을 좋아하고 죽음을 싫어하는 마음이 없겠습니까? 이 천주학은 이미 저의 집에서 전해져 오는 가르침이니 어찌 가히 천주를 배반하고 부친의 가르침을 저 버릴 수 있겠습니까[21]. 비록 매를 맞아 죽을지언정 다시 달리 드릴 말이 없습니다."라고 진술하였다. 마지막 순간 까지 그는 신앙을 굳게 지키고 이러한 자신의 신앙의 뿌리가 아버지로 부터 유래되었음을 진술하고 있다. 유배지 흥해에서 회개의 삶을 살다 선종한 부친의 신앙심이 자신에게 이어지고 있음을 명백하게 밝히고 있는 것이다.

최영수는 4개월 동안 옥에 갇혀 있다가 다시 배교를 강요받아 혹독한 문초와 형벌을 받았고, 1841년 9월 10일(양력 10월 24일) 곤장 100대로 인

21) 矣身雖甚愚迷 豈無好生惡死之心 此學 旣是矣家傳來之敎 則何可背天主 而棄父訓乎 우포도청등록右捕盜廳謄錄

22) 그의 죽음에 대해 우포도청등록右捕盜廳謄錄에는 곤장 100대를 맞고 9월 10일에 물고를 당했다(棍一百度·九月初十日 物故)고 기록되어 있음으로 장사杖死로 순교하였을 것이다. 그러나 달래의 한국천주교회사에 의하면 최영수 필립보는 9월 23일 교수형으로 숨을 거두었으며, 간힌 지 7개월 후 순교하였다고 기록되어있다.

한 장사杖死로 순교하였으니[22] 당시 그의 나이는 51세였다.

1841년의 박해는 1839년의 기해 대박해와 관련되어 그 연장선상에 있다. 1841년에는 갇힌 사람의 수요가 매우 적기는 하나, 비율로 따져서 배교자가 그렇게 적고 순교자가 그렇게 많았던 때가 아마 일찍이 없었던 것 같다[23].

최창주 마르첼리노

최해두의 숙부인 최창주崔昌周(1749-1801) 마르첼리노는 경기도 여주의 양반 집안에서 태어나 40대 초반에 천주교 신앙을 받아들여, 그의 가족 모두를 입교시키고, 열심히 신앙생활을 하였다.

그의 두 딸은 모두 교우 집안으로 출가시켰다. 한 딸은 여주에서 신유박해 시 순교한 원경도 요한의 아내이고, 다른 딸 하나는 기해박해(1839년) 시 전주에서 순교한 신태보 베드로의 며느리 최조이 바르바라이다.

진산의 윤지충과 권상연의 폐제분주사건으로 시작된 신해박해(1791년, 정조 15년)시, 광주부윤으로 임명된 이가환은 조정의 뜻을 충분히 지키고자 즉시 각 면리에 이단배척을 명령하여, 향교에 위정척사衛正斥邪의 뜻을 문서로 전달하고 각 마을과 저자거리에는 사학을 금지하는 방을 붙였다.

최창주는 광주 구역내 4~5명의 교우들과 함께 체포되어 경기 감영에 보고되었다. 광주부윤 이가환은 이들을 곤장을 쳐서 신문하고, 마음을 바꾸겠다는 다짐을 받고 풀어 주었다. 여주에서 체포되어 남한산성으로 압송된 최창주는 매를 맞고, 박해를 모면하고자 일시적으로 배교를 하고 풀려났던 것으로 보인다 [24,25]. 그는 비록 배교로 석방되었으나, 그 후 깊이 뉘우치고 더욱 열성적인 신앙생활로 이웃들을 권면하였다.

---

23) 한국천주교회사 하 샤를르 달레원저 안응렬 최석우역주 한국교회사연구소 25쪽

24) 수원교회사 연구소 : 남한산성 성제와 수원교구 천주신앙의 역사적 고찰 교회사학 2004. 47-48쪽

25) 샤르르 달레, 안응렬, 최석우 역주: 한국천주교회사(상) 2000년 6판 364쪽

1800년 예수 부활 대축일에 여주에서 박해가 일어나 사위 원경도元景道 요한이 체포되자 최창주의 모친과 아내는 그에게 피신 할 것을 간청하여 한양으로 피신하려고 길을 나섰다. 그러나 얼마 안 되어 마음을 되찾아, 다시 집으로 돌아와 체포되고 여주 감옥에 갇히게 되었다. 6개월의 옥살이 동안 내내 신앙을 고백하며, 동료 신자들을 밀고하도록 강요받았으나 "천주교에서는 누구에게라도 해를 끼치는 것을 금하고 있으니, 한사람도 고발할 수가 없습니다."라고 대답하며 밀고하지 않았다. 10월에는 경기 감영으로 끌려가 다시 형벌을 받았으나 그의 신앙은 변함이 없었다.

1801년 신유박해가 시작되자 경기감사는 옥에 갇힌 신자들을 다시 문초하고 배교를 강요하였다. 그때 그는 신자들을 대표하여 다음과 같이 말하였다. "모든 사람의 임금이시며 아버지이신 참 천주를 알고, 그분을 섬기는 행복을 받았으니, 저희는 그분을 배반할 수가 없습니다." 형벌은 점점 더 가혹해졌으나, 그는 굳건히 신앙을 고백하고 '아주 달갑게 죽음을 받아들이겠다.'는 최후진술을 마쳤다.

사학징의의 사형선고문과 이기경의 벽위편에 있는 경기 감사 이익운의 장계狀啓에 따르면 "최창주는 그 아비를 아비라 하지 않고, 심지어는 아비의 이름을 잊었다고 까지 한 자로, 그 말뜻이 이미 극도로 흉악하고, 사서를 감추어 두고 요사스런 십계를 굳게 지키며 끝내 고치고 버리지 않으며 인륜을 멸한 놈으로 죽음을 달게 받으려 한다."고 기록되어 있다.

조정에서는 '고향으로 돌려보내 처형함으로써 그곳 백성들이 경각심을 갖도록하라'고 경기감사에게 명하였다. 이에 따라 최창주는 1801년 신유년 4월 25일(양력) 사위 원경도 요한(27세), 원경도의 사촌인 이중배李中培 마르티노(50세 가량) 등과 함께 여주 관아 남문 밖에서 참수형을 받고 52세로 순교하였다.

최해두의 처가

최해두의 처가의 가계는 비교적 자세히 밝혀져 있는데, 이는 윤유일의 전교에 의해 이들 윤씨 집안사람들 대부분이 천주교 신앙을 받아들이고, 신유박해 때 이들의 문초 기록이 많이 남아 있기 때문이다.

최해두의 처가는 파평 윤尹씨로 많은 순교자를 배출하였다.

최해두 처가 파평 윤尹씨 계보

祖父 : 사혁師爀

父 : 장鏘 †

2남 유일有一 †

유오有五 †

1녀

현鉉 † / 임조이任召史 †

1남 구손九孫

3녀 윤조이尹召史 †

최해두의 부인 †

심낙훈의 며느리 †

4녀? 설혜雪惠

선鍹 † / 이씨李氏

2녀 점혜占惠 †

운혜雲惠 †

†는 천주교 신자

윤장에게는 현재 이름이 알려져 있지 않은 딸이 있었다. 이는 사학징의의 윤장공초에서 알 수 있다.

윤장은 신유박해 시 좌포도청에서 최창현을 체포하여 신문 중 그의 이름이 드러나게 되어 체포되고 신문을 받게 된다. 사학징의의 윤장공초에 보면 윤장에게 최창현과의 관계를 물으니, 4년 전 딸이 병이 나서, 상경하여 최창현의 친척인 최가崔哥의 약국에서 약을 지을 때 약값이 너무 싸 그 까닭을 물으니 창현이 말하는 가운데 "천주께서 하늘에 계셔 사람의 마음 속에 있는 선악을 살피시는 고로 비록 약값이라 하더라도 어찌 함부로 많이 받을 수 있겠습니까?" 하였다. 즉 슬하에 딸이 있어 이 딸이 병든 관계로 상경 시 최창현을 만나고, 그의 말에서 그가 사학하는 자임을 알았다고 진술하고 있다.

윤현은 1남 3녀를 두었다 하였으나, 단지 4녀만이 있었다는 주장도 있다. 윤구손尹九孫은 앞서 설명한 바와 같이 현재까지 윤현의 아들인지 혹은 윤선의 아들인지 알 수 없으나 차기진의 주장[26]에 따라 잠정적으로 윤현의 아들로 정리하였다.

윤유일 바오로

최해두 처의 사촌 오빠인 윤유일尹有一(1760~1795년) 바오로는 한국 교회 최초의 천주교 밀사로서 후일 1795년의 북산 사건으로 을묘박해 시 순교하게 된다.

경기도 여주 양반 가문에서 출생한 윤유일은 인박으로도 불렸으며, 아버지 윤장을 따라 양근(양평)으로 이사하여, 한 마을에 살던 권철신 암브로시오 문하에 들어가 수학하게 되고 그의 동생 권일신 프란치스코 사베리오에게 교리를 배워 입교하였다. 그의 입교로 인해 동생 윤유오, 사촌동

26) 하느님의 종 윤유일 바오로와 그 동료들, 고난의 밀사, 차기진지음 어농성지 2003년 303쪽

생 윤점혜, 윤운혜는 물론이고, 신앙을 거부하던 그의 집안 어른들 곧 부친 윤장과 숙부들인 윤현과 윤선까지 천주교를 받아들이게 된다.

윤유일은 1790년 2차례에 걸친 북경 방문으로 가성직제도와 제사 문제에 대한 북경 교회로 부터의 사목서한과 성직자 영입을 위한 약속을 구베아 북경 주교로부터 받게 되었다. 그는 조선 최초의 신앙 밀사였으며, 또한 조선 신자로는 최초로 견진 성사를 받았다.

1791년 3월 윤유일은 구베아 주교가 선발한 마카오 교구 소속 요한 도스 레메디오스(J. dos Remedios) 신부를 맞이하기 위해 책문으로 갔으나, 신부를 만나지 못하고 돌아왔다. 그 후 조선에서 일어난 박해 등의 복잡한 국내 사정으로 인해 새로운 밀사의 북경 파견에 관한 논의는 소원해졌다.

1793년 봄 윤유일은 포천의 홍교만 프란치스코 하비에르/ 홍인레오 부자로부터 "하루 빨리 북경으로부터 성직자를 영입해야 하며, 따라서 하루 빨리 지도층 신자들이 만나 이 문제를 협의해야 하지 않겠느냐는 의견의 편지를 받았다.

윤유일은 홍인의 편지를 받자마자 여주로 달려가 최창주와 최해두를 만나 성직자 영입에 대해 협의한 뒤 한양으로 올라가 최창현과 최인길을 방문하였다. 성직자 영입에 대한 모두의 의견이 일치함에 따라 1793년 지황 사바와 박요한이 밀사로 선발되었고, 1793년말 북경의 구베아 주교께 윤유일의 서한을 전달하게 되었다. 이러한 노력의 결실로 1794년 12월 주문모 신부의 조선 입국이 드디어 이루어지게 되었다.

윤유일은 초기 조선교회의 창설과 관련하여 북경까지 두 번, 책문까지 두 번, 의주까지 두 번, 모두 여섯 차례나 국경을 왕래하였다. 주문모 신부가 조선에 온 후에는 그를 모시고 전라도로 전교를 다녀오는 등, 초기 조선 천주교를 위해 헌신적인 활동을 하였다.

1795년 5월(양 6월) 한영익의 밀고로 주문모 신부의 입국이 들어났다. 주문모 신부는 북산밑 계동의 최인길의 집으로부터 강완숙의 집으로 피신하였으나, 이와 관련되어 최인길 마티아, 지황사바와 함께 윤유일이 체포되었다. 포청에서 가혹한 형벌을 받고 그해 5월12일(양 6월 28일) 36세로 장살 되었고 윤유일을 포함한 이들 순교자 시신은 강에 버려 졌다.

이들의 순교 사실은 이듬해 1796년 황심이 북경으로 가는 때 주문모 신부에 의해 구베아 주교께 보고되었고, 이듬해 구베아주교는 사천성 교구장 까라드라주교에게 편지를 보내 알렸다. 이 라틴어 편지는 번역되어 '다섯 순교자의 전기'로서 서방에 널리 읽히게 되었다.

경기도 이천시 모가면 어농於農리 능곡陵谷 풍덕마을의 '어농성지'에는 윤유오 순교자의 무덤이 있고 열분의 가묘가 그의 묘와 함께 있다. 즉 을묘박해의 순교자 세 분 윤유일, 최인길, 지황과 신유박해의 순교자 일곱 분 윤선, 윤점혜, 정광수, 윤운혜, 주문모신부, 강완숙이 모셔져 있다. 이밖에도 윤유일의 조부 윤사혁과 부친 윤장, 숙부 윤현의 가묘가 있다.

이 성지는 순교자 후손 집안인 파평 윤씨 선산에 고 오기선 요셉 신부에 의해 조성되었다.

윤유오 야고보

윤유오尹有五(? ~1801)는 윤유일의 친동생으로 세례명은 야고보이며 신유박해의 순교자이다. 윤유오에 관해서는 별로 알려진 바가 없다. 달레의 한국천주교회사에도 '윤유일 바오로의 동생 윤유오 야고보에 대하여도 아무 것도 알려진 것이 없다. 그런데 윤유오 야고보의 문초기록을 수집할 수가 없는 것을 이상히 여길 것이 못되니, 그 집안이 박해로 인하여 거의 전멸하였기 때문이다.'라고 기록되어 있다.

윤유오도 윤유일과 마찬가지로 경기도 여주군 금사면 금사 2리 점들에서 태어나서 경기도 양평군 강상면 대석리 한감개로 이사하여 살았다. 윤유오는 형인 윤유일에게 교리를 배워 입교하였다.

1795년 4월 5일 부활축일에 주문모 신부에 의해 우리나라 최초의 미사가 봉헌되었다. 이 미사 후 주문모 신부는 지방 교우들의 성사를 돌보기 위해 제1차 지방 순회에 나서게 되는데 이때 윤유일은 제일 먼저 그의 고향 양근의 집으로 주문모 신부를 모시고 갔으며, 윤유오는 주문모 신부를 만나 성사를 받았다. 아버지 윤장, 숙부 윤현과 윤관 그리고 사촌인

점혜와 운혜등도 모두 참석하였을 것이다. 당시 신해박해 시 아버지 권일신을 잃고 사학을 버렸던 권상문 세바스티아노도 윤유일의 집으로 찾아와 성사를 받았다. 그 후 주문모 신부는 양근을 떠나 전라도 고산의 이존창의 집에서 며칠간을 머물렀고, 전주의 유항검과 유관검의 집에서 일주일을 머무르면서 각 지역에서 교우들의 성사를 돌본 후 한양으로 되돌아왔다. 윤유오는 주문모 신부가 전주 유항검의 집을 방문할 때 동행하였다 한다.

그해 5월 한영익의 밀고로 주문모 신부의 입국이 조정에 알려졌고, 이로 인해 윤유일, 최인길, 지황이 잡혀 순교하고, 주문모 신부는 강완숙의 집으로 피신하였다.

윤유일의 순교 후에도 윤유오는 인근의 조동섬 유스티노, 권상문 등과 만나 기도모임을 갖고, 교리를 연구하며 신심을 북돋우었다.

1801년 신유박해 시 양근 포졸들에게 체포되어 양근 관아로 압송된 윤유오는 온갖 문초와 형벌을 당하였으나 신앙을 증거하고, 단호히 배교를 거부하였다. 이기경의 벽위편에 있는 경기 감사 이익운의 1801년 2월 15일의 장계狀啓에 따르면 '죄인 윤유오는 제 형이 가르쳐준 십계명을 사람이라면 마땅히 실천해야 할 도리로 알아 왔고, 교회 서적을 밤낮으로 외우고 익혔으며, 진실로 배교할 마음이 조금도 없다고 하는바 양근 관문에서 서쪽으로 2리 쯤 떨어진 대로변에서 백성들이 많이 모인 가운데 법률에 따라 목 베어 처형하다'라고 기록되어 있다. 윤유오는 1801년 4월 27일(음력 3월 15일) 양근 관문 서쪽 대로변에서 유한숙과 함께 참수형을 받고 순교하였다.

윤장

윤장尹鏘은 윤유일의 아버지이며, 최해두에게는 처숙부가 된다. 그의 부인에 관해서는 어떤 기록도 발견되지 않고 있다.

윤장은 1801년 신유박해 때 좌포도청에서 최창현 요한을 체포하여 심문하던 중 그 이름이 드러났다. 이에 좌포도청에서 형조로, 형조에서 그해 2월

8일 경기 감영에 비관秘關을 보내었다. 신유박해와 관련하여 형조에서 다른 관서로 발송한 첫 공문인, 1801년 2월 8일 일자 경기와 충청 감영에 보낸 공문에는 '좌포도청의 비밀 공문에 근거하여 사학죄인인 최창현과 임대인 등이 지목한 사람인 양근의 윤장, 권철신, 권상학 그리고 광주의 정약종, 포천의 홍교만 등을 비밀리에 적어 보내니 때를 가지지 말고 이들을 즉시 체포하여 구두 진술서를 작성해서, 밤낮을 가리지 말고 곧 형조로 압송하여 문초하고 다스리게 하라'는 통고를 내리고 있다.

형조에서 의금부에 보낸 2월 20일 공문에 의하면 '윤장과 권상학은 해당 고을에서 이미 체포하였다'고 하였다. 이로 보아 비록 윤유일이 죽은지가 6년이 지났다고 하나 천주 신앙으로 인하여 순교하였으므로, 양근의 윤씨 집안은 이미 오래전부터 가장 주시 받고 있었음을 알 수 있다. 최창현이 권철신 등과 함께 윤장을 먼저 교우로 지목한 것으로 보아, 당시 윤장은 윤유일의 아버지로서 또한 열심한 교우로서 이미 그 이름이 널리 알려져 있었음을 알 수 있다. 윤장과 아들 유오를 비롯하여 동생 윤선등 모두가 이내 체포되었다.

그는 형조에서 "우매한 소치로 사학이 극률에 해당하는 줄을 몰랐습니다, 제 아들 유일의말을 들은즉 천주께서 위에 계시면서 모든 인간의 선악을 굽어 살피신다고 하였습니다. 그래서 저는 천주교가 좋은 것으로 여기고 그것을 학습하는 것을 그들의 뜻에 맡기고 금지 하지 않았습니다."라고 진술하였다

그는 형조의 신문에서 마지막으로 "저는 나이 늙은 소치로 학습은 하지 않고 처음엔 실제 그것이 그른 것인 줄 몰랐으나, 지금에 이르러 생각하니, 나라의 금함이 지엄하고 형장이 몸에 미치니, 어찌 좋다고 말할 수 있으리오?" 하고 대답함으로서 배교하고, 임자도로 유배되었다.

윤현

최해두의 장인인 윤현은 윤유일의 숙부로서 윤장의 아우이다. 그의 부인

은 임조이이며, 자녀로는 딸 셋과 아들 윤구손尹九孫이 있다. 그러나 윤유일의 사촌인 윤구손은 윤현의 아들인지 윤선의 아들인지 명확치 않다. 반면 다른 주장으로는 딸만 넷으로 이들은 청상과부가 되어 친정에서 함께 산 윤조이尹召史와 최해두의 처, 심낙훈의 며느리와 설혜雪惠가 있다는 주장도 있다.

신유박해가 일어나기 한해 전(1800년) 11월에 아내 임조이, 딸 윤조이와 윤유일의 계집종이던 신옥을 데리고 한양의 고노동高老洞(안국동)으로 이사하였다. 같은 고향인 여주사람으로 그보다 한해 전에 상경하여 벽동에 살던 정광수에게 부탁하여 부근에 집을 구하고 서로 왕래하였다. 윤현이 서울로 이사한 것은 1800년 5월부터 시작된 양근 지방의 박해를 피하기 위한 것으로 보인다. 당시 벽동의 정광수 집에는 정사가 마련되어 성사를 보았으며, 주문모 신부를 모셔 미사와 교리강론을 하였는데 윤현도 이 모임에 참석하였다.

신유박해 시 최해두의 처가 집안은 모두 잡혀 윤현의 아내 임조이와 딸 윤조이, 계집종 신옥은 매를 맞고 배교함으로서 석방되었으며, 윤현은 "사학을 버리고 바른 길로 돌아와 영원히 혁심革心하겠다."라고 진술함으로서 배교하고 해남으로 유배형에 처해졌다.

사학징의 제2권의 부 요화사서소화기附 妖畵邪書燒火記에는 윤현의 집 구들 속에서 찾아내어 압수한 많은 천주교 관련 물건들이 열거되어 있다. 목록에 따르면 무려 90종의 천주교 서적과 그 밖에 목인판을 비롯한 각종 종교용품들이 구들속에서 발견되었고 사학 서적을 배껴 적은 등본은 수를 알 수 없을 정도로 많다고 기술되어 있는 것으로 보아 이 밖에도 더 많은 종류의 천주교 서적들이 윤현의 집에 있었을 가능성이 있다. 이는 그의 장인 윤현 또한 천주교에 깊이 관여했음을 보여 주는 증거로 생각된다.

윤운혜의 자백에는 "윤현의 처 임조이는 상경한 지 얼마 안 되어 동내 사람들의 주목을 받지 않았으므로, 저의 집 및 조가와 최가의 요서 흉화와 더러운 물건들을 임조이의 방구들 속에 옮겨 두었다가 체포되었음을 인정합니다."라는 대목에서 보면 윤현의 집에서 발견된 많은 서적과 성화와 성물들은 이웃의 여러 사람들의 물건이며 윤현 개인의 것이 아님을 알 수 있다.

최해두는 그의 포청초에서 "저는 평소에 보던 책자 모두를 정광수의 집에 두었습니다."라는 진술이 나타나고 있다. 이를 보아 최해두의 천주교 서책과 성물들이 정광수의 집에 보관 되었다가, 다시 정광수와 조섭의 것들도 합해서 보다 안전한 장소로 생각되는 윤현의 집 구들 속에 숨겨졌을 것이다.

윤현의 집에서 압수한 책들 중 〈죄인지충 일기〉가 있다. 이로 보아 이들은 윤지충의 공술서를 필사하여 애독하며, 최초의 순교자인 윤지충를 공경하고 표양으로 삼고자 하였음을 짐작할 수 있다.

또한 1801년 5월 8일자 포도청에 보낸 공문에는 윤현의 집구들 속에 숨겨진 허다한 사학 서적을 파낼 때 정광수가 교우들의 집에 왕래한 일과 남녀 교우들을 입교 시킨 일 들이 낱낱이 기록되어 있는 "정광수 일기" 책을 찾아내었다는 흥미로운 기록도 있다.

이 일로 3월 11일 부인 임조이와 청상과부로 친정에 와 있던 딸 윤조이가 체포되었다. 당시 윤현은 피신하고 집에 없어 체포되지 않았다. 그러나 얼마 후 그 역시 그의 집에 와있던 사돈 심낙훈沈樂薰[27]과 함께 체포 되었다.

그는 포청의 신문에서 "유일이 매맞아 죽은 후로도 제가 개전하지 못한 것은 제가 용서받을 수 없는 죄를 지은 것이오며, 정광수의 책들은 제가 잠시 밖에 나간 뒤 광수가 몸소 가지고 와서 제집에 둔 것이오며, 제가 찾아내어 관가에 고발하지 못한 것은 저의 죄이옵니다. 심낙훈은 소금을 사기위해 서울로 왔다가 저의 집에 찾아왔기에 서로 이야기를 하고 있던 참이었는데 그때 포졸이 들이닥쳐 이렇게 잡힌 것이 오며 최해두, 정광수, 박윤환 형제와는 수차 만나 사학을 강론하였습니다. 그러나 이후로는 사학을 버리고 바른 길로 돌아가겠습니다."라고 진술하였다. 그는 후일 배교하고 해남으로 유배되었다.

---

27) 심낙훈沈樂薰은 신유박해 시 체포되어 포도청에서 장사한 심아기 바르바라의 오빠이다. 윤현의 사돈 즉 딸의 시아버지가 되며, 신유박해 시 체포되어 배교하고 4월 10일 무안으로 유배되었다.

윤선 안드레아

또 다른 처숙부인 윤선尹鐥(혹은 윤관주 혹은 윤관수)은 신유박해 시 형벌을 받던 중에 순교하였으며 두 딸 윤점혜와 윤운혜 역시 순교하였다.

윤선은 달레의 한국천주교회사에 나타나는 순교자 윤관수 안드레아와 동일인으로 추정되며, 그의 처남이 이순임 임으로 부인은 이씨李氏일 것으로 추정된다.

현재까지 윤선에 관해 밝혀진 기록은 거의 없는 듯하다.

윤점혜 아가다

윤점혜尹占惠 아가다는 윤선의 큰 딸로서 그녀는 어려서 어머니에게 교리를 배우고 입교하여 동정을 지키기로 뜻을 정하였다. 그녀는 동정을 지키기 위해 남복을 입고 밤에 윤유일 집으로 도망쳐 와 2~3년을 숨어 살았다.

을묘년(1795년) 윤유일이 순교한 해에 어머니 이씨와 함께 서울로 올라와 집을 세내어 살았고, 어머니가 돌아가시자 강완숙 콜롬바를 따라 그 집에 가서 살았다. 그녀는 비록 시집을 가지는 않았지만, 형적을 감추기 위하여 머리에 쪽을 찌어 과부로 행세 하였다

신유박해 시 강완숙과 함께 체포 되었는데, 포도청에서 "신부인 주가周哥가 과연 강완숙의 집 안방에 숨어 산지가 6년이 되었고, 달마다 첨례를 하고 경을 외우기는 6-7차 혹은 10여 차례였습니다. 저도 매번 그 가운데 참여하여 사학을 심하게 믿었습니다. 정사년 (1797년)에 과연 주가에게 세례를 받고, 인하여 아가다亞佳大로 사호를 지었습니다. 10년 동안 사학에 깊이 홀려서 마음은 굳어지고 맹세는 깊어져서, 비록 형벌을 받아 죽음에 이르더라도 참으로 마음을 바꿀 뜻이 없습니다."라고 진술하였다.

사형을 선고받은 그녀는, 10년을 같이 생활하고 3개월간 같이 옥고를 치렀던 강완숙과 같이 순교하기를 원했으나, 고향인 양근으로 송치되어 5월 말에 양근에서 참수되었다.

윤운혜 루치아와 정광수 바르나바

윤운혜尹雲惠 루치아樓哉는 윤선의 딸이며, 윤점혜의 친동생이다. 여주의 정광수鄭光受 바르나바巴爾納의 아내로서 이들 부부는 혼서婚書없이 결혼하였다. 즉 천주교 신자가 아닌 시가 부모가 반대하여 혼인 문서 없이 자유결혼을 하였다.

남편 정광수는 여주의 양반으로 1791년 신해년에 권일신으로부터 천주교 신앙을 배워 바르나바란 교명으로 영세하였다. 1797년 7월 서울의 홍문갑 집에 머물러 주문모 신부로 부터 천주교 서적을 받았으며, 또 주문모 신부의 편지를 여주의 김건순 요사팟에게 전하여, 노론 안동 김씨 집안의 김건순이 천주교를 받아들이는 결정적 계기를 만들었다.

이들 부부는 천주를 깊이 신앙함으로서 조상 제사를 지내지 않게 되자, 시모에게서 질책을 받았으며, 제사 문제로 인해 1799년 여주에서 한양 벽동碧洞으로 이사하였다. 정광수의 여동생 정순매 바르바라發發阿도 그들과 함께 한양으로 왔다. 벽동집은 홍시호에게 40냥, 처형 윤점혜로부터 20냥을 빌리고, 나머지는 교우들에게서 거두어 백여 냥을 모아 마련하였다. 집안 공터에는 첨례를 위한 작은방, 정사精舍를 마련하였다.

이들 이웃에는 최해두와 조섭 예로니모가 살았는데, 이들은 문과 담장을 서로 터놓고 한집처럼 왕래하며 함께 주야로 '사학을 강습' 하였다. 그해 가을과 겨울에는 주문모 신부를 모셔다 수차에 걸쳐 미사도 드리고 교리도 공부하였다. 본래 상당한 학식을 지녔던 정광수는 교회서적을 베껴 신자들에게 배포하는 일을 담당하였으며, 윤운혜는 성화와 성물을 손수 만들어 나누어 주거나 판매 하였다.

1801년 신유박해가 일어나 윤점혜 아가다가 체포되자, 이들 부부는 자신들도 곧 체포될 것이라 생각하였다. 이에 정광수는 한양과 지방을 오가며 피신하였으며, 2월에는 그의 집을 급습한 포졸들에 의해 윤운혜가 체포되었다. 사학징의에 기록된 윤운혜의 진술과 자백에 의하면 "저의 남편은 올해 1월 6일 일에 최가와 조가 두 사람과 함께 도주했고 저의 언니 윤점혜는 강완숙과 함께 포도청에 체포되었습니다."라고 하였다. 그러나 정광수는 포도청에서 "올해 2월에 체포령이 엄중하여 도망하였으나 사찰이 매우 심해 피하기 어려움을 스스로 깨닫고 포도청에 자수하였다"고 진술함으로서 몸을 피한 시점에 차이를 보였다.

또한 윤운혜는 임조이의 방 구들 속에 발견된 많은 천주교 관련 서적과 성화와 성물들에 대해 "임조이任召史(윤현의 처)는 곧 저의 지친이므로 제가 과연 왕래했습니다. 금번에 죄인을 수사하여 체포함이 심히 엄하여, 저의 집과 이웃에 사는 최가(해두) 및 조가(조섭)의 요화와 사서 및 더러운 물건들을 임조이의 집에 숨겨 두었음이 확실합니다. 임조이任召史는 상경한지 얼마 안 되어 동네 사람들의 주목을 받지 않았음으로 저의 집 및 조가와 최가의 요서 흉서와 더러운 물건들을 임조이의 방구들 속에 옮겨 두었다가 체포되었음을 인정합니다."라고 진술하였다.

윤운혜는 1801년 4월 2일(양5월 14일) 서소문 밖에서 참수형을 받고 순교하였다. 아내 윤운혜가 순교한 뒤 정광수 자신도 9월에 포도청에 스스로 출두하여 자수하였다. 포도청에 자수한 정광수는 배교와 밀고를 강요당하였고, 형벌을 받았으나 결코 이에 굴복하지 않았다. 그는 형조로 이송되어 사형판결을 받고 참수형으로 순교하였다. 본래는 1801년 12월 26일(양력 1802년 1월 29일)에 사형이 집행될 예정이었다. 그러나 지방 백성들에게 위협을 주려는 조정의 결정에 따라 고향 여주로 이송되어 처형됨으로서 실제 집행일은 집행 예정일과 약간의 차이가 있는 듯하다.

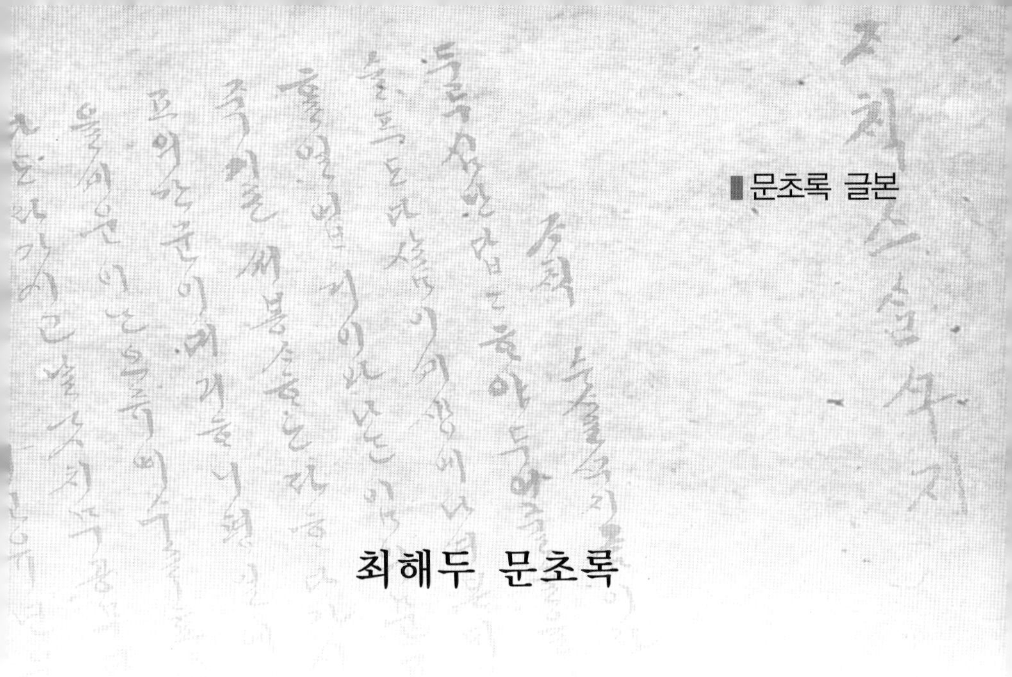

▮문초록 글본

최해두 문초록

자책의 필자로 추정되는 최해두의 문초록은 사학징의邪學懲義에 실려 있다. 사학징의邪學懲義의 사학邪學은 천주교를 의미하며 징의懲義는 징치정의懲治正義 혹은 징권의리懲勸義理의 축소형으로서 '천주교를 탄압하여 다스림으로서 정학正學인 성리학性理學을 펴겠다.' 혹은 '사학을 경계하고 정학을 권장한다.'는 뜻이 포함되어 있다.

사학징의의 저자 혹은 편자는 미상이다. 다만 저자 혹은 편자가 누구인지에 대해서는 여러 설이 분분하여 벽위편闢衛編의 저자인 이기경李基慶일 것이라는 설도 있으나, 개인적인 견해나 주관이 극도로 억제되고 관변측 문서를 중심으로 사건 관계의 기록이 축약 제시되어 있는 점으로 보아 한 개인의 독창적 저서로 보기는 어렵다는 견해도 있다.

사학징의에는 1801년에 단행된 신유辛酉년의 천주교사건 관계가 매우 소상히 기록되어 있어, 신유박해辛酉迫害를 구체적으로 이해하는데 있어서 가장 중요하며 필요불가결한 자료로 생각되고 있다.

현재까지 사학징의는 동경대東京大본과 김양선金良善본 그리고 절두산切頭山본의 3본本이 알려져 있다. 동경대본東京大本은 일제시대 이마니시류우今西

龍가 작성한 조선총서총사朝鮮叢書叢史의 목록을 통하여 학계에 알려졌다. 조선총서총사는 동경제국대학 도서관에 비치되어 있다가 1923년의 관동대지진으로 말미암아 불타 완전히 소실됨에 따라 사학징의도 겨우 그 제명만이 전하여 왔다.

김양선본金良善本은 1945년 8.15 해방 직후에 고 김양선 목사에 의해 발견된 2책으로 된 사학징의를 말한다. 그러나 이 책마저도 6.25의 참화로 훼손되어 현재 판독이 가능한 부분은 몇 장에 지나지 않는다. 그 후 이 귀중한 자료는 아주 사라져 버린 듯하였다.

절두산본切頭山本 사학징의는 우연히도 1971년 5월 마포구 합정동에 소재하고 있는 양화진 순교자기념관에 찾아온 한적漢籍 중개상인을 통하여 구입할 수 있게 됨으로서 이 귀중한 사료를 보존할 수 있게 되었다. 절두산본은 권1 권2 두 책의 한장본漢裝本으로 현재 절두산순교자기념관(현 절두산순교박물관)에 보관되어 있다.

절두산본은 한국교회사연구소에서 1977년 불함문화사에 의뢰하여 영인간행되었으며, 절두산본 사학징의 1권은 조광교수에 의하여 2001년 한글로 번역되어 한국순교자현양위원회에서 발행하였다.

최해두의 문초록은 사학징의 2권의 유배죄인 문서철 내 280~282쪽에 걸쳐 실려 있다. 아직 이 문초록은 한글로 번역된 바 없어 그 원문과 함께 한글로 번역하여 실어 두고자한다.

최해두崔海斗

전동에 거주하며, 윤현의 사위이고, 최창주의 조카이다. 포도청으로부터 형조로 이송되었다. 신유년 오월 십일에 홍해에 유배되었다.

포청초捕廳招[1)]

저는 양반의 후예로서 처사촌인 윤유일에게 사서邪書를 혹惑해서 배워 지금은 16년이 되었습니다. 같은 뜻으로 강론[2]에 동참한 사람은 장인 윤현과 이웃에 사는 정광수, 조현이었고, 상종하며 왕래하였던 자는 정약종, 이현, 이희영, 서소문 안에 사는 이재화, 심낙훈, 홍시호, 황사영, 최창현, 홍문갑 등 여러 사람들 이었습니다. 홍문갑의 집에 몰래 숨어 있었던 주가한周哥漢[3]은 정광수의 집에서 세 번 만났습니다.

저의 삼촌인 최창주는 여주에 거주하였는데, 금년 2월에 경기도 감영에 잡혀 갇혔습니다. 그 때문에 저는 두려움과 무서움을 이기지 못해 장인인 윤현의 집에 숨어 피했으나, 장인 역시 본청(포도청)에 잡혔습니다. 그 때문에 저는 각처의 여가旅家로 피해 옮겨 다녔습니다. 저의 부친인 최창은昌殷은 제가 숨어서 피신하는 일로 인해 본청에 갇히게 되었습니다. 그래서 저는 그저께 스스로 포도청에 자수하였습니다. 제가 평소에 보던 책자는 모두 정광수의 집에 두었는데, 광수가 어디에 숨겼는지는 확실히 알지 못합니다.

저는 금일 비로소 천주학이 오랑캐와 금수의 법임을 알게 되었고, 뉘우치고 깨우쳐 바른길로 돌아가 영원히 선량한 백성良民이 되고 싶은 뜻을 이와 같이 진술하였습니다. 그런즉, 어찌 애석한 일이 있어서, 주당周黨[4]이 도피하여 숨어 있는 곳을 직고하지 않겠습니까.

형추문목刑推問目[5]

너는 신분이 반족班族으로, 비록 유일과 인척간이기는 하나, 대체 무슨

---

1) 포청초捕廳招 : 형조로 이감되기 이전 포도청에서 진술한 내용이다. 초招는 신문하거나 진술한 내용을 말한다.

2) 강론講論 : 일반적으로는 학술이나 도의의 뜻을 풀이하여 설명하고 토론하는 것을 말하나 가톨릭에서는 교리를 해설하는 일, 또는 그 해설을 말한다.

3) 주가한周哥漢 : 성이 주가인 놈이란 뜻으로 주문모 신부를 말함

4) 주당周黨 : 주문모 신부의 무리

5) 형추문목刑推問目: 형추는 형장을 쳐서 문초하는 일을 말하며 문목은 죄수를 신문하는 조목이다.

속마음으로 요사한 것을 전하고 사악한 것을 배웠느냐? 어울려 얽히고 왕래하는 자가 흉악한 수괴와 사특하지 않은 사람이 없으며, 홍문갑이 숨겨준 주문모를 정광수 집에서 만났으니, 비록 그들과 같은 벌을 면하고자 하나, 어찌 면할 수 있겠는가? 아버지와 숙부가 차례로 옥에 갇혔는데, 먼저 도망치고 나중에 나타났으니 어찌 만의 하나라도 속죄할 수 있겠는가. 네가 과연 포도청에서 진술한 것처럼 진심으로 뉘우치고 깨우쳐 양민이 되기를 바란다면, 같은 무리로 도피한 여러 도적들의 거처를 반드시 알지 못할 리가 없을 것인데 한결같이 보호하고 발설하지 않으면서 복종하지 않으니, 이것은 한번 묵었던 곳은 잊기 어렵다는 것과 아교로 붙여 견고한 것은 떨어지지 않는다는 뜻을 더욱 잘 보여주는 것이다. 지금 엄하게 신문하는 자리에서, 감히 전과 같이 꾸며대지 말고 사실에 따라 바로 고하여라.

형추초刑推招[6]

저는 유일에게 사학邪學을 전수 받았고, 장인 윤현과 정광수, 조섭, 정약종, 이현, 이희영, 이재화, 심낙훈, 홍시호, 황사영, 최창현, 홍문갑 등 여러 사람과 상종하고 강론하였습니다. 정광수의 집에서 주문모를 만난 것이 도합 세 번이었는데, 주문모가 수작酬酌[7]한 말은 매번 사학邪學을 권면하는 것이었습니다. 제가 지금 비록 뉘우치는 뜻으로 포도청에서 진술하였으나, 전부터 사학邪學에 깊이 빠졌고, 주한周漢[8]를 만나, 서로 강론한 죄는 만 번 죽어도 아깝지 않습니다.

---

6) 형추초刑推招: 형장을 맞으며 진술한 내용이다.
7) 수작酬酌: 말을 서로 주고 받고 함
8) 주한周漢: 주문모 신부를 말함

제사題辭[9)]

최해두는 윤현의 사위로서 윤유일의 사학을 따라 배웠고, 이미 주한周漢과 더불어 정광수의 집에서 누차 만났으니, 그 실정을 살피면 남의 범죄사실을 알고도 고하지 아니한 죄를 면하기 어렵다. 그러나 특별히 포도청에서 진술한 내용이 정녕 진심으로 잘못을 뉘우치고 깨달아 양민이 되기를 원한다는 것이었고, 지금 엄하게 신문하는 자리에서도 한결같이 이와 같으니, 참작해서 용서할 단서가 있다. 법에 따라 조율하라.

9) 제사題辭: 판결을 의미한다.

문초록 한문본

刑推問目 汝矣身自是班族則雖與有一爲瓜葛而抑何心腸傳妖學邪所與綢繆而往來者無非凶魁巨慝而最是於鄭光受家逢見洪文甲所隱置之周漢則雖欲免同情之律烏可得乎及其父與叔之次第就囚雖先逃而後現豈足贖其萬一乎汝矣身果然眞心悔悟願作良民如捕廳之供則同黨之逃躱諸賊必無不知去處之理一向愛護吞吐不服者愈見其宿處難忘膠固不解之意是如乎今於嚴問之下毋敢如前粧撰從實直告云

刑推招 矣身受邪學於有一處而與妻父尹鉉及鄭光受趙爕若鍾李鉉李喜英李在華沈樂薰洪時浩黃嗣永崔昌顯洪文甲等諸人相從講論逢見周漢於光受家者合爲三次而周漢酬酢之說每以邪學勸勉是白如乎矣身今雖感悟納招於捕廳而自前沉惑於邪學逢見周漢互相講論之罪萬死無惜云

題辭 海斗以尹鉉之婿祖述有一之邪學旣與周漢屢次接席於鄭光受之家則究其情節難免知情之律而特於捕厅招辭丁寧以真心悔悟願爲良民納供今於嚴訊之下一直如此容有參恕之端依法照律

■ 한문본은 오른쪽에서 왼쪽 흐름체이다.

崔海斗

居典洞尹鉉婿昌周侄自捕厅來辛酉五月初十日流配興海

捕廳招 矣身以班裔惑學邪書於妻四寸有一處今爲十六年之久同情講論之人段妻父尹鉉及隣居鄭光受趙鉉而相從往來者丁若鍾李鋐李喜英西小門內李在華沈樂薰洪時浩黃嗣永崔昌顯洪文甲等諸人而文甲家隱置周哥漢三次得見于鄭光家是白遣矣三寸叔昌周居在驪州今二月捉囚圻營故不勝恐怯隱避于矣妻父尹鉉家亦爲被捉於本廳故移避各處旅家矣父昌般以矣身隱避事被囚於本廳故云再昨日自現而矣身平日所看冊子盡置于光受家光受何以隱置是白乎喻果未的知是白遣矣身今日始知其天主學爲夷狄禽獸之法而悔悟歸正永作良民之意如是納供則有何愛惜之事周黨之逃躲隱伏處不爲直告云

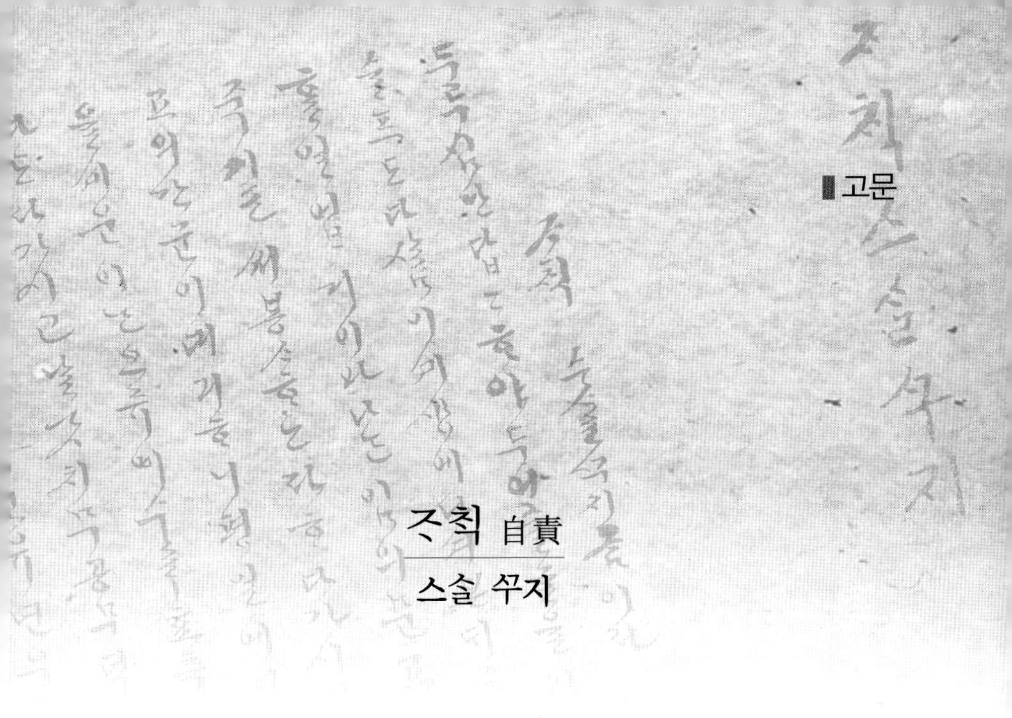

▮고문

ᄌᆞ칙 自責

스ᄉᆞᆯ ᄊᆞ지

ᄌᆞ칙　스ᄉᆞᆯ ᄊᆞ지ᄅᆞᆷ이라

두루 심난 답답ᄒᆞ야 두어줄 글을 긔록ᄒᆞᄂᆞ니 슬프고 슬프도다

사ᄅᆞᆷ이 셰샹에 나셔 본ᄃᆡ 쥬를 모로ᄂᆞᆫ이ᄂᆞᆫ ᄒᆞᆯ일 업거이와
나 ᄂᆞᆫ 임의 문교ᄒᆞ야 근 이십년 죽기로써 봉ᄉᆞᄒᆞ노라 ᄒᆞ다가
시졀이 불힝ᄒᆞ야 셩교의 간군이 대거ᄒᆞ니

평일에 열심 봉ᄉᆞᄒᆞ야 신공을 셰운이ᄂᆞᆫ
오쥬 예수를 효측ᄒᆞ야 치명대은으로 다 도라가시고

날 갓치 무공무덕ᄒᆞ고 유죄유실ᄒᆞᆫ 인ᄉᆡᆼ은 썩고 썩어
신유년 우리 동국 봉교인의게 샹ᄉᆞᄒᆞ신 一 쪽
그리흔ᄒᆞᆫ 치명의 대은을 참예치 못ᄒᆞ고
졀박 원통이 나 혼자 ᄲᅡ져나셔
이 흥ᄒᆡ 옥즁의 잔명이 붓허 살앗시니 이 무숨 일 인고

나의 위인이 본ᄃᆡ 향쥬하ᄂᆞᆫ ᄆᆞ음이 ᄂᆡᆼ담ᄒᆞ야
립공의 ᄒᆡᄐᆡᄒᆞ고 ᄀᆡ과의 무용ᄒᆞ야 ᄇᆡᆨ불 여인 ᄒᆞᆫ 가온ᄃᆡ
이제ᄂᆞᆫ 더욱 권면ᄎᆡᆨ션ᄒᆞ야 주던 친우도 업고
동심ᄎᆡᆨ녀 ᄒᆞ게 보던 셔ᄎᆡᆨ도 업ᄉᆞ니
셰샹에ᄂᆞᆫ 밋을 이가 젼혀업고 ᄇᆞ랄 사ᄅᆞᆷ이 아죠 업셔
ᄌᆞ긔ᄌᆞ쥬ᄒᆞ니 무숨 모양이 될넌지

만일 이 모양으로 죽게되면 오쥬의 초ᄌᆞ ㅣ 되지 못ᄒᆞ고
텬당 영원 무궁셰 비ᄒᆞᆯᄃᆡ 업ᄂᆞᆫ 진복을 엇지 못ᄒᆞᆯ 거시니
엇지 한심 가련치 아니ᄒᆞ랴

살아 금세 셰복도 일코 죽어 후셰의 텬복도 ᄯᅩᄒᆞᆫ 일흘거시니
셰복 텬복을 냥실ᄒᆞᆯ 거시오
금세 셰옥을 면치 못ᄒᆞᆯ 거시니 셰옥 디옥을 엇지 다 견ᄃᆡ잔 말고
목숨은 ᄉᆞ후가 날노 갓가와오고 ᄒᆡᆼᄉᆞᄂᆞᆫ 날노 디옥이 갓가와오니
뉘를 원ᄒᆞ며 뉘를 ᄐᆞᆺ ᄒᆞ리오

진복팔단의 ᄀᆞᆯᄋᆞᄃᆡ 고난쟈 ㅣ 이 진복이라 ᄒᆞ엿시나 二 쪽
범간 고난이 곡졀이 잇ᄂᆞ니 오쥬 예수의 삼십삼년 밧으신 고난과
녯적 져 셩인셩녀의 지내신 자최를 본밧아 고난을 감슈ᄒᆞ면
비록 미고라도 다 공이 되어
육신이 셰샹에 잇시나 임의 텬샹 사ᄅᆞᆷ이라 진복의 사ᄅᆞᆷ이어니와
쥬모의 홍은을 닛고 고셩의 표양을 ᄯᆞ오지 아니ᄒᆞ고는ᄂᆞᆫ

비록 온세상 고로옴을 나ㅣ홀노 밧은들 무슴 진복의 사ᄅᆞᆷ이 되리오

내 ᄒᆡᆼ위를 ᄉᆡᆼ각건ᄃᆡ 무슴 교우의 도리 잇ᄂᆞ뇨
육신의 복을 취ᄒᆞ야 이 옥즁의 와 안 잔ᄂᆞ냐
육신의 안일을 위ᄒᆞ야 이 옥즁에 와 안 잔ᄂᆞ냐

만일 령혼을 돌보지 아니코 이 모양 방탕ᄒᆞ야
회심 ᄒᆞ기를 밧비 아니ᄒᆞ여셔ᄂᆞᆫ
밧ᄂᆞᆫ 바 다 헛 고난이오 짓ᄂᆞᆫ 바 다 ᄎᆞᆷ 죄악이며
일ᄂᆞᆫ 바 다 진복이오 엇ᄂᆞᆫ 바 다 진 홸 거시니

쥬의 ᄉᆞ랑ᄒᆞᄂᆞᆫ ᄌᆞ식이 되지 못ᄒᆞ고
도로혀 극ᄒᆞᆫ 원슈됨이 ᄋᆡ돌올 ᄲᅮᆫ 아리라
리ᄒᆡ로 의론ᄒᆞ여도 뎡심치 못ᄒᆞᆫ 연고로
비류ᄒᆞᆫ 마귀의 종이 되여 독ᄒᆞᆫ ᄒᆡ로 억만년에 면치 못ᄒᆞᆯ거시니
엇지 슬겁지 못ᄒᆞᆫ 사ᄅᆞᆷ이 됨을 면ᄒᆞ리오

회죄경 ᄯᅳᆺ에 三 쪽
ᄎᆞᆯ하리 텬하 만복을 다 일코 텬하 만고의 다 걸일지라도
조곰도 우리 지존지션ᄒᆞ신 쥬의게 죄를 엇지 아니ᄒᆞ고
이후ᄂᆞᆫ 단단이 쥬의 명을 직희기로 결단ᄒᆞ고 뎡ᄒᆞ야
ᄒᆞᆫ결ᄀᆞᆺ치 죄의 ᄉᆡᆨ질 ᄉᆞᆺ출 ᄇᆞ려 멀니ᄒᆞ리니다
ᄒᆞᆫ 그 귀절에 니ᄅᆞ러ᄂᆞᆫ 엇지 그 두렵지 아니ᄒᆞ랴

오쥬 예수ᄂᆞᆫ 지존지귀ᄒᆞ시고 허물이 업ᄉᆞ시ᄃᆡ
ᄂᆞᆷ의 남으롬과 비소ᄒᆞᆷ과 업수이 넉임과 욕ᄒᆞᆷ을 감슈ᄒᆞ야 계시거ᄂᆞᆯ
나ᄂᆞᆫ 지미지쳔ᄒᆞᆫ 즁에 죄악이 심ᄒᆞ고 과실이 중첩ᄒᆞ니
맛당이 ᄂᆞᆷ의 남으롬과 비방ᄒᆞᆷ을 밧음 즉 ᄒᆞᆫ지라
무어ᄉᆞᆯ ᄎᆞᆷ기 어려워 ᄒᆞᄂᆞ뇨

능모줄 욕이 니ᄅᆞ거든 평화ᄒᆞᆫ 안ᄉᆡᆨ으로 고ᄀᆡ를 슈기고
감샤 쥬은ᄒᆞ야 ᄃᆞᆯ게 밧으라 ᄒᆡ롭지 아니ᄒᆞ리라
이러ᄒᆞ면 엇지 이 고로온 즁에도 락이 나지 아니ᄒᆞ랴

셰복의 만금 ᄌᆡ산 ᄌᆡ물이 도적이나 무셥거니와
예수의 표양과 셩모의 덕ᄒᆡᆼ으로 모효ᄒᆞ야
고난과 모욕을 인내ᄒᆞ면 그 굿은 덕을 뉘 앗슬쟈ㅣ 잇시리오

내 입으로 발명치 아니ᄒᆞ여도 쥬ㅣ 알으시ᄂᆞ니라
다 ᄌᆞ긔 본분이오 ᄌᆞ긔 리익이니 뉘 알니라 四 쪽

ᄆᆡ양 아니코져 ᄒᆞᄂᆞᆫ 이런 줄 ᄉᆡᆨ지 알겟지마ᄂᆞᆫ
ᄒᆡᆼ키ᄂᆞᆫ 극난ᄒᆞ니 엇짐인고
다ᄅᆞᆷ 아니라 죄가 만하 쥬의 춍이 업슴이오
ᄌᆞ긔 힘 써 아닛ᄂᆞᆫ 연고ㅣ니 다 ᄌᆞ긔 ᄐᆞᆺ시로다

ᄃᆡᄒᆞᄂᆞᆫ 사ᄅᆞᆷ이 ᄒᆞ나토 덕ᄒᆡᆼ의 말은 업고 ᄒᆞᄂᆞᆫ거시 다 샹언ᄑᆡ담이라
ᄀᆞᆺ득 견고치 못ᄒᆞᆫ ᄆᆞᄋᆞᆷ이 엇지 그ᄅᆞᆺ되지 아니리오

이곳에 오던 초년의ᄂᆞᆫ 일분 량심이 망치 아얏더니
이제ᄂᆞᆫ 몹시 그ᄅᆞᆺ되여 음담ᄑᆡ셜은 도로혀 깃버ᄒᆞ다가
졈졈 무드러 입으로 그런말 ᄒᆞ기를 속인의겨 지지 아니ᄒᆞ니
이 무슴 일이뇨

나의 ᄒᆡᆼ위를 ᄉᆡᆼ각건ᄃᆡ 속인도 적이 ᄒᆡᆼ실 잇ᄂᆞᆫ쟈ᄂᆞᆫ ᄒᆞ지 아닐 버ᄅᆞᆺ슐
쥬를 아ᄂᆞᆫ 인ᄉᆞㅣ ᄎᆞᆷ 아니ᄒᆞ니 가히 한심코 슯지 아니ᄒᆞ랴

조과경의 말ᄉᆞᆷᄒᆞ시ᄃᆡ
음난ᄒᆞᆫ 소ᄅᆡ듯지 말며

사특ᄒᆞᆫ 빗출 보지 말며
례 아닌 말을 닐ᄋᆞ지 말며
의 아닌 물건을 취치말며
례 아닌 싸흠 ᄇᆞᆲ지 말며
ᄆᆞᄋᆞᆷ에 망녕된 ᄉᆡᆼ각을
ᄯᅳᆺ의 망녕된 움ᄌᆞᆨ임을 말고
오직 날노 ᄒᆞ여곰 쥬를 ᄉᆡᆼ각ᄒᆞ고 쥬를 ᄉᆞ랑ᄒᆞ야
죽기에 니ᄅᆞ히 공경ᄒᆞ야 규계 좃게 ᄒᆞ여 주옵소셔 五 쪽
ᄒᆞᆫ 귀절을 무슴 ᄯᅳᆺ으로 외왓ᄂᆞ냐

미친ᄒᆞᆫ 사ᄅᆞᆷ을 ᄃᆡᄒᆞ여도 거ᄌᆞᆺ 말노 엇고져 ᄒᆞᄂᆞᆫ 말을 청치 못ᄒᆞ거든
ᄒᆞ물며 지존지귀ᄒᆞ신 쥬를 향ᄒᆞ야 헛말노 구ᄒᆞᄂᆞᆫ 바를 엇을 소냐

의복과 음식은 육신을 기ᄅᆞᄂᆞᆫ ᄌᆡ료요
덕ᄒᆡᆼ과 션공은 령혼을 기ᄅᆞᄂᆞᆫ 량식이니
이 ᄒᆞ로 두세 번을 음식을 먹지 못ᄒᆞ면 육신이 주릴거시오
조만경과를 궐ᄒᆞ면 령혼이 실시 ᄒᆞᆷ이니
육신이 오날 아ᄎᆞᆷ 굴무면 져녁에 비록 두 그ᄅᆞᆺ 밥을 먹어도
ᄒᆞᆫ ᄯᆡ에 두 그ᄅᆞᆺ슬 먹엇지 아ᄎᆞᆷ에ᄂᆞᆫ 굴멋고
령혼이 실시ᄒᆞ고 그 후에 경문을 외와 보속을 ᄒᆞ여도
그 ᄯᆡ 실시ᄂᆞᆫ 되엿ᄂᆞᆫ지라 엇지 앗갑지 아니ᄒᆞ리오

조궐ᄒᆞ야 실시를 앗닛ᄂᆞᆫ테ᄂᆞᆫ ᄒᆞ엿시나
안자 ᄀᆡᆨ담 탕소ᄂᆞᆫ ᄇᆞᄌᆞ런이 ᄒᆞ여도
조만종경의 니ᄅᆞ러ᄂᆞᆫ 유유 홀홀이 ᄆᆞᄋᆞᆷ 업시ᄒᆞ야
일분 량심을 속이지 못ᄒᆞ야 겨유 궐ᄒᆞ엿다 말만 면케ᄒᆞ고
ᄆᆞᆺ잇게 ᄌᆞ미로이 쥬모의 인ᄌᆞ로
감동ᄒᆞ시도록 ᄒᆞ여 보지 못ᄒᆞ엿시니
이러ᄒᆞ고도 쥬로 더브러 말ᄉᆞᆷᄒᆞᆷ이 되랴

쓸ᄃᆡ 없슨 말과 죄되ᄂᆞᆫ ᄉᆡᆼ각은 브러 일삼아 브ᄌᆞ런이 맛잇게 ᄒᆞ고 六쪽
유익ᄒᆞ고 공되며 덕되ᄂᆞᆫ 염경에ᄂᆞᆫ 어셔 밧비 ᄒᆞ고
무슴 큰일이나 닛ᄂᆞᆫᄃᆞ시 입만 놀녀 맛업시 지내치니
이러ᄒᆞ고도 실시홈이 아니라 ᄒᆞ랴

텬쥬ᄂᆞᆫ 지존지귀 ᄒᆞ시고 우리 사ᄅᆞᆷ은 지비지쳔ᄒᆞᆫᄃᆡ
령혼을 슈직ᄒᆞ야 조출케 ᄒᆞ면 오쥬 ㅣ강림ᄒᆞ시ᄂᆞ니
셰샹 존ᄀᆡᆨ이 내집의 류케ᄒᆞ려 ᄒᆞ여도 고흔 자리의 불이나 ᄇᆞᆰ히고
쇄소를 극진이 ᄒᆞ여야 즐겨 머무나니
지존지귀ᄒᆞ신 쥬를 뫼시려 ᄒᆞ면 내 령혼을 조출케 ᄒᆞ여야
즐겨 강림 ᄒᆞ시려이와
만일 ᄉᆞ욕과 편정과 잡렴을 ᄎᆡ와 령혼을 더러엿시면
엇지 더러이 넉이샤 밧비 ᄯᅥ나지 아니시랴

령혼이 결정ᄒᆞ야 쥬ㅣ강림ᄒᆞ샤 총광을 일치 아니면
ᄌᆞ연 션공의 부ᄌᆞ런ᄒᆞ고 스ᄉᆞ로 락이 나려니와
령흔이 오예ᄒᆞ야 쥬ㅣ ᄯᅥ나샤 총광을 일흐면
더러온 ᄒᆡᆼ실의 ᄆᆞ음과 악ᄒᆞᆫ ᄒᆡᆼ실의 근본 되리니
마귀의 ᄒᆡ 날노 심ᄒᆞ리라

놉흔 하날이고 두터온 ᄯᅡ희셔
오곡 ᄇᆡᆨ과의 가지가지 맛잇ᄂᆞᆫ 음식을 먹고 살아셔 七쪽
ᄉᆡᆼ양 구속 ᄒᆞ신 홍은을 니즐 ᄲᅮᆫ 아니라
도로혀 죄로써 은혜를 갑흐려 ᄒᆞ니
이러코도 일후의 엇지 의노를 당ᄒᆞ며 엄벌을 면ᄒᆞ리오

육신 가진 사ᄅᆞᆷ이 되여 이고세에 잇셔 아조 죄과 업기ᄂᆞᆫ 쉽지 못ᄒᆞ매
그런고로 경셰금셔쥬 후의 ᄀᆞᆯᄋᆞ샤ᄃᆡ

텬신은 조출ᄒᆞᆫ 하늘에셔 ᄯᅥ러지고
원조ᄂᆞᆫ 복된 디경에 잇셔도 너머졋시니
너희ᄂᆞᆫ 삼구 및 더러온 셰상에 거ᄒᆞ야 엇지 ᄒᆞᆼ일ᄒᆞᆷ이 날 ᄀᆞᆺᄒᆞ리오

다만 불힝이 죄를 법ᄒᆞ고도 통회뎡ᄀᆡᄒᆞᆷ이 업ᄉᆞᆷ이 ᄋᆡᄃᆞᆯ다 ᄒᆞ엿시니
육신의 ᄯᆡᄂᆞᆫ 물노 씻고 령혼의 죄ᄂᆞᆫ 통회로 씻ᄂᆞ니
죄를 짓고 통회의 눈물이 업ᄉᆞ면 무어ᄉᆞ로 끄리오

죄를 범ᄒᆞᆫ즉 쥬춍이 업서지고 진졀 통회를 졸연이 엇기 어려오니
ᄒᆞᆫ번 머리를 ᄯᅡ희 ᄃᆡ히고 ᄒᆞᆫ번 가슴을 두ᄃᆞ리며 아죄 아죄고야
대죄라 ᄒᆞᆫ들 죄를 지어 쥬모의 셩심을 샹히온 줄
이 ᄆᆞ음의 압흐지 아니면 무슴 통회되며
통회 진졀치 아니면 엇지 ᄃᆞᆫᄃᆞᆫᄒᆞᆫ 뎡ᄀᆡ의 ᄆᆞ음을 엇으리오

죄를 법코 다시 범ᄒᆞ기ᄂᆞᆫ 다ᄅᆞᆷ이 아니라 八 쪽
범죄ᄒᆞᆯ 연유와 ᄀᆡ회를 바리지 못ᄒᆞ야
연고 앗겨 ᄆᆞ음 ᄒᆞᆫ구역에 둠을 말ᄆᆡ암이니
만일 줄기로 뎡심ᄒᆞ면 무슴 두 번 범죄ᄒᆞᆯ 지경에 니ᄅᆞ리오

고셩도 살기ᄂᆞᆫ 됴화ᄒᆞ고 죽기ᄂᆞᆫ 날과 ᄀᆞᆺ치 슬희여ᄒᆞ련마ᄂᆞᆫ
죄의 해 깁흔 줄을 ᄇᆞᆰ이 알으신 고로 죽기로써 밧고 앗ᄂᆞ니
나ᄂᆞᆫ 엇지 죽을 ᄆᆞ음이 업시 덕을 무어ᄉᆞ로 조ᄎᆞ 일우고져 ᄒᆞᄂᆞ뇨

통회 두가지 잇ᄉᆞ니
텬당 영복을 일코 디옥 영고를 면치 못ᄒᆞᆯ가 두려ᄒᆞ야 범죄ᄒᆞᆫ줄 셜워
눈물이 흐ᄅᆞ고 쌔가 얇하ᄒᆞ면 닐ᄋᆞᆫ바 하등통회니
이난 ᄌᆞ긔 신셰를 위ᄒᆞ야 나ᄂᆞᆫ 통회요

쥬ᄂᆞᆫ 우리 대부모오 우리ᄂᆞᆫ 쥬의 ᄌᆞ식이라

텬디 만물노 ᄉᆡᆼ양 보존ᄒᆞ신 은혜 막대ᄒᆞᆫ 가온ᄃᆡ
우리죄의 빠짐을 불상이 넉이샤
삼십삼년 고난과 악도의게 잡히여
십ᄌᆞ가 샹에 극고를 밧으샤 우리를 구ᄒᆞ시고 속ᄒᆞ실ᄉᆡ
머리에 가ᄉᆡ테를 메오시고 슈족에 쇠못ᄉᆞᆯ 박히고
협방을 쳘장에 찔니샤 만신에 피를 흘니시고 입에 초담을 맛보시니
이다 우리를 위ᄒᆞ야 쳔신 만고를 밧으신지라

ᄌᆞ식이 되여 제 부모를 뎌 디경에 니ᄅᆞ게 ᄒᆞ고 九쪽
이제 ᄯᅩ 죄를 지어 부모의 셩심을 샹해오니
ᄌᆞ식의 도리 이럴ᄃᆡ 어ᄃᆡ 잇ᄉᆞ리오
ᄒᆞ야 범죄 ᄒᆞᆫ 줄이 설워 눈물을 흘니며 ᄲᅢ가 ᄋᆞᆲ하ᄒᆞᆫ ᄒᆞ면
이니ᄅᆞᆫ바 샹등통회니 이ᄂᆞᆫ 쥬의 졍니를 위ᄒᆞ야 나ᄂᆞᆫ 통회라
고로 ᄀᆞ쟝 크고 ᄀᆞ쟝 귀ᄒᆞᆫ 통회니라

예수 ᄀᆞᆯᄋᆞ샤ᄃᆡ
너희 이제 죄를 지으면 ᄃᆞ시 나를 두 번 십ᄌᆞ가에 못 박으리라 ᄒᆞ시니
이로 ᄉᆡᆼ각ᄒᆞ면 엇지 놀납고 망극지 아니ᄒᆞ랴

죄를 짓고 ᄒᆞᆫ번 통회난 아니ᄒᆞ리 업ᄉᆞᄃᆡ 다만 ᄯᆡ가 지극히 다ᄅᆞ니
금셰에 뉘웃ᄎᆞ면 ᄅᆡ셰에 뉘웃ᄎᆞᆷ을 면ᄒᆞᆯ거시오
금셰에 뉘웃지 아니면 ᄅᆡ셰에 뉘웃ᄎᆞᆷ을 무궁셰에 긋지지 못ᄒᆞ리니
적고 잠간 통고를 앗겨 아니타가 크고 먼 회를 기ᄃᆞ리ᄂᆞ냐

그럴 섄 아니라 금셰 회ᄂᆞᆫ 적고 잠간이라 유익은 무궁커니와
ᄅᆡ셰에 회난 비록 크고 무한ᄒᆞ나 ᄒᆞᆯ일 업다 느졋도다
무익ᄒᆞᆫ 즁에 ᄯᅩᄒᆞᆫ ᄉᆞᆺ칠 길도 업ᄉᆞ리라
이제 나난 어나 통회를 기ᄃᆞ리려 ᄒᆞ고
눈이 ᄇᆞᆰ금ᄒᆞ야 무죄ᄒᆞᆫᄃᆞ시 염연이 안 잣ᄂᆞ냐 十쪽

범간 ᄌᆞ긔 공부ㅣ 젼혀 ᄌᆞ긔의게 잇ᄂᆞ니
ᄌᆞ기 힘쓰지 아니면 비록 쥬모의 인ᄌᆞ와 신셩의 권고로도
션이나 악이나 우격으로 난 식이지 아니시ᄂᆞ니
예수와 셩모와 신셩을 의뢰ᄒᆞ야
ᄌᆞ긔 힘써 션을 ᄒᆡᆼᄒᆞ면 도으실 ᄯᆞᄅᆞᆷ이니
의뢰ᄒᆞᆯ 곳이 이에셔 더 지날 곳이 업ᄉᆞ리라

녯적 친ᄒᆞᆫ 벗둘이 잇셔 ᄒᆞ나흔 덕ᄒᆡᆼ이 거룩ᄒᆞ고 ᄒᆞ나흔 심히 ᄂᆡᆼ담ᄒᆞ니
덕ᄒᆡᆼ의 벗의 ᄅᆡᆼ담쟈를 ᄒᆞᆼ샹 권면ᄒᆞᄃᆡ
예수와 셩모를 의뢰ᄒᆞ야 공부를 극진ᄒᆞ면
지극히 도으샤 립공이 쉬오리라 ᄒᆞ더니

일일은 ᄅᆡᆼ담쟈ㅣ 닐ᄋᆞᄃᆡ 벗의 말ᄃᆡ로 예수와 셩모를 의뢰ᄒᆞᄃᆡ
공부ㅣ 나아가지 아니ᄒᆞ니 벗의 말이 다 허언 일네라 ᄒᆞ야
ᄎᆡᆨᄒᆞᆷ이 비샹ᄒᆞᆫ지라

그 벗이 이윽히 ᄉᆡᆼ각ᄒᆞ다가 큰 돌을 ᄀᆞᄅᆞ쳐 ᄀᆞᆯᄋᆞᄃᆡ
벗은 저 돌을 날과 ᄀᆞᆺ치 들자 ᄒᆞᆫᄃᆡ
두 벗이 그 돌을 드ᄂᆞᆫ ᄃᆡ 돌이 무거워 혼자ᄂᆞᆫ 드지 못ᄒᆞᆯ지라

ᄅᆡᆼ담ᄒᆞᆫ 쟈ᄂᆞᆫ 힘을 다 ᄒᆞ여 들려ᄒᆞ나 덕ᄒᆡᆼ의 벗이 힘을 쓰지 아니ᄒᆞ니
ᄅᆡᆼ담쟈ㅣ 노ᄒᆞ야 ᄀᆞᆯᄋᆞᄃᆡ 十一 쪽
네 힘을 쓰지 아니ᄒᆞ니 나ㅣ 홀노 드지 못ᄒᆞ리로다 ᄒᆞ거날
그제야 그제야 덕ᄒᆡᆼ의 벗이 다시 들기를 쳥ᄒᆞ야
둘이 힘을 ᄀᆞᆺ치 쓰니 들기 넉넉ᄒᆞᆫ지라

돌을 노코 ᄀᆞᆯᄋᆞ디 벗아 처음에 난 힘을 극진이 ᄒᆞ나
나ㅣ 힘을 쓰지 아니ᄒᆞ니 네 드지 못ᄒᆞ더니
너와 내 병력ᄒᆞ니 들기 쉽도다

일노 볼진ᄃᆡ ᄌᆞ긔 힘쓰지 아니면 쥬ㅣ엇지 도으시리오
고로 ᄌᆞ긔 힘만 밋고 쥬를 의뢰치 아녀도 공부ㅣ 잇지 못ᄒᆞᆯ 거시오
쥬만 의뢰ᄒᆞ고 ᄌᆞ긔 힘을 쓰지 아니ᄒᆞ여도 ᄯᅩᄒᆞᆫ 덕ᄒᆡᆼ이 셔지 못ᄒᆞ리니
엇지 이를 ᄉᆡᆼ각지 못ᄒᆞᆫ다 ᄒᆞ니 그제야 ᄅᆡᆼ담자 크게 ᄭᆡ닷고
벗의 셩덕을 칭찬ᄒᆞ고 ᄉᆞᄉᆞ에 쥬모를 의지ᄒᆞ며
겸ᄒᆞ야 ᄌᆞ긔 힘써 ᄒᆡᆼᄒᆞ야 ᄆᆞᆺᄎᆞᆷ내 대덕군ᄌᆞㅣ되 다ᄒᆞ니
우리도 이 말ᄉᆞᆷ을 ᄇᆞᆰ이 ᄉᆡᆼ각ᄒᆞ면 그ᄅᆞᆺ 될 일이 업ᄉᆞ리로다

ᄉᆡᆼ각과 ᄒᆡᆼ실과 ᄒᆞ욤의 셩찰을 잘 ᄒᆞ여야 ᄀᆡ과 쉬올 거시오
무ᄉᆞᆷ 허물의 ᄉᆡᆼ각이여든 통회ᄒᆞ야
일후ᄂᆞᆫ 다시 이런 ᄉᆡᆼ각을 마ᄌᆞᄒᆞᆯ 거시오
말ᄒᆞᆫ 마ᄃᆡ를 ᄒᆞ고도 셩찰ᄒᆞ야 이 말이 죄될 말인가 아닌가ᄒᆞ야 十二 쪽
만일 죄과의 말이어든 통회ᄒᆞ야 이후ᄂᆞᆫ 다시 이런 말을 마잔ᄒᆞᆯ 거시오

ᄒᆡᆼ실과 ᄒᆞ옴의 도모지 이를 ᄒᆞᆯ거시니 이ᄂᆞᆫ시ᄀᆡᆨ 셩찰이
그 ᄲᅮᆫ 아니라 ᄉᆡ벽에 니러나 졍신을 ᄀᆞ다듬어 조과를 ᄒᆡᆼᄒᆞᆫ ᄭᅳᆺᄒᆡ
오날밤을 엇지 지낸고 셩찰ᄒᆞ야 죄과 업거든 감사쥬은ᄒᆞ야
오날날도 잘지내게 ᄒᆞ여 쥬옵소셔 긔구ᄒᆞ고
져녁에 ᄯᅩ 졍신을 ᄀᆞ다듬어 만과를 ᄒᆡᆼᄒᆞᆫ ᄭᅳᆺᄒᆡ
오날날을 엇지 지낸고 셩찰ᄒᆞ야 죄과 잇거든 통회뎡ᄀᆡ ᄒᆞ고
다ᄒᆡᆼ이 평션ᄒᆞ거든 감사쥬은ᄒᆞ야 오날밤도 잘 지내ᄒᆞ옵소셔
긔구ᄒᆞᆯ긔시니 이난 조셕 셩찰이오

그만ᄒᆞ야 ᄇᆞ릴거시 아니라 ᄃᆞᆯ이 ᄆᆞᆺ거든 이 ᄃᆞᆯ을 엇지 지낸고 셩찰ᄒᆞ여
ᄒᆡ가 ᄆᆞᆺ거든 이ᄒᆡ를 엇지 지낸고 셩찰ᄒᆞᆯ 거시니
이ᄂᆞᆫ 도모지 셩찰ᄒᆞᆷ이 조곰도 방과치말고
아ᄃᆡ로 ᄒᆞ야가면 이 옥즁에 잇신들 이런 됴흔ᄃᆞ가 엇지 잇ᄉᆞ리오마ᄂᆞᆫ

죄를 알아야 통회날 거시오 통회나야 뎡ᄀᆡ ᄃᆞᆫᄃᆞᆫᄒᆞᆯ 거시어ᄂᆞᆯ

만일 셩찰을 아니ᄒᆞ야 그져 덥허 두어 니ᄌᆞ면 十三 쪽
통회ᄀᆡ과의 ᄆᆞ음이 어ᄃᆡ로 조ᄎᆞ나리오

겨유 죄만 업ᄉᆞ면 쓸ᄃᆡ 업슴이오 공이 잇서야 인ᄌᆞ 긍년을 밧ᄂᆞ니
이제 이몸은 립공은 ᄉᆡ로 죄의 뭇치여 죽으리로다

령혼의 조당이 삼구 ᄀᆞᆺᄒᆞᆫ거시 업ᄉᆞ니 육신 마귀 셰속 원슈라
ᄌᆞ긔ᄂᆞᆫ 이 옥즁에 안자시니 무ᄉᆞᆷ 셰속 톄면을 보리오
셰속 사ᄅᆞᆷ은 원슈 셰히로ᄃᆡ 나난 ᄒᆞ나흘 털어 원슈 둘 밧긔 업ᄉᆞ니
이도 ᄯᅩᄒᆞᆫ 남다른 특은이라
적이 사ᄅᆞᆷ 일진ᄃᆡ 눈물을 흘녀 감샤 ᄒᆞᆯ 거시오

마귀ᄂᆞᆫ 나의 션힝을 막ᄌᆞᄅᆞ고 악을 돕난 극ᄒᆞᆫ 원슈ㅣ라
ᄒᆞᆫ번 마감의 ᄲᅡ지면 아조 흐리여 도라셔기 어려워
나의 령흔을 죽이난 거시로ᄃᆡ
그러니 동혀 ᄆᆡᆫ개 ᄀᆞᆺᄒᆞ야 갓가이 ᄒᆞ여야 ᄒᆡ ᄒᆞ려이와
쥬모를 의뢰ᄒᆞ야 ᄌᆞ긔 삼가면 오히려 피ᄒᆞ기 쉬오ᄃᆡ
다시 피치 못ᄒᆞᆯ 원슈ㅣ 잇시니 ᄌᆞ긔 육신이라
이난 내 령혼의 븟허 ᄯᅥ나기 어려오니 ᄃᆡ강 닐ᄋᆞ리라

령혼의 량식은 덕힝이오 육신의 량식은 음식이라
그런고로 령혼은 ᄒᆞᆼ샹 덕힝을 ᄒᆞ려ᄒᆞᄃᆡ 十四 쪽
육신은 풍우히 길너 고로음으로 몸을 이긔지 못ᄒᆞ면
령혼의 말을 듯지 아니ᄒᆞ야 션힝을 마다 ᄒᆞ고 금슈의 ᄆᆞ음만 나난지라

그런고로 고셩들이 ᄒᆞᆼ샹 고공으로 극긔ᄒᆞ샤
혹 ᄎᆡ로 처 몸을 경계ᄒᆞ며 엄ᄒᆞᆫ ᄌᆡ를 직희여 육졍을 누ᄅᆞ며
고로은 일을 ᄒᆞ야 긔운을 썩거 다만 령혼만 알고 육신은 모로난니
육신이 안일ᄒᆞ면 령혼이 ᄆᆡ멸ᄒᆞ난지라

이러므로 셩현의 션공ᄒᆞ신 일을 보건ᄃᆡ
혹 늙은 부모와 고흔 안ᄒᆡ와 ᄉᆞ랑ᄒᆞ은 ᄌᆞ식과 허다ᄒᆞᆫ 노복과
풍후ᄒᆞᆫ 가산 고량과 친미를 일졀 ᄇᆞ리고 도망ᄒᆞ야
산즁에 숨어 고로히 닥그실ᄉᆡ
걱젹을 짤고 돌을 베고 추ᄒᆞᆫ 옷과 나물 밥으로 겨유 ᄉᆡᆼ명만 붓처시니
엇지 이것만 원이리오 마난 부득이 ᄒᆞ신 바ㅣ오
집에 안거ᄒᆞ야 가ᄂᆡ를 권면ᄒᆞ며 어린리를 훈도ᄒᆞ야
규구 ᄀᆞᆺ지 아니ᄒᆞᆷ은 각각 터히 다ᄅᆞᆷ이라

그러나 ᄌᆞ긔 육신은 다 원슈로이 ᄒᆞ고 령혼 구ᄒᆞ기만 편케 ᄒᆞ심이니
이제 나난 ᄌᆞ긔 덕으로 ᄒᆞᆫ거시 아니라 쥬명으로
각ᄉᆡᆨ 범죄ᄒᆞᆯ ᄉᆞᆺ 출 다 ᄇᆞ리고 쳔히원 토옥 즁에 들엇시니 十五 쪽
터흔 됴켄만도 이 즁에도 죄과 쳡쳡ᄒᆞ니
무어ᄉᆞᆯ 앗겨ᄒᆞ며 무어ᄉᆞᆯ 못니져 이러ᄒᆞᆫ고
도모지 육신을 원슈 ᄀᆞᆺ치 ᄃᆡ졉지 아니ᄒᆞ야
육졍을 방종케 맛겨 둠이로다

이곳 사ᄅᆞᆷ들이 ᄆᆡ양 닐오ᄃᆡ 우리들을 텬쥬학 죄인 텬쥬학 죄인ᄒᆞ니
엇지 텬디 만물 ᄃᆡ쥬ᄌᆡ를 봉ᄉᆞᄒᆞᆷ으로야 죄인 될 일이 잇시리오 만난
헛 일흠만 가지고 실이 업셔 셩교만 욕되게 ᄒᆞ니
진짓 텬쥬학의 죄인이 되리로다 엇지 슬프지 아니ᄒᆞ리오

므ᄅᆞᆺ 조만과 신공과 기외 약간 송경과 쳠례를 쥰슈ᄒᆞᆷ과
부모를 효경ᄒᆞᆷ과 ᄋᆡ긍시샤ᄒᆞᆷ과 남을 ᄉᆞ랑ᄒᆞ난
이런 됴흔 일의난 게으라고
샤음과 투도와 분노와 ᄒᆡᄐᆡ와 음식의 게걸됨과 남의 말 ᄒᆞ기 됴화난
이런 몹슬 일에난 날래여
십계 칠죄를 범ᄒᆞ고도 ᄆᆞ음이 쳘석과 ᄀᆞᆺ치 ᄃᆞᆫᄃᆞᆫᄒᆞ니
이러코 이러키난 도모지 원슈 읫 육신을 후히 ᄃᆡ졉 ᄒᆞᆷ이로다

나도 평ᄉᆡᆼ의 셩인젼 보기를 됴화ᄒᆞ고 十六 쪽
치명 즁에도 국고로 죽ᄉᆞᄒᆞ신 거ᄉᆞᆯ 더욱 브러워난 ᄒᆞ엿더니만난
유죄 무공ᄒᆞ야 ᄃᆡ은 밧을 그릇시 업서 이리 몹시 살앗시니
어나 시절에 됴흔 긔회를 맛나리오

ᄒᆞᆫ날을 살면 ᄒᆞᆯ 죄과요 잇흘 살면 잇흘 죄과오
ᄒᆞᆫᄃᆞᆯ을 살면 ᄒᆞᆫᄃᆞᆯ 죄과오 ᄒᆞᆫ ᄒᆡ를 살면 ᄒᆞᆫᄒᆡ가 죄과ㅣ라
날날이 ᄃᆞᆯᄃᆞᆯ이 ᄒᆡᄒᆡ 죄난 쳡쳡 산ᄒᆡ 갓ᄒᆞᄃᆡ
셩ᄉᆞ 밧ᄌᆞ와 ᄒᆡ죄ᄒᆞ야 볼 길은 아조 업도다
ᄋᆡ고 ᄋᆡ고 나 죽으리로다 이를 어이ᄒᆞᆯ가 나 죽으리로다
죽을 ᄀᆞ슴이 터지난 ᄃᆞᆺ 밋칠 듯 취ᄒᆞᆫ ᄃᆞᆺ ᄉᆡᆼ각 곳 ᄒᆞ면
그져 지원지원 ᄋᆡᄃᆞᆯ도다
ᄂᆡ두를 잘ᄒᆞ면 영고난 면ᄒᆞᆫᄃᆞᆯ 련옥을 어이ᄒᆞᆯ고
그러나 우리네가 실망치말고 브ᄌᆞ런이 힘써 보ᄉᆞ이다

셩젼 셩ᄉᆞ의 ᄒᆞ엿시ᄃᆡ 부월의 죽난 이난 잠시 치명 이어이와
은슈 고슈쟈의 공부난 곳 일ᄉᆡᆼ의 치명이라 더옥 어렵다 ᄒᆞ여 계시니
우리의 치명터흘 맛나시니 감슈 여부의 ᄃᆞᆯ엿ᄂᆞ니
치명이 되게 밧을 진ᄃᆡ 오쥬의 ᄋᆡᄌᆞ되여 영원 진복이 잇ᄉᆞ려이와
만일 실슈ᄒᆞ면 디옥 영괴 무한ᄒᆞ리라

충청도 ᄂᆡ포 우편 베드루 군난을 맛나 十七 쪽
동절에 옥즁에 갓치엿다가 얼어 상ᄉᆞ 낫시니
본당 쥬ㅣ교 드ᄅᆞ시고 ᄀᆞᆯᄋᆞ샤ᄃᆡ
그 죽은 거시 비록 진산 류 권 냥인만 난 못ᄒᆞ나 ᄯᅩᄒᆞᆫ 증거 잇시니
임의 쥬 ᄃᆡ젼에 잇셔 복을 누리라 ᄒᆞ여 계시니
이난 다름이 아니라 비록 연장에 죽은 바 아니나
그러나 위쥬치ᄉᆞㅣ라 ᄒᆞ샤 ᄒᆞ신 말ᄉᆞᆷ이니
나도 이 옥즁에 잇서 ᄆᆞᆺᄎᆞᆷ내 능히 위쥬치ᄉᆞᄒᆞ면

ᄯᅩᄒᆞᆫ 치명칭호를 엇으리니 엇지 다힝치 아니ᄒᆞ랴

무어시 부족ᄒᆞ야 육신의 욕심만 좃고 령혼ᄃᆡᄉᆞ를 도라보지 아닛나뇨
육신은 불과 ᄇᆡᆨ년 ᄂᆡ에 토목과 ᄒᆞᆫ가지로 썩난 거시어날
영원 무궁세에 불ᄉᆞ불멸ᄒᆞ난 령혼을 이리 몹시 ᄆᆞᆺᄎᆞ려 ᄒᆞᄂᆞᆫ다

몸을 형벌노 앏흐게 아니ᄒᆞ고 말노 져히ᄂᆞᆫ바ㅣ 업ᄉᆞ나
오히려 이거시 군난 즁이어날
엇지 군난 즁에 잇셔 죄의 버릇 ᄉᆞᆯ 놋치 못ᄒᆞ야
의연이 도라들고 도라들어 종ᄅᆡ 단결치 못ᄒᆞ니
이러코도 봉교인의 ᄒᆡᆼ실리라 ᄒᆞ며
의를 위ᄒᆞ야 군난을 닙난다 ᄒᆞ랴

죄근을 ᄭᅳᆫ치 못ᄒᆞᆷ이 ᄯᅩᄒᆞᆫ 연고ㅣ 잇ᄉᆞ니 十八 쪽
도므지 신덕이 업난 ᄐᆞᆺ시라
만일 신덕이 ᄃᆞᆫᄃᆞᆫᄒᆞ야 쥬명이 우희계셔 강림ᄒᆞ신 줄을
열 남은 셜 먹은 ᄋᆞᄒᆡ 만치나 넉일진ᄃᆡ 엇지 방ᄌᆞᄒᆞᆷ이 잇시리오

사ᄅᆞᆷ은 서로 ᄃᆡ졉ᄒᆞ여야 것만 보거니와
쥬의 사ᄅᆞᆷ 보심은 속속드리 추호도 모로실거시 업ᄉᆞ니
일런 줄을 완연이 알아야 일언 일동의 조곰도 감히 만홀치 못ᄒᆞ리니
이러ᄒᆞ여야 ᄎᆞᆷ 신이라 ᄒᆞ리로다

녯적에 ᄒᆞᆫ 음녀ㅣ 잇셔 고ᄒᆞᆫ 남ᄌᆞ를 보고
음욕을 이긔지 못ᄒᆞ야 ᄒᆡᆼ음ᄒᆞ기를 쳥ᄒᆞ거ᄂᆞᆯ
남ᄌᆞㅣ ᄀᆞᆯᄋᆞᄃᆡ 져자 가온ᄃᆡ 가 ᄒᆡᆼᄒᆞ자 ᄒᆞ니
계집이 닐ᄋᆞᄃᆡ 져자 가온ᄃᆡᄂᆞᆫ 여러히 보니 붓그럽지 아니ᄒᆞ랴
남ᄌᆞㅣ ᄀᆞᆯᄋᆞᄃᆡ 져자 가온ᄃᆡ 여러히 봄은 붓그려 ᄒᆞ니
텬쥬와 텬신이 명명히 보심은 붓그럽지 아니ᄒᆞ랴 ᄒᆞ니

그 계집이 그케 뉘웃처 음힝을 ᄇᆞ리고 졍을 직히다 ᄒᆞ엿시니
이런 사름은 죄의 굴치 안닐 뿐 아니라
소소ᄒᆞᆫ 신덕을 발ᄒᆞ야 남ᄉᆡᆨ지 회심케ᄒᆞ니
이런후에야 ᄇᆡ야흐로 가히 쥬를 굿이 밋난다 ᄒᆞ리로다

신망ᄋᆡ 삼덕즁에 신덕이 업ᄉᆞ면 망덕이 어ᄃᆡ로 조차나며
신덕과 망덕이 업ᄉᆞ면 ᄋᆡ덕이 어ᄃᆡ로 조차오며 十九 쪽
신망ᄋᆡ 삼덕이 업ᄉᆞ면 어ᄃᆡ로 향ᄒᆞ야 공부를 브치리오

그런고로 쥬를 굿이 밋어야 굿이 ᄇᆞᄅᆞᆯ거시오
알드리 ᄉᆞ리 ᄉᆞ랑 ᄒᆞ온 ᄆᆞ음이 블ᄒᆞ여야 죄단이 업ᄉᆞᆯ거시어날
이제 나난 ᄉᆡᆼ각을 극진이 ᄒᆞ야 ᄎᆞᆷ 신을 ᄎᆞ지 아니ᄒᆞ고
겨유 남의 말만 듯고 입교를 ᄒᆞ엿거니
엇지 립공ᄀᆡ과의 날낸 ᄆᆞ음이 잇시리오

션셩을 의론치 말고 우리 동국 교우를 닐너도
오직 살고 시브련마난 그러나 죽기를 앗기지 아니심은
살녀 ᄒᆞ여셔난 죄를 법ᄒᆞ겟 난 고로 경즁을 ᄉᆡᆼ각ᄒᆞ야 죽엇나니
우리난 범죄를 아니코난 무슴 ᄋᆡᆨᄉᆡᆨᄒᆞᆫ 일이 엇던가 죽을가 무셥던가
아므것도 셰운거시 업셔 그져 일시 ᄉᆞ욕을 이긔지 못ᄒᆞ야
늘 내쳐 회심 ᄒᆞ기를 더ᄃᆡᄒᆞ니 가히 앗갑고 앗갑도다

육신의 도츄흐리 분슈 업난 일에 앗가온 령흔만 죽이려 ᄒᆞ난다
가히업다 마귀 힝실을 ᄭᅳᆫ치 아녀셔난 아조 볼 것 업ᄉᆞ리라

스ᄉᆞ로 ᄉᆡᆼ각기난 만년이나 살녀ᄒᆞ나 나ㅣ라고 ᄆᆡ양 살야
아ᄎᆞᆷ 아니면 져녁이오 오날 아니면 ᄂᆡ일이오
이ᄃᆞᆯ 아니면 훗ᄃᆞᆯ이오 금년 아니면 명년이라
ᄒᆞᆫ번 죽어지면 그만ᄒᆞ야 디옥을 가잣말가 二十 쪽

엇지 그ᄃᆡ도록 힘업시 답답ᄒᆞ뇨

십계를 의론컨ᄃᆡ

뎨일계의 ᄒᆞᆫ텬쥬를 만유우희 흠슝ᄒᆞ라 ᄒᆞ엿시니

텬쥬 난 젼능 젼지 젼션ᄒᆞ시며 지존지귀ᄒᆞ시며 지의지엄ᄒᆞ시니
큰 텬디와 명낭ᄒᆞᆫ 일월과 산쳔 초목과
오곡 ᄇᆡᆨ과의 가지가지 비샹ᄒᆞᆫ 것과 만물 즁 지극히 령ᄒᆞᆫ 사ᄅᆞᆷ이라도
ᄒᆞᆫ번 명ᄒᆞ야 ᄉᆡᆼ셩케 ᄒᆞ시난지라
이제 ᄯᅩ업시코져 ᄒᆞ셔도 ᄒᆞᆫ번 명ᄒᆞ야 경ᄀᆡᆨ간에 ᄒᆞ실거시오

사ᄅᆞᆷ은 아모리 ᄌᆡ조잇셔도 무어슬 만ᄃᆞᆯ녀ᄒᆞ면 다 죽은 거시로ᄃᆡ
텬쥬의 내신거ᄉᆞᆫ 사ᄅᆞᆷ의 능으로 난 만달지 못ᄒᆞᆯᄲᅮᆫ 아니라
다 ᄉᆡᆼ동ᄒᆞ난이 그 능ᄒᆞ심이 엇더ᄒᆞ시며

사ᄅᆞᆷ의 드라난 션과 ᄀᆞ만ᄒᆞᆫ 악과 ᄀᆞ만ᄒᆞᆫ 션과 드러난 악을
모로실거시 업ᄉᆞ시고
사ᄅᆞᆷ의 털ᄭᅳᆺ만ᄒᆞᆫ ᄆᆞ음 먹난 것ᄭᆞ지 다 알으시고
이왕과 현ᄌᆡ와 미ᄅᆡ를 무불통지ᄒᆞ시ᄂᆞ니 그 알으심이 엇더ᄒᆞ시며

텬쥬ㅣ 사ᄅᆞᆷ쳐럼 죄를 짓고 통회 뎡ᄀᆡᄒᆞ야 착ᄒᆞᆫ바ㅣ 아니시라
본ᄃᆡ 털ᄭᅳᆺ만ᄒᆞᆫ 하ᄌᆞㅣ 업스샤 슌젼이 착ᄒᆞ샤
만 션이 젼비ᄒᆞ시니 그 션ᄒᆞ심이 엇더하시뇨 二十一 쪽

못ᄒᆞ실 거시 업ᄉᆞ신고로 ᄀᆞᆯ오ᄃᆡ 젼능이시오
모로시난거시 업ᄉᆞ신고로 젼지시오
착지 아니심이 업ᄉᆞ신고로 ᄀᆞᆯᄋᆞᄃᆡ 젼션이시라

나난 지악지렬ᄒᆞ니 이러ᄒᆞ신 텬쥬를 맛당이 흠숭ᄒᆞᆯ 거시오
지극히 놉흐샤 비ᄒᆞᆯᄃᆡ 업ᄉᆞ시고 지극히 귀ᄒᆞ샤 ᄃᆡᄒᆞᆯ이 업난지라
나난 지비지쳔ᄒᆞ니 이러ᄒᆞ신 텬쥬를 맛당이 흠숭ᄒᆞᆯ 거시오
션을 션으로 ᄒᆞ시고 악을 악으로 ᄒᆞ샤 샹벌이 분명ᄒᆞ신지라
나난 불명부지ᄒᆞ니 이러ᄒᆞ신 텬쥬를 맛당이 흠숭ᄒᆞᆯ 거시오

지극히 놉흐샤 비ᄒᆞᆯᄃᆡ 업ᄉᆞ시고 ᄯᅩ 업난 가온ᄃᆡ로 나를 내셧시니
이난 나의 큰 부모시라 맛당이 흠숭ᄒᆞᆯ 거시오
하날노 덥고 ᄯᅡ흐로 싯고 일월셩신으로 빗최시고
오곡ᄇᆡᆨ과로 먹여 기ᄅᆞ시느 은혜 크신지라 맛당이 흠숭ᄒᆞᆯ거시니
셰샹사ᄅᆞᆷ으로 닐너도 하인되고난 우ᄒᆞᆯ 흠숭ᄒᆞ거든
ᄒᆞ물며 텬쥬난 우업난 우히시니 엇지 흠숭치 아니ᄒᆞ리오

뎨 이계의 텬쥬의 거룩ᄒᆞ신 일흠을 불너 헛 ᄆᆡᆼ셰를 발치말나 ᄒᆞ엿시니

텬쥬를 위ᄒᆞ난 도리와 ᄌᆞ긔 령혼 구ᄒᆞᆯ 일의 난
죄업ᄉᆞᆯ ᄲᅮᆫ아니라 도로혀 공이 잇ᄉᆞᆯ거시니 二十二 쪽
맛치 외교ㅣ 잇셔 셩교를 욕ᄒᆞ고 나물ᄒᆞ거든
그러치 아님을 나ㅣ 극히 발명ᄒᆞᄃᆡ
남이 고지듯지 아니커든 ᄆᆡᆼ셰를 발ᄒᆞᄃᆡ
혹 즘승이라 사ᄅᆞᆷ이 아니라 혹 죽어도 그런 일 업다 ᄒᆞ거나

관가 군난과 ᄉᆞᄉᆞ군난을 당ᄒᆞ야 ᄇᆡ쥬ᄒᆞ라 ᄒᆞ거든
ᄆᆡᆼ셰를 발ᄒᆞᄃᆡ 내 ᄇᆡ쥬를 ᄒᆞ면 즘ᄉᆡᆼ이라 사ᄅᆞᆷ이 아니라 ᄒᆞ거나
죽어도 ᄇᆡ교를 못ᄒᆞ리라 ᄒᆞ면 이난 다 됴흔 ᄆᆡᆼ셰 어니와

헛 ᄆᆡᆼ셰라 ᄒᆞ난거ᄉᆞᆫ 육신혈거의 조고마ᄒᆞᆫ 원통ᄒᆞᆫ거ᄉᆞᆯ 발명ᄒᆞ려 ᄒᆞ야
만일 그러ᄒᆞ면 즘ᄉᆡᆼ이라 사ᄅᆞᆷ이 아니라 ᄒᆞ거나
죽어도 그러치 안타ᄒᆞ면 이난 다 헛 ᄆᆡᆼ셰오

남을 즘싱이라 사름이 아니라홈과
니 셩을 김셩이라 ᄒᆞ거나 김셩을 최셩이라 ᄒᆞ난거시
다 헛계를 범홈이니
사름으로 내신거슬 내 입으로 사름이 아니라 ᄒᆞ며 즘싱이라ᄒᆞ며
김셩으로 내신겨슬 최셩이라 ᄒᆞ니
쥬의 ᄒᆞ신 바를 내 다 헛 증참을 ᄒᆞ거니 엇지 헛계 되지 아니리오

원 십계의 ᄌᆞ세히 실녓시니 다시 더 홀 것 업거니와
이샹 두 이 말솜은 나의 모병이라 곳치기 어려옴을 병되이 넉이여
별노 기록 ᄒᆞ노라

뎨 삼계의 쳠례날을 직희라 ᄒᆞ엿시니

쳠례난 쥬일과 대소직와 져셩인 치명일과 혹 탄일이니 二十三 쪽
이난 날이이 범년홀 바ㅣ가 아니로ᄃᆡ
쳠례날을 당ᄒᆞ거든 열심을 발ᄒᆞ야
송경과 묵샹과 긔도와 셩찰통회를 더욱 진실이 ᄒᆞ야
종일 조심이 평일과 다ᄅᆞ게 홀거시오

대소직라도 어육과 밥을 덜 ᄲᅢᆫ 아니라
음난ᄒᆞᆫ 소릐를 듯지 말아 귀의 직를 직희며
샤ᄉᆡᆨ을 보지 말아 눈의 직를 직희며
례 아닌 말을 ᄒᆞ지 말아 입의 직를 직희며
아치ᄒᆞᆫ 내음ᄉᆡ를 맛지 말아 코의 직를 직희며
비리의 직물을 취치 말며
음난ᄒᆞᆫ 곳을 만지지 말며
법죄 홀 싸홈 ᄃᆞᆫ이지 말아 슈족의 직를 직희며
각ᄉᆡᆨ 죄과의 ᄉᆡᆼ각을 쓸허 발여 ᄆᆞ음의 직를 직희여야
진실노 츰직를 직희려니와

만일 이 ᄀᆞᆺ치 아니ᄒᆞ고난 비록 사흘 나흘을 굴머 ᄌᆡ를 직희여도
다만 육신이 주려 ᄉᆞ식지염만 나게 ᄒᆞ엿지
조곰도 슈ᄌᆡᄒᆞ난 덕은 업슬거시오
ᄒᆞᆫᄀᆞᆺ 슈ᄌᆡᄒᆞ난 일홈만 두어 죄만 쳠브ᄒᆞ엿지 실은 업ᄉᆞ리라

뎨 ᄉᆞ계의 부모를 효경ᄒᆞ라 ᄒᆞ엿시니

ᄌᆞ긔를 의론컨ᄃᆡ 부모를 ᄡᅥ나 오륙년을 지ᄂᆡ다가 二十四 쪽
엄친의 망극ᄒᆞᆫ 상ᄉᆞ문부를 드러
ᄉᆞ랑만 의뢰이 계시나 셔로 얼골도 뵈ᄋᆞᆸ지 못ᄒᆞ니
효경 여부를 의론치 못ᄒᆞ게 되엿시나

그러나 ᄯᅩᄒᆞᆫ 그러치 아닌바 잇시니
쳔리 ᄀᆡᆨ즁이라도 우리 교우 눈의 난 속안과 달나
여긔 안자셔라도 효셩ᄒᆞᆯ 도리가 잇시니

이 망부친을 위ᄒᆞ야 만일 ᄉᆞ후에 련옥에 잇실가ᄒᆞ야
극진이 염경보속이나 쥬의 인ᄌᆞ로 밧비 샹승케ᄒᆞ여 주옵소셔
기구나 지셩으로 ᄒᆞ야 효경을 일울거시니
ᄉᆡᆼ존 모친을 위ᄒᆞ야도 당신이 혹 셰속의 막ᄌᆞ람과 마귀유감과
육신 ᄉᆞ졍으로 텬쥬를 봉ᄉᆞ치 못ᄒᆞ시난가
진실ᄒᆞᆫ 기구를 ᄒᆡᆼᄒᆞ면 이난 효경즁에도 샹품이 되려니와

겨유 의방만 ᄒᆞ나 용열 ᄒᆡ틔ᄒᆞᆫ ᄐᆞᆺᄉᆞ로 진심치 못ᄒᆞ야
임의 육신으로 ᄉᆡᆼ양지은을 만분지일도 갑지못ᄒᆞ게 되고
령혼ᄉᆞ로도 ᄯᅩ 일이 범범ᄒᆞ니 다ᄌᆞ긔 죄과ㅣ오

동ᄉᆡᆼ ᄌᆞ식 노복을 의론컨ᄃᆡ
앗가온 령혼을 보려 ᄉᆞ후에 디옥으로 가게 되면

이난 아비와 형과 우ㅣ된쟈ㅣ 순순이 션도ᄒᆞ야
귀졍케 못ᄒᆞᆫ 내 ᄐᆞᆺ시니 ᄯᅩᄒᆞᆫ ᄉᆞ계를 범ᄒᆞ난 죄과ㅣ니라 二十五 쪽

이곳 사ᄅᆞᆷ들이 닐ᄋᆞᄃᆡ 부ᄌᆞ럽난 즛 ᄉᆞᆯ ᄒᆞ다가 뎌리되여
ᄌᆞ긔 망신ᄒᆞ고 부모의게 ᄋᆡ씌워
불효됨이 ᄋᆡ ᄃᆞᆲ고 ᄋᆡᄃᆞᆲ도다 ᄒᆞ니 오히려 속을 모르난 말이여니와
도라 ᄉᆡᆼ각컨ᄃᆡ 실이 잇ᄉᆞ면 망신도 아니오 불효도 아니련마난
ᄒᆡᆼ위를 ᄉᆡᆼ각ᄒᆞ니 종시 이 모양이면 ᄎᆞᆷ 망신이오 ᄎᆞᆷ 불효ㅣ로다

칠십 노친과 쳥츈 약쳐와 담발치ᄉᆞ를 속쳘업시 영결ᄒᆞ니
엇지 사ᄅᆞᆷ이 ᄎᆞᆷ아 ᄒᆞᆯ바ㅣ리오마난
막즁 령혼ᄃᆡᄉᆞ를 부득이 ᄒᆞ야 이리되엿시니
ᄒᆞᆯ일 업난 육신의 봉효난 바라도 말고 됴흔 령ᄉᆞ의 긔구를 봉효ᄒᆞ야
ᄌᆞ긔 령혼을 잘 도라보아 잘 죽으면
속인의 비방ᄒᆞ난 말과 ᄀᆞᆺ지 아닐거시오
겸ᄒᆞ야 디옥을 면ᄒᆞ려니와 그러치 아니면 엇지 불효 아니리오
금세의 불효오 ᄉᆞ후에 디옥이니 여러 가지 망녕된 사ᄅᆞᆷ이 되리로다

뎨 오계의 살인을 말나 ᄒᆞ엿시니
살인이 여러 가지 잇ᄉᆞ니
남을 밀쳐 샹ᄒᆞ엿시면 이난 손으로 살인 ᄒᆞᆫ 죄오

혹 말로 사ᄅᆞᆷ을 죽이자 ᄒᆞ엿거나 혹 목이 부러질나 ᄒᆞ엿거나
혹 즁회 즁에 몹시 즐욕ᄒᆞ야 남으로 ᄒᆞ여곰 죽고 시브다 ᄒᆞ게 ᄒᆞ거나 二十六 쪽
혹 ᄂᆞᆷ의 그ᄅᆞᆫ 일을 은밀이 말ᄒᆞ야 히치거나
혹 ᄂᆞᆷ의 악ᄒᆡᆼ을 드러내여 그 사ᄅᆞᆷ의 신셰를 꺽것시면
이ᄂᆞᆫ 입으로 살인ᄒᆞᆫ 죄오

혹 내게 조곱 해롭게 ᄒᆞᆫ다ᄒᆞ고 남을 몹시 뮈워ᄒᆞ거나

혹 속으로 그 놈 죽이면 쾌ᄒᆞ리라 ᄒᆞ거나 망신ᄒᆞ길 원ᄒᆞ면
이ᄂᆞᆫ ᄆᆞ음으로 살인ᄒᆞᆫ 죄니 이샹 수단은 다 사ᄅᆞᆷ의 육신을 죽인죄요

혹 남을 범죄케 ᄒᆞ거나 혹 남이 범죄ᄒᆞ난 거ᄉᆞᆯ 보고
힘이 가히 구ᄒᆞᆯ만ᄒᆞᄃᆡ 건지지 아니커나
혹 ᄌᆞ긔 언ᄌᆞᆫ은 일을 ᄒᆞ야 ᄂᆞᆷ이 본 밧게 ᄒᆞ거나
혹 ᄂᆞᆷ의 션을 막 ᄌᆞ르면 이ᄂᆞᆫ ᄉᆞᄅᆞᆷ의 령혼을 죽인죄요

ᄌᆞ긔를 의논컨ᄃᆡ
이모양 옥즁 곤고를 견ᄃᆡ지 못ᄒᆞ야 혹 ᄌᆞ슈ᄒᆞ야 죽거나
혹 말노라도 죽고 시브다 ᄒᆞ거나 육신을 샹해ᄒᆞ야 병을 내거나
령혼을 도라보지 아니ᄒᆞ야 죄과의 미혹ᄒᆞ면
이ᄂᆞᆫ 다 ᄌᆞ긔가 ᄌᆞ긔를 죽이ᄂᆞᆫ 죄라

이 밧기 가히 ᄀᆞ로 칠만ᄒᆞᆫ 사ᄅᆞᆷ으로 셩교도리를 젼유치 아니ᄒᆞ야
져의 령혼이 어두어 죄과의 죽게ᄒᆞ거나
육신이 굶고 버셔 죽게된 사ᄅᆞᆷ과 병드러 위ᄐᆡᄒᆞᆫ ᄉᆞ람보고 二十七 쪽
힘써 가히 구ᄒᆞᆯ만 ᄒᆞᄃᆡ 구치 아니거나
남으로 더브러 결원ᄒᆞ고 푸지 아니거나
남을 부측ᄒᆞ야 시비를 븟치거나
남의 결원ᄒᆞᆫ 줄을 알고 힘이 능히 화히ᄒᆞᆯ 만 ᄒᆞᄃᆡ
나ㅣ 권ᄒᆞ야 풀어 주지 아니면 다 살인 ᄒᆞᆫ죄라

부모 쳐ᄌᆞ 일가 골육간과 ᄉᆞ환 노복 ᄭᆞ지라도
이의 범ᄒᆞ면 다 뎨 오계로 다라가니
ᄉᆞ언힝위의 다 가히 조심 ᄒᆞᆯ지어다

이즁에도 ᄯᅩᄒᆞᆫ 곡졀이 잇ᄉᆞ니
나의 육신을 샹히 온쟈여든

겸하ᄒᆞᆫ ᄆᆞᄋᆞᆷ을 발ᄒᆞ야 더욱 그 사ᄅᆞᆷ과 화동ᄒᆞ기를 힘쓰려니와

만일 ᄌᆞ긔 령혼을 해롭게 ᄒᆞ야 죄과의 ᄲᅡ지게 ᄒᆞ난 교우여든
션으로 ᄀᆡ유ᄒᆞ야 회심케 ᄒᆞᆯ거시오
그러치 못ᄒᆞᆯ 사ᄅᆞᆷ이여든 ᄌᆞ긔의 구ᄒᆞ난 ᄆᆞᄋᆞᆷ을 가지고 결단ᄒᆞ야
ᄭᅳᆫ코 삼가 피ᄒᆞ여 극히 그 허물을 뮈워ᄒᆞᆯ거시오
그러치 아니면 엇지 살인죄 ᄌᆞ살지죄를 면ᄒᆞ리오

녯브터 닐ᄋᆞ기를 쥬홍을 갓가이 ᄒᆞ면 븕고
먹을 갓가이 ᄒᆞ면 금난다 ᄒᆞ니
마귀ᄒᆡᆼ실이 사ᄅᆞᆷ을 갓가이 ᄒᆞ고 무난지 아닌난 쟈를 보지 못ᄒᆞ엿노라

남을 뮈워ᄒᆞᆷ이 죄로 이런 위험ᄒᆞᆷ은 죄업ᄉᆞᆯ ᄲᅮᆫ 아니라
도로혀 공이 된다 ᄒᆞ엿ᄂᆞ니
무워ᄒᆞ기도 법이 잇ᄉᆞ니 그 사ᄅᆞᆷ을 뮈워 말고 二十八 쪽
그 사ᄅᆞᆷ의 그란 ᄒᆡᆼ실을 뮈워ᄒᆞ면
이런 뮈워ᄒᆞᆷ은 진실노 잘 뮈워ᄒᆞᆷ이니

고셩의 ᄉᆞ젹을 보건ᄃᆡ ᄌᆞ긔 범죄케 ᄒᆞ난쟈를
뮈워 피ᄒᆞ심이 원슈ᄀᆞᆺ치 ᄒᆞ엿나니
남 ᄲᅮᆫ 아니라 당신 쳐ᄌᆞ도 불ᄒᆡᆼᄒᆞ면 서로 ᄯᅥ나 샹ᄃᆡ치 아녓시니
이 ᄀᆞᆺ치 아니코난 범죄ᄒᆞ기가 일시가 져허ᄒᆞᆷ이라

이제 나의 소위를 ᄉᆡᆼ각ᄒᆞ니 표양을 세워 남의 ᄆᆞᄋᆞᆷ을 격동치 못ᄒᆞ고
못된 버ᄅᆞᆺ슬 만히ᄒᆞ야 ᄌᆞ긔를 그ᄅᆞᆺ치고 남도 겸ᄒᆞ야 그ᄅᆞᆺ되게 ᄒᆞ니
션ᄒᆡᆼ을 ᄇᆡ호기난 극난ᄒᆞ고 악습을 ᄃᆞᆰ기난 쉬온거시니
이 다 살인이 아니오 무어시오

뎨륙계의 샤음말나 ᄒᆞ엿시니

무ᄅᆞᆺ 살인 강도와 ᄀᆡᆨᄉᆡᆨ 비의에 버ᄅᆞᆺ시 령혼을 아조 죽이난 거시로ᄃᆡ
오히려 육신의나 유익ᄒᆞᆫ 곳이 잇거니와
지어 샤음 일ᄉᆞᄒᆞ여난 육신의도 ᄒᆡ롭고 정신이 흐려지고
고흔 얼골을 ᄆᆞᆯ이오고 유익ᄒᆞᆫ 곳은 일호도 업고
일시 오예ᄒᆞᆫ ᄉᆡᆼ각이라 일절 샹 업ᄉᆞᆫ 모양이 이의 더 심ᄒᆞᆷ이 업ᄉᆞ리라

조출ᄒᆞᆫ 내 령혼의 이러ᄐᆞᆺ 오예ᄒᆞᆫ 버ᄅᆞᆺᄉᆞᆯ 바리기가 무어시 섭섭ᄒᆞ야
우리 교우난 의론도 말고 적이 조신ᄒᆞᆫ쟈난 외인이라도 아닛나니 二十九 쪽
부모쳐ᄌᆞ와 ᄌᆞ긔육신 살 일의 범죄를 ᄒᆞ여도 원통ᄒᆞ거든
하물며 마치 죄만 되고 추호도 리 분슈 업ᄉᆞᆫ 일의
심녀를 허비ᄒᆞ야 ᄋᆡ써 비록 ᄒᆞ잔말가

텬뎡 부부라도 과ᄒᆞ면 샤음이라
ᄒᆞ물며 남의 안ᄒᆡ와 ᄯᆞᆯ을 간범ᄒᆞ고 그 죄 엇더ᄒᆞ랴

음이란 거ᄉᆞᆫ 령혼을 더러여 쥬를 써나게 ᄒᆞ고
ᄌᆞ긔를 아조 죽이난 거시오
무한ᄒᆞᆫ 즘념이 되여 념경의 조당이 되난 거시니
칼날 ᄀᆞᆺᄒᆞᆫ 모진 ᄉᆡᆼ각이 ᄌᆞ조 나를 침노ᄒᆞ야
ᄒᆞᆫᄃᆡ문 경도 온젼이 념ᄒᆞᆯ 길이 업ᄉᆞᆯ ᄲᆞᆫ 아니라
ᄒᆞᆫ번 대죄를 범ᄒᆞ면 ᄌᆞ긔 량심이 절노 슈리ᄒᆞ야
조만과 ᄒᆞ기 슬흐니라

마귀 사ᄅᆞᆷ을 유인ᄒᆞ매 ᄆᆡ 양ᄉᆡᆨ을 가지고 ᄭᅬ오나니 독ᄒᆞ다
만일 쥬춍이 업ᄉᆞ면 엇지 독ᄒᆞᆫ ᄒᆡ를 면ᄒᆞ리오

텬쥬 십계 뎨육계의 ᄒᆞ엿시ᄃᆡ
공연이 ᄉᆡᆨ욕을 동ᄒᆞ거나 혹 계집을 두고 원ᄒᆞ거나 ᄒᆞ면
비록 바로 범치 아녀셔도 범ᄒᆞᆫ이와 ᄀᆞᆺ다 ᄒᆞ고

ᄯᅩ ᄀᆞᆯᄋᆞ샤ᄃᆡ ᄉᆡᆨ욕이 쳔번 날지라도 싸화 쳔번 이긔면
죄업ᄉᆞᆯ ᄲᅮᆫ 아니라 도로혀 공이 된다 ᄒᆞ엿시니 三十 쪽
이제 나난 종종 싸화 이긔지 아냐나 ᄌᆞ긔 이넉을 ᄉᆞᆯ펴볼 지어다

고셩을 보건ᄃᆡ 고로이 닥그실ᄉᆡ
환부 과부의 졍도 잇고
부부가 잣시ᄃᆡ 서로 언약ᄒᆞ야 남ᄆᆡ ᄀᆞᆺ치 ᄒᆞ쟈 슈졍ᄒᆞ시니도 잇고
아희에 혼ᄇᆡ치 아니ᄒᆞ샤 동남동녀의 졍도 잇셔
어려ᄒᆞ샤 공부를 일웟ᄂᆞ니
나난 무어시 완ᄃᆡ ᄆᆞ음을 방죵이 ᄒᆞ야
ᄒᆞ고 시븐 그ᄅᆞᆺᄉᆞᆯ 다ᄒᆞ고 공부를 일위잔 말가

션공ᄒᆞ신쟈의 ᄌᆞ최를 보니
ᄒᆞᆫ번 음념을 동ᄒᆞᆷ을 통회의 눈물이 비오ᄃᆞᆺ ᄒᆞ니도 잇고
ᄒᆞᆫ번 계의 등을 만지고 돌노 ᄀᆞ슴을 찌은이도 잇고
ᄒᆞᆫ번 계집을 졍잇게 거ᄃᆞᆲ보고 눈을 샹히은 이도 잇고
ᄒᆞᆫ번 계집으로 더브러 희롱의 말을 ᄒᆞ고 혀를 문이도 잇ᄂᆞ니
공부 이러ᄒᆞ여야 가히 쥬를 뫼실거시오 가히 령혼을 살니리로다
나난 어렵지 아니코 소원을 일우랴ᄒᆞ니 심히 어리지 아니ᄒᆞ랴

녯적에 사음에 남녀잇셔 ᄒᆡᆼ음을 ᄒᆞ더니
남ᄌᆞ ㅣ뉘웃쳐 음ᄒᆡᆼ을 ᄇᆞ리고 졍도로 도라 왓난지라
일일은 길헤셔 젼에 아든 음녀를 맛나 모로ᄂᆞᆫ쳬 ᄒᆞ고 지나거날 三十一 쪽
음녀ㅣ 닐오ᄃᆡ 나를 모로나냐 ᄒᆞ거날 남ᄌᆞ 닐ᄋᆞᄃᆡ 모로노라 ᄒᆞ니
음녜 ᄯᅩ 닐ᄋᆞᄃᆡ 져즘 ᄭᅴ 나를 아모ᄃᆡ셔 보앗시니
모로노라 ᄒᆞᆷ이 그라도다

남ᄌᆞ ᄀᆞᆯᄋᆞᄃᆡ 너난 모로노라
너난 여젼 네로ᄃᆡ 나난 이제 내니 내 너를 어이 알니오 ᄒᆞ고

그 계집을 거절ᄒᆞ여 계시니 아름답다
ᄆᆞ음을 곳치거든 이러케 ᄒᆞᆯ 지어다

ᄒᆞᆫ 슈도 ᄒᆞ난쟈ㅣ 뎨ᄌᆞ 슈인을 ᄃᆞ리고 길을 가다가
ᄒᆞᆫ 미녀를 맛나 ᄒᆞᆫ 뎨ᄌᆞ 보기를 ᄌᆞ세히 ᄒᆞ거날 지내치고
스승이 ᄀᆞᆯᄋᆞᄃᆡ 그 녀ᄌᆞ ᄒᆞᆫ눈이 아니 멀엇더면 국ᄉᆡᆨ 일낫다
그 ᄌᆞ세히 보던 뎨ᄌᆞ ᄀᆞᆯᄋᆞᄃᆡ 아니 멀엇더이다
스승이 닐ᄋᆞᄃᆡ 네 ᄌᆞ세히 보지 못ᄒᆞ엿도다
제ᄌᆞ ᄀᆞᆯᄋᆞᄃᆡ 내 보기를 가장 ᄌᆞ세히 보오니
눈을 흘니 ᄯᅳ졔 ᄀᆞ쟝 아름답더이다 ᄒᆞ거날
스승이 ᄎᆡᆨᄒᆞ야 닐ᄋᆞᄃᆡ 너를 경계ᄒᆞ야 ᄀᆞᄇᆡ야이 봄으로써
죄범ᄒᆞ기 쉬울줄을 금ᄒᆞ엿더니 무ᄉᆞᆷ 공부를 ᄒᆞ엿ᄂᆞ냐 ᄒᆞ시고
도라가 그 졔ᄌᆞ를 문의 나지 못ᄒᆞ게 ᄒᆞ기를 두 ᄃᆞᆯ을 ᄒᆞ엿다ᄒᆞ니
그런 이ᄂᆞᆫ 진실노 스승을 잘 엇엇도다

아희를 갓가이 ᄒᆞ면 ᄯᅩᆼ을 뭇치고
계집을 갓가이 ᄒᆞ면 죄를 뭇 치나니 삼가 멀니 ᄒᆞᆯ지어다 三十二 쪽

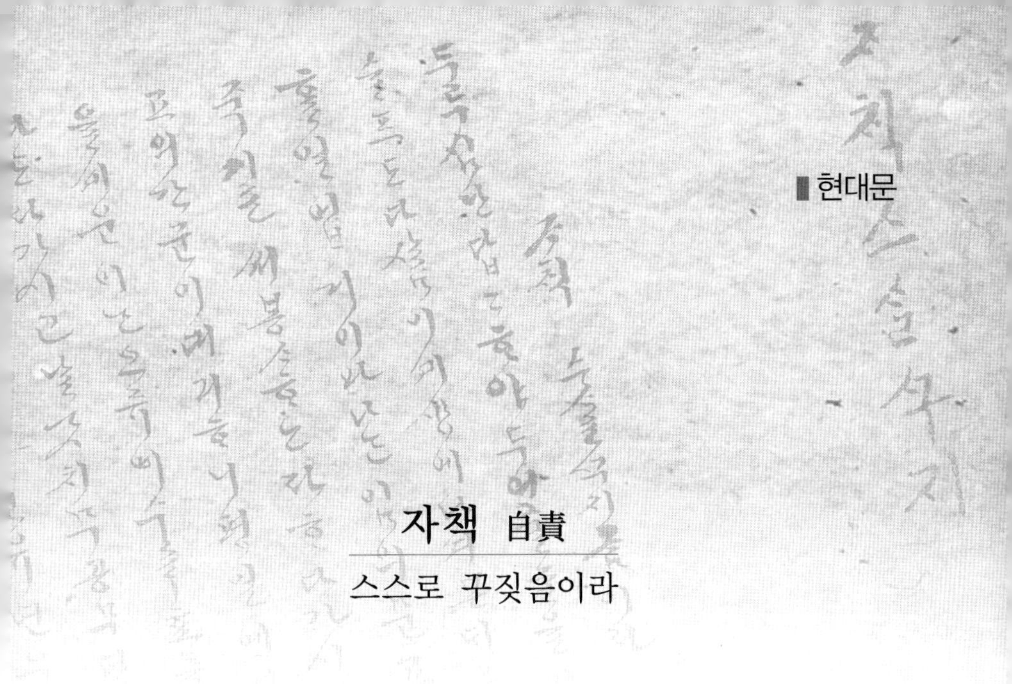

▮현대문

자책 自責

스스로 꾸짖음이라

두루[1] 심난[2] 답답ᄒᆞ야 두어줄 글을 긔록ᄒᆞᄂᆞ니 슬프고 슬프도다

1) 두루: 빠짐없이 골고루
2) 심난: 심란心亂하다는 말로 마음이 평온하지 않고 어수선하다는 뜻이다. 마음이 산란散亂하다.

두루 마음이 어수선하고 답답하여, 두어줄 글을 기록하노니, 슬프고 슬프도다.

사ᄅᆞᆷ이 셰상에 나셔 본ᄃᆡ[3] 쥬를 모로ᄂᆞᆫ이ᄂᆞᆫ ᄒᆞᆯ일 업거이와[4]
나ᄂᆞᆫ 임의 문교[5]ᄒᆞ야 근 이십년 죽기로써 봉ᄉᆞ[6]ᄒᆞ노라 ᄒᆞ다가
시졀이 불힝ᄒᆞ야 셩교[7]의 간군[8]이 대거ᄒᆞ니
평일[10]에 열심 봉ᄉᆞᄒᆞ야 신공[11]을 세운이ᄂᆞᆫ
오쥬[12] 예수를 효측[13]ᄒᆞ야 치명대은[14]으로 다 도라가시고

3) 본ᄃᆡ: 본디. 처음부터 근본으로부터 애초에

4) ᄒᆞᆯ일업거이와: '하릴없다'는 말로 달리 어떻게 할 도리가 없다는 뜻이다.

5) 문교聞教하다: 옛 교회용어로서 천주교회로의 입교를 말한다.
한불자전에 따르면 1.그리스도교를 받아들임 2.종교에 관해서 말하는 것을 들음 3 가톨릭교회에 들어감을 의미한다.

6) 봉ᄉᆞ奉事: 봉사. 웃어른을 받들어 섬김

7) 셩교聖教: 성교. 한불자전에 따르면 거룩한 교회, 가톨릭 교회를 뜻한다.

8) 간군艱窘: 가난하고 군색窘塞함. 괴롭고 고생스러움. 여기서는 박해의 의미로 쓰임.

9) 대거大擧: 한꺼번에 많이 일어남

10) 평일平日: 1.평상시平常時. 진일鎮日 2.평상일平常日. 상일常日 3.평소平素의 의미이다.

11) 신공神功은 국어사전에 의하면 1.신령神靈의 공덕功德 2.영묘靈妙한 공적功績 3.신에게 바치는 공양이나 돈을 의미하며, 한불자전에서는 1.경건함의 실천 2.영적인 실천 3.경건한 행위를 의미한다. 우리나라 천주교에서는 전래 초기 때부터 사용되어 왔던 용어로서 기도 또는 선공의 뜻으로 사용되었다. 기도는 가톨릭의 전 용어로는 신공神功 혹은 신공神工이라고 하였다. 선공은 온갖 좋은 일을 뜻하며 善功 혹은 善工으로 쓰는데 이 말의 뜻은 그 범위가 광대하다. 기도드림, 근심하는 사람을 위로함, 자선을 베풀기, 고신극기 기타 자기의 직무에 성실함도 다 선공이다. 따라서 공로가 될 수 있다(상해천주교요리(하), 윤형중, 경향신문사, 1960년. 48쪽).

12) 오쥬吾主: 오주. 우리 주

13) 효측效則: 효칙. 본받아서 법으로 삼는다는 뜻이다.

14) 치명致命: 치명致命은 원 뜻은 목숨을 버린다는 의미이다. 한국 천주교회가 박해를 당하던 시기에 교우들에 의해 만들어진 말로 '주님을 위해 목숨을 바친다'는 의미의 위주치명爲主致命이라는 용어가 사용되었는데, 치명致命은 위주치명의 줄인 말이다. 현재는 두 용어 모두 사용되지 않고 있다(한국가톨릭대사전, 한국교회사연구소, 5156쪽). 오늘날에는 순교殉教라는 용어가 대신 쓰인다. 한불자전에 따르면 치명은 1.순교자가 됨, 2.순교의 고통을 당함, 3.목숨을 바침을 의미한다. 치명대은致命大恩은 순교의 큰 은혜라는 의미이다.

사람이 세상에 나서 애초에 천주를 모르는 이는 달리 어찌 할 도리가 없거니와
나는 이미 천주교를 믿기 시작하여, 근 이십년을 죽기로서 받들어 섬기다가
시절이 불행하여 성교회에 박해가 크게 닥치니,
평소에 열심히 봉행하여 믿음의 큰 덕을 세운 이는
우리 주 예수를 본받아 순교의 큰 은혜로 다 돌아가시고,

날 갓치 무공무덕[15]ᄒᆞ고 유죄유실[16]ᄒᆞᆫ 인ᄉᆡᆼ은 썩고 썩어

신유년[17] 우리 동국[18] 봉교인[19]의게 샹ᄉᆞ[20]ᄒᆞ신 一 쪽

그리 흔ᄒᆞᆫ 치명의 대은을 참예[21]치 못ᄒᆞ고

졀박[22] 원통이 나 혼자 ᄲᅡ져나셔

이 흥ᄒᆡ[23]옥즁의 잔명[24]이 붓허 살앗시니 이 무숨 일 인고

---

15) 무공무덕無功無德: 아무런 공도 덕도 없음

16) 유죄유실有罪有失: 죄만 많고 실패한

17) 신유辛酉년: 1801년 순조1년

18) 동국東國: 예전에 우리나라를 달리 이르던 말. 조선. 우리나라가 중국의 동쪽에 있었던 데서 유래한다.

19) 봉교奉教: 천주교가 들어온 뒤부터 가톨릭교회에서 사용되기 시작하여 천주교의 교리를 믿고 지키는 것들을 몸소 받들어 행함, 즉 천주교를 봉행하는 일을 지칭하는 말로 고착되었다. 한불자전에서는 주로 천주교의 용어로서만 풀이하고 있으며, 봉교하다는 말은 1.그리스도 신자가 되다 2.그리스도의 계명을 지키다 의 의미로 쓰인다고 밝혔다. 따라서 봉교인奉教人은 천주교를 믿고 그 교리를 좇아 행하는 사람, 즉 천주교인을 의미한다.

20) 상ᄉᆞ賞賜: 상사. 공로 따위를 기리어 금품, 관직 따위를 내림

21) 참예參禮: 참례. 예식에 참여함

22) 졀박切迫: 절박. 어떤 일이나 때가 가까이 닥쳐서 몹시 급함

23) 흥ᄒᆡ興海: 흥해. 경상북도 포항지역의 옛 지명.

24) 잔명殘命: 죽음이 얼마 남지 않은 쇠잔한 목숨. 남은 목숨

나 같이 아무런 공도 덕도 없고, 죄 많고 실패한 사람은 썩고 썩어

신유년 우리 조선의 천주교인들에게 상으로 내려 주신,

그렇게 흔한 순교의 큰 은혜를 받지 못하고,

절박하고 원통하게 나 혼자 빠져나와 이 흥해 옥중에 욕된 목숨이 남아 살았으니,

이 무슨 일 인고!

나의 위인[25]이 본ᄃᆡ 향쥬[26]하ᄂᆞᆫ ᄆᆞᄋᆞᆷ이 ᄂᆡᆼ담[27]ᄒᆞ야

립공[28]의 ᄒᆡᄐᆡ[29]ᄒᆞ고 ᄀᆡ과[30]의 무용[31]ᄒᆞ야 ᄇᆡᆨ불여인[32] ᄒᆞᆫ 가온ᄃᆡ

이제ᄂᆞᆫ 더욱 권면[33]ᄎᆡᆨ션[34]ᄒᆞ야 주던 친우도 업고

동심[35] ᄎᆡᆨ녀[36] ᄒᆞ게 보던 셔ᄎᆡᆨ도 업ᄉᆞ니
셰샹에ᄂᆞᆫ 밋을이가 젼혀업고 ᄇᆞ랄 사ᄅᆞᆷ이 아죠 업셔
ᄌᆞ긔ᄌᆞ쥬[37] ᄒᆞ니 무ᄉᆞᆷ 모양이 될넌지

---

25) 위인爲人: 사람된 품

26) 향쥬向主하다: 향주. 한불자전에 따르면 1.하느님을 향하여 바라봄, 2.하느님에게로 서둘러 감, 3.하느님을 향하여 몸을 돌림 4.생각을 하느님에게로 들어 올림을 의미한다.

27) ᄂᆡᆼ담冷淡: 냉담. 1.태도나 마음씨가 동정심 없이 차가움. 2.어떤 대상에 흥미나 관심을 보이지 않음

28) 립공立功: 입공. 공을 세움

29) ᄒᆡᄐᆡ懈怠: 해태. 게으름

30) ᄀᆡ과改過: 개과. 잘못을 고침

31) 무용無用: 쓸모나 쓸데가 없음

32) ᄇᆡᆨ불여인百不猶人: 백불유인. 백이면 백 가지가 모두 남들보다 못함

33) 권면勸勉: 알아듣도록 권하고 격려하여 힘쓰게 함. 선교의 한 방법으로 냉담자들에게는 열심한 신앙인으로 생활하도록 권고하고 격려하며, 외교인들에게는 하느님의 말씀을 전하고 믿음을 권하는 것을 의미한다.

34) ᄎᆡᆨ션責善: 책선. 친구 사이에서 서로 착한 일을 하도록 권고함

35) 동심同心: 마음을 같이함. 또는 같은 마음

36) ᄎᆡᆨ녀策勵: 책려. 채찍질하여 격려함

37) ᄌᆞ긔ᄌᆞ쥬自起自主: 자기자주. 자기自起는 스스로의 힘으로 일어남이며, 자주自主는 남의 보호나 간섭을 받지 아니하고 자기 일을 스스로 처리함이다.

나의 사람됨이 본래 천주를 향하는 마음이 냉담하여
공을 세우는데 게으르고, 잘못을 고치는데 아무 쓸모가 없어
백이면 백가지가 모두 남들 보다 못한데,
이제는 더욱 타일러 격려하고 착한 일을 권하여 주던 친구도 없고
한마음으로 힘껏 격려하여 보던 서책도 없으니,
세상에는 믿을 사람이 전혀 없고 바랄 사람도 아주 없어
홀로 일어서 홀로 일을 처리하니 무슨 모양이 될는지.

만일 이 모양으로 죽게 되면 오쥬의 초ᄌᆞ[38] ㅣ되지 못ᄒᆞ고
텬당 영원 무궁셰[39] 비홀ᄃᆡ 업ᄂᆞᆫ 진복[40]을 엇지 못홀 거시니
엇지 한심 가련치 아니ᄒᆞ랴

38) 초ᄌᆞ初子: 초자. 처음으로 낳은 아들. 맏이, 첫 자녀. ㅣ는 조사로서 '초자가'라는 말이다.
39) 무궁셰無窮世: 무궁세. 끝이 없이 영원히 이어지는 세상
40) 진복眞福: 참된 복

만일 이 모양으로 죽게 되면, 우리 주의 맏 자녀가 되지 못하고,
천당 영원 끝없는 세상에 비할 데 없는 참된 복을 얻지 못할 것이니,
어찌 한심하고 가련하지 않겠는가.

살아 금셰[41] 셰복[42]도 일코 죽어 후셰의 텬복[43]도 ᄯᅩᄒᆞᆫ 일흘거시니
셰복 텬복을 냥실[44]홀 거시오
금셰 셰옥[45]을 면치 못홀 거시니 셰옥 디옥을 엇지 다 견ᄃᆡ잔 말고
목숨은 ᄉᆞ후가 날노 갓가와 오고 힝ᄉᆞᄂᆞᆫ 날노 디옥이 갓가와오니
뉘를 원ᄒᆞ며[46] 뉘를 탓 ᄒᆞ리오

41) 금셰今世: 금세. 이승
42) 셰복世福: 세복. 세상의 복
43) 텬복天福: 천복. 하늘의 복. 세상의 복은 일시적이고 헛되며, 천복은 영원하고 참된 진복이다.
44) 냥실兩失: 양실. 두 가지 모두를 잃음
45) 세옥世獄: 세옥. 세상지옥
46) 원怨ᄒᆞ며: 원망怨望하며

살아 이승에서는 세상의 복도 잃고, 죽어 후세에서는 하늘의 복도 또한 잃을 것이니,
세상 복과 하늘의 복 모두를 잃을 것이고,
이승에서는 세상 지옥을 면치 못할 것이니,

만일 령혼을 돌보지 아니코 이 모양 방탕ᄒᆞ야
회심[56] ᄒᆞ기를 밧비[57] 아니ᄒᆞ여셔ᄂᆞᆫ
밧ᄂᆞᆫ 바 다 헛 고난이오 짓ᄂᆞᆫ 바 다 ᄎᆞᆷ 죄악이며
일ᄂᆞᆫ 바 다 진복이오 엇ᄂᆞᆫ 바 다 진홸[58] 거시니
쥬의 ᄉᆞ랑ᄒᆞᄂᆞᆫ ᄌᆞ식이 되지 못ᄒᆞ고
도로혀 극ᄒᆞᆫ 원슈됨이 ᄋᆡᄃᆞᆯ올 ᄲᅮᆫ 아리라
리ᄒᆡ로 의론ᄒᆞ여도 뎡심치[59] 못ᄒᆞᆫ 연고로
비류ᄒᆞᆫ[60] 마귀의 종이 되여 독ᄒᆞᆫ ᄒᆡ로 억만년에 면치 못ᄒᆞᆯ거시니
엇지 슬겁지[61] 못ᄒᆞᆫ ᄉᆞᄅᆞᆷ이 됨을 면ᄒᆞ리오

---

56) 회심悔心: 뉘우치기
57) 밧비: '바삐'라는 말로 조금이라도 빨리 라는 뜻이다.
58) 진화眞禍: 진정한 모든 재앙과 액화
59) 뎡심靜審: 정심. 조용히 살핌
60) 비류非類: 1.같은 종류가 아님 2.사람 같지 아니한 사람
61) 슬겁다: "슬기롭다"의 옛말

만일 영혼을 돌보지 아니하고, 이 모양으로 방탕하여 뉘우치기를 빨리 아니하여서는,
받는 바 다 헛 고난이요, 짓는 바 다 참 죄악이며,
잃는 바 다 참된 복이오, 얻는 바 다 참 재앙일 것이니,
천주의 사랑하는 자식이 되지 못하고, 도리어 원수에 소속됨이 애닯을 뿐 아니라,
이로움과 해로움을 살피더라도 조용히 살피지 못한 까닭으로
사람 같지 않은 마귀의 종이 되어, 독한 해로움을 억만년에 면하지 못할 것이니
어찌 슬기롭지 못한 사람이 됨을 벗어날 수 있겠는가.

三 쪽

회죄경[62] 뜻에
츨하리 텬하 만복[63]을 다 일코 텬하 만고[64]의 다 걸일지라도
조곰도 우리 지존지션[65]ᄒᆞ신 쥬의게 죄를 엇지 아니ᄒᆞ고
이후ᄂᆞᆫ 단단이 쥬의 명을 직히기로 결단[66]ᄒᆞ고 뎡ᄒᆞ야[67]

ᄒᆞᆫ결ᄀᆞᆺ치 죄의 ᄉᆡᆼ질 ᄉᆞᆺ출 ᄇᆞ려 멀니 ᄒᆞ리니다
ᄒᆞᆫ 그 귀졀에 니ᄅᆞ러ᄂᆞᆫ 엇지 그 두렵지 아니ᄒᆞ랴

---

62) 회죄경悔罪經: 죄를 뉘우치는 기도문
천주성교공과天主聖教功課의 조과에 실려 있는 회죄경悔罪經은 다음과 같다.
천주성교공과는 1862년 목판으로 인쇄되어 1969년 가톨릭기도서가 나오기 까지 한국천주교회의 공식기도서로 사용되던 책이다.
자책에 나타난 회죄경은 천주성교공과에 실려 있는 것과 동일함으로, 회죄경은 거의 150년 동안 바뀜 없이 그 원 모양대로 사용된 듯하다.

■ 고어

대회죄경大悔罪經
지인지ᄌᆞᄒᆞ신쟈 텬디대군
보텬하ᄅᆞᆯ ᄎᆞ지ᄒᆞ신 우업ᄂᆞᆫ 진쥬여
나 즁죄인이 쥬의 내신바ㅣ라
이제 지극히 ᄀᆞᆫ졀ᄒᆞ고 만물우희 띄어나ᄂᆞᆫ 졍으로
오쥬ᄅᆞ ᄉᆞ랑ᄒᆞᆷ을 인ᄒᆞ야 졍셩으로 깁히 이젼 죵죵ᄒᆞᆫ 죄악을 늬웃쳐
출하리 텬하의 만복을 일코 텬하의 만고 밧기ᄅᆞᆯ 원ᄒᆞᆯ지언뎡
조곰도 죄ᄅᆞᆯ 우리 지극히 놉흐시고 어지신 쥬ᄭᅴ 엇음을 원치 아니ᄒᆞᄂᆞ니
이후로ᄂᆞᆫ 뜻을 뎡ᄒᆞ야 쥬의 명을 굿이 직희여
일졀 죄에 빠지오ᄂᆞᆫ 끗출 ᄇᆞ리고 멀니ᄒᆞ야
죽기에 니ᄅᆞ도록 감히 다시 범치 말녀 ᄒᆞᄂᆞ이다
감히 ᄇᆞ라ᄂᆞ니 우리 뎐쥬ᄂᆞᆫ
네 아ᄃᆞᆯ 예수의 우리 죄인을 위ᄒᆞ야 감심으로 난을 밧으시고
우리 즁ᄒᆞᆫ 죄ᄅᆞᆯ 구쇽ᄒᆞ심을 ᄉᆡᆼ각ᄒᆞ샤
내빏을 윤허ᄒᆞ야
내죄ᄅᆞᆯ 온젼이 샤ᄒᆞ시고
나ᄅᆞᆯ도아 규계ᄅᆞᆯ ᄒᆞᆼ샹 직회게 ᄒᆞ샤
죽은 후에 무한ᄒᆞᆫ 진복을 누리게 ᄒᆞ쇼셔 아멘

■ 현대어

대회죄경大悔罪經
지인至仁 지자至慈 하신 자, 천지 대군大君
보천하普天下를 차지此地하신 위位 없는 진주眞主여,
나 중죄인重罪人이 주의 내신 바라.

이제 지극地極히 간절懇切하고 만물萬物 위에 뛰어나는 정으로
오주를 사랑함을 인하여
정성精誠으로 깊이 이전 종종한 죄악罪惡을 뉘우쳐
차라리 천하의 만복萬福을 잃고
천하의 만고萬苦 받기를 원願할지언정
조금도 죄를 우리 지극히 높으시고
어지신 주께 얻음을 원치 아니하오니 이후로는 뜻을 정하여
주의 명命을 굳이 지키어
일체一切 죄에 빠지오는 끝을 버리고 멀리하여
죽기에 이르도록 감히 다시 범犯치 말려 하나이다
감히 바라오니
우리 천주天主은 네 아들 예수의 우리 죄인을 위하여
감심甘心으로 난難을 받으시고
우리 중重한 죄를 구속救贖하심을 생각하사
내 빎을 윤허允許하여 내 죄를 온전溫全히 사赦하시고
나를 도와 규계規戒을 항상恒常 지키게 하사
죽은 후에 무한無限한 진복眞福을 누리게 하소서 아멘

63) 천하만복天下萬福: 온 세상의 모든 복
64) 천하만고天下萬苦: 온세상의 모든 고난
65) 지존지션至尊至善: 지존지선. 지극히 높고 지극히 선함
66) 결단決斷: 결정적인 판단을 하거나 단정을 내림.
67) 뎡ᄒᆞ다定ᄒᆞ다: 정定하다. 뜻을 세워 굳히다.

회죄경에 쓰여 있는
"차라리 온 세상의 모든 복을 다 잃고, 온 세상의 모든 고난을 다 받을지라도
조금도 우리의 지극히 높고 선하신 주에게 죄를 얻지 아니하고,
이 후는 단단히 주의 가르침을 지키기로 결심하고 그 뜻을 세워 굳혀서
한 결 같이 죄에 빠질 마지막 까지를 버려 죄를 멀리 할 것이다."
라고 한 그 구절에 이르면 어찌 두렵지 아니하겠는가.

오쥬 예수ᄂᆞᆫ 지존지귀[68]ᄒᆞ시고 허물이 업ᄉᆞ시ᄃᆡ
ᄂᆞᆷ의 남으ᄅᆞᆷ과 비소ᄒᆞᆷ[69]과 업수이 넉임과 욕ᄒᆞᆷ을 감슈[70]ᄒᆞ야 계시거ᄂᆞᆯ
나ᄂᆞᆫ 지미지쳔[71]ᄒᆞᆫ 즁에 죄악이 심ᄒᆞ고 과실이 즁쳡[72]ᄒᆞ니
맛당이 ᄂᆞᆷ의 남으ᄅᆞᆷ과 비방ᄒᆞᆷ을 밧음즉 ᄒᆞᆫ지라
무어ᄉᆞᆯ ᄎᆞᆷ기 어려워ᄒᆞᄂᆞ뇨

---

68) 지존지귀至尊至貴: 지존지귀. 지극히 높고, 지극히 귀하심
69) 비소誹笑ᄒᆞᆷ: 비웃음
70) 감슈甘受: 감수. 달게 받음
71) 지미지쳔至微至賤: 지미지천. 지극히 작고 지극히 천함
72) 즁쳡重疊: 중첩. 거듭 겹치거나 포개어짐

우리 주 예수는 지극히 높고 지극히 귀하시고 허물이 없으시나,
남의 나무람과 비웃음과 업신여김과 욕함을 달게 받고 계시거늘,
나는 지극히 작고 천한 중에, 죄악이 심하고 잘못이 첩첩하니
당연히 남의 나무람과 비방함을 받음직 한지라 무엇을 참기 어려워하느냐?

능모[73]줄 욕이 니ᄅᆞ거든 평화ᄒᆞᆫ 안ᄉᆡᆨ으로 고ᄀᆡ를 슈기고
감사쥬은[74]ᄒᆞ야 ᄃᆞᆯ게 밧으라 ᄒᆡ롭지 아니ᄒᆞ리라
이러ᄒᆞ면 엇지 이 고로온 즁에도 락[75]이 나지 아니ᄒᆞ랴

---

73) 능모陵侮: 오만傲慢한 태도態度로 남을 업신여기고 깔봄. 능멸
74) 감사쥬은感謝主恩: 감사주은. 주의 은혜에 감사함
75) 락樂: 낙. 즐거움

업신여기고 깔보는 욕이 나에게 이르거든 평화로운 얼굴로 고개를 숙이고
주의 은혜에 감사하여 달게 받으라. 해롭지 아니할 것이다.
이러하면 어찌 이 괴로운 중에도 즐거움이 생겨나지 아니하겠는가.

셰복의 만금[76] ᄌᆡ산 ᄌᆡ물이 도적이나 무셥거니와
예수의 표양과 셩모의 덕ᄒᆡᆼ으로 모효[77]ᄒᆞ야
고난과 모욕을 인내ᄒᆞ면 그 굿은 덕을 뉘 앗슬[78] 쟈ㅣ 잇시리오
내 입으로 발명치[79] 아니ᄒᆞ여도 쥬ㅣ 알으시ᄂᆞ니라
다 ᄌᆞ긔 본분[80]이오 ᄌᆞ긔 리익이니 뉘 알니라 四 쪽

76) 만금萬金: 많은 돈
77) 모효模效: 본받음
78) 앗다: 빼앗거나 가로채다.
79) 발명發明: 죄나 잘못 따위가 없음을 말하여 밝힘. 변명
80) 본분本分: 마땅히 행하여야 할 직분

세상의 복인 많은 재산과 재물이 도적이나 무섭거니와
예수님을 본보기로 삼고 성모님의 덕행으로 본받아
고난과 모욕을 참고 견디면, 그 굳은 덕을 빼앗을 자 누가 있겠는가?
내 입으로 변명하여 밝히지 아니하여도 주께서 이미 아시느니라.
다 자기가 마땅히 행하여야할 직분이고 자기 이익이니 다른 누가 알겠는가?

ᄆᆡ양[81] 아니코져 ᄒᆞᄂᆞᆫ 이런 줄 ᄉᆡ지 알겟지마ᄂᆞᆫ
힝키ᄂᆞᆫ 극난ᄒᆞ니 엇짐인고
다름 아니라 죄가 만하 쥬의 춍[82]이 업슴이오
ᄌᆞ긔 힘써 아닛ᄂᆞᆫ 연고ㅣ니 다 ᄌᆞ긔 ᄐᆞᆺ시로다
ᄃᆡᄒᆞᄂᆞᆫ 사ᄅᆞᆷ이 ᄒᆞ나토 덕ᄒᆡᆼ[83]의 말은 업고 ᄒᆞᄂᆞᆫ거시 다 샹언ᄑᆡ담[84]이라
ᄀᆞᆺ둑 견고치 못ᄒᆞᆫ ᄆᆞᄋᆞᆷ이 엇지 그ᄅᆞᆺ되지[85] 아니리오

81) ᄆᆡ양每樣: 매양. 번번이, 매 때마다, 매번, 항상恒常 그 모양模樣으로
82) 춍寵: 총. 성총 혹은 은총을 말함이다. 하느님께서 공으로 주시는 은혜이며, 우리 구원에 없어서는 안 되는 하느님의 도우심이다.
83) 덕ᄒᆡᆼ德行: 덕행. 어질고 너그러운 행실

84) 샹언ᄑᆡ담詳言悖談: 상언패담. 상언詳言은 막되고 천하거나 점잖지 못하다는 뜻이나, 거짓말을 의미한다.

詳은 자세할 상, 거짓 양으로 읽히며, 상언詳言의 詳은 자세할 '상'이며 상언은 자세仔細히 말함을 의미한다. 거짓말이라고 할 때는 양언詳言이라고 읽어야 하며, 이때는 양언佯言과 같은 의미이다.

패담悖談은 사리에 어긋나게 말함 또는 그런 말을 뜻한다.

85) 그ᄅᆞᆺ되지: 그릇되지. 잘못되지

번번히 아니하고자 하는, 이런 줄까지 알겠지마는
실행하기는 극히 어려우니 어찌된 일인고.
다름 아니라 죄가 많아 주의 은총이 없음이고,
자신이 힘써 아니한 까닭이니, 다 자기 탓이로다.
대하는 사람이 하나도 덕행의 말은 없고,
하는 것이 모두 다 거짓말과 사리에 어긋나는 말이라.
가뜩이나 견고하지 못한 마음이 어찌 그릇되지 아니하겠는가.

이곳에 오던 초년의ᄂᆞᆫ 일분[86] 량심이 망치[87] 아얏더니
이제ᄂᆞᆫ 몹시 그ᄅᆞᆺ되여 음담ᄑᆡ셜[88]은 도로혀 깃버 ᄒᆞ다가
졈졈 무드러 입으로 그런말 ᄒᆞ기를
속인[89]의겨 지지 아니ᄒᆞ니 이 무슴 일이뇨
나의 ᄒᆡᆼ위를 ᄉᆡᆼ각건ᄃᆡ 속인도 적이[90] ᄒᆡᆼ실[91] 잇ᄂᆞᆫ쟈ᄂᆞᆫ ᄒᆞ지 아닐 버ᄅᆞᆺ슐
쥬를 아ᄂᆞᆫ 인ᄉᆞㅣ[92] 츰 아니ᄒᆞ니 가히 한심코 쉽지 아니ᄒᆞ랴

---

86) 일분一分: 사소한 부분, 또는 아주 적은 양

87) 망亡치: 잃어버리지는

88) 음담ᄑᆡ셜淫談悖說: 음담패설. 음탕淫蕩한 이야기와 도리道理에 벗어나는 상스러운 말

89) 속인俗人: 믿음이 없는 뭇사람을 의미한다.

90) 적이: 꽤, 어지간한 정도로

91) ᄒᆡᆼ실行實: 행실 1. 실지로 드러난 행동行動. 2. 행동行動에 드러나는 품행品行

92) 인ᄉᆞㅣ: '인사人事, 人士'가'라는 말로, 인사人事는 사람들 사이에 지켜야 할 예의로 간주되는 것이며 인사人士는 일정한 지위나 경륜을 갖추고 어떤 분야에서 능동적인 역할을 하는 사람을 뜻한다. 여기서는 후자의 의미이다.

이곳에 오던 초년에는 그래도 아주 적은 양심을 잃어버리지는 아니하였으나,
이제는 몹시 잘못되어 음담패설을 하기는 도리어 기뻐하다가,
점점 물들어 입으로 그런 말하기를 믿음 없는 뭇사람에게도 지지 아니하니,
이 무슨 일이뇨?
나의 행위를 생각하여 보건데,
믿음 없는 뭇사람이라도 어지간히 행실이 있는 사람은 하지 않을 버릇을
주를 아는 사람은 참으로 아니하니,
(나의 행위를 생각하여 보건데) 가히 한심하고 서럽지 아니하랴?

조과경[93]의 말ᄉᆞᆷᄒᆞ시ᄃᆡ
음난ᄒᆞᆫ 소ᄅᆡ듯지 말며 사특ᄒᆞᆫ[94] 빗ᄎᆞᆯ 보지 말며
례 아닌 말을 닐ᄋᆞ지[95] 말며 의 아닌 물건을 취치말며
례 아닌 ᄡᅡ홈 ᄇᆞᆲ지 말며
ᄆᆞ음에 망년[96]된 ᄉᆡᆼ각을 씃의 망년된 움즉임을 말고
오직 날노 ᄒᆞ여곰 쥬를 ᄉᆡᆼ각ᄒᆞ고 쥬를 ᄉᆞ랑ᄒᆞ야
죽기에 니ᄅᆞ히 공경ᄒᆞ야[97] 규계[98] 좃게[99] ᄒᆞ여 주옵소셔 五 쪽
ᄒᆞᆫ 귀절[100]을 무ᄉᆞᆷ 씃으로 외왓ᄂᆞ냐

93) 조과경早課經: 아침 기도문. 조과早課: '아침기도'의 전용어.
94) 사특邪慝: 요사스럽고 간사하며 악독함
95) 니르다: 이르다의 옛말. 모음으로 시작하는 어미 앞에서는 '닐-'로 나타난다. 이르다는 '무엇이라고 말하다.'를 의미한다.
96) 망년妄靈: 망녕. 망령의 잘못. 망령은 늙거나 정신이 흐려져서 말과 행동이 정상正常에서 어그러지는 상태를 말한다.
97) 공경恭敬: 공손히 받들어 모심
98) 규계規誡: 신자가 올바른 삶을 살기위해 지켜야 할 규정과 계명.
규계規戒: 바르게 경계함.
의미상 두 용어가 다 가능하나 규계規誡의 의미가 더 정확할 것으로 생각된다.
99) 좃다: 쫓다(어떤 대상을 잡거나 만나기 위하여 뒤를 급히 따르다)'의 옛말
100) 귀절句節: 구절의 잘못

아침 기도문에 말씀하시되,
“음란한 소리를 듣지 말며, 못되고 악한 빛을 보지 말며,
예가 아닌 말을 하지 말며, 의가 아닌 물건을 취하지 말며,
예가 아닌 땅을 밟지 말며,
마음에 망령된 생각을 말며, 뜻에 망령된 움직임을 말고,
오직 나로 하여금 주를 생각하고 주를 사랑하여
죽기에 이르도록 공손히 받들어 모셔, 주의 계명만을 따르게 하여 주옵소서”
라고 한 구절을 무슨 뜻으로 외웠느냐?

미천ᄒᆞᆫ 사ᄅᆞᆷ을 ᄃᆡᄒᆞ여도 거즛 말노 엇고져 ᄒᆞᄂᆞᆫ 말을 쳥치 못ᄒᆞ거든
ᄒᆞ물며 지존지귀ᄒᆞ신 쥬를 향ᄒᆞ야 헛말노 구ᄒᆞᄂᆞᆫ 바를 엇을소냐

미천한 사람을 대하여도 거짓말로 얻고자 하는 말을 청하지 못하거든,
하물며 지극히 높고 지극히 귀하신 주를 향하여 헛말로 구하는 바를 얻을 소냐?

의복과 음식은 육신을 기ᄅᆞᄂᆞᆫ ᄌᆡ료요
덕힝과 션공은 령혼을 기ᄅᆞᄂᆞᆫ 량식이니
이 ᄒᆞ로 두세 번을 음식을 먹지 못ᄒᆞ면 육신이 주릴거시오
조만경과[101]를 궐ᄒᆞ면[102] 령혼이 실시[103] ᄒᆞᆷ이니
육신이 오날 아ᄎᆞᆷ 굴무면 져녁에 비록 두 그ᄅᆞᆺ 밥을 먹어도
ᄒᆞᆫᄣᅢ에 두 그ᄅᆞᆺ슬 먹엇지 아ᄎᆞᆷ에ᄂᆞᆫ 굴멋고
령혼이 실시ᄒᆞ고 그 후에 경문[104]을 외와 보속[105]을 ᄒᆞ여도
그 ᄣᅢ 실시ᄂᆞᆫ 되엿ᄂᆞᆫ지라 엇지 앗갑지 아니ᄒᆞ리오

---

101) 조만과早晚課: 아침기도와 저녁 기도를 통칭하여 부르는 말. 조과早課는 아침 기도, 만과晚課는 저녁 기도이다.

102) 궐闕ᄒᆞ면: 마땅히 해야 할 일을 빠뜨리면

103) 실시先時: 때를 놓침

104) 경문經文: 한불자전에 의하면 1.기도 2.기도문 3.기도서를 의미한다.

105) 보속補贖:

넓은 의미로는 끼친 손해의 배상을 뜻한다. 교회용어로서는 속죄贖罪(저지른 죄나 과오를 씻음)라고도 말할 수 있는데, 이는 사람이 지은 죄를 적당한 방법으로 보상하거나 값을 치르는 것을 말하며, 혹은 죄로 인한 나쁜 결과를 보상하는 일을 말함이다. 결국 보속이란 고해성사로 사함을 받은 죄에 해당하는 벌, 즉 죄 때문에 받게 되는 하느님의 벌을 의미한다.

한불자전에 의하면 보속은 1.벌 2.성사로 행하는 속죄 를 의미하며, 보속하다는 1.속죄하다 2.대가를 치르다 로 풀이하였다.

보속은 전前 죄를 징계하는 벌이요, 영혼의 허약함을 치료하여 후에 범죄함을 면케 하는 약이다.

보속은 천주 정하신 것과 신부 벌하시는 두 가지가 있다. 천주 정하신 보속은 내 탓으로 남에게 끼쳐준 모든 손해를 기워 갚음이니, 고해를 하기 전에 함이 타당하다. 신부 벌하시는 보속은 경문이나 다른 선공과 고행이니 고해 후에 할 것이다. (상해천주교요리(하), 윤형중, 가톨릭출판사 1998. 190-196쪽)

의복과 음식은 육신을 기르는 재료요, 덕행과 선공은 영혼을 기르는 양식이니,
이 하루 두세 번의 음식을 먹지 못하면 육신이 굶주릴 것이고
아침 기도와 저녁 기도를 빠뜨리면 영혼이 때를 놓치는 것이니,
육신이 오늘 아침에 굶으면 저녁에 비록 두 그릇 밥을 먹어도
한때에 두 그릇을 먹었지, 아침에는 굶었고,
영혼이 때를 놓치고 그 후에 기도를 바쳐 속죄를 하여도
그때 이미 때를 놓치게 되었는지라, 어찌 아깝지 아니하리요?

조궐[106] ᄒᆞ야 실시를 앗닛ᄂᆞᆫ테ᄂᆞᆫ ᄒᆞ엿시나
안자 ᄀᆡᆨ담[107] 탕소[108] ᄂᆞᆫ ᄇᆞᄌᆞ런이 ᄒᆞ여도
조만종경[109]의 니ᄅᆞ러ᄂᆞᆫ 유유 홀홀이[110] ᄆᆞᄋᆞᆷ 업시ᄒᆞ야
일분[111] 량심을 속이지 못ᄒᆞ야 겨유 궐ᄒᆞ엿다 말만 면케ᄒᆞ고
ᄆᆞᆺ잇게 ᄌᆞ미로이 쥬모의 인ᄌᆞ로
감동ᄒᆞ시도록 ᄒᆞ여 보지 못ᄒᆞ엿시니
이러ᄒᆞ고도 쥬로 더브러 말ᄉᆞᆷᄒᆞᆷ이 되랴

106) 조궐朝闕: 아침에 마땅히 해야 할 일을 빠뜨림

107) 긱담客談: 객담. 쓸데없는 객쩍은 말. 실없이 하는 말. 객설客說
객쩍다: 행동이나 말, 생각이 쓸데없고 싱겁다.

108) 탕소宕笑: 호탕하게 웃음

109) 조만종경早晩誦經: 조만송경. 아침 저녁 소리 내어 기도문을 외움
송경誦經하다: 한불자전에 의하면 기도문을 암송(暗誦 글을 소리 내어 외움)함을 의미한다.

110) 유유홀홀悠悠忽忽: 한가롭고, 대수롭지 않음
유유悠悠는 한가한 모양을 말하며, 忽忽홀홀히는 별로 대수롭지 아니하게 라는 의미이다.

111) 일분一分: 아주 적은 양

아침에 마땅히 해야 할 일을 빠뜨리고 때를 놓치지 아니한 체는 하였으나,
앉아 쓸데없는 말과 호탕하게 웃기는 부지런히 하여도
아침 저녁 기도를 바치기는 한가롭고 대수롭지 않게 마음 없이 하여,
아주 적은 양심을 속이지 못하여 겨우 빠뜨렸다는 말만 면하게 하고,
맛있게 재미로이 천주와 성모의 인자로 감동하시도록 하여 보지 못하였으니,
이러하고도 주님과 더불어 말씀함이 되랴.

쓸ᄃᆡ 없ᄉᆞᆫ 말과 죄 되ᄂᆞᆫ ᄉᆡᆼ각은 ᄇᆞ려 일삼아 ᄇᆞᄌᆞ런이 맛잇게 ᄒᆞ고 六 쪽
유익ᄒᆞ고 공되며 덕되ᄂᆞᆫ 염경[112]에ᄂᆞᆫ 어셔 밧비 ᄒᆞ고
무ᄉᆞᆷ 큰일이나 닛ᄂᆞᆫᄃᆞ시 입만 놀녀 맛업시 지내치니
이러ᄒᆞ고도 실시ᄒᆞᆷ이 아니라 ᄒᆞ랴

112) 염경念經: 경문(기도문)을 정성되게 입으로 소리 내어 바치는 것을 말하며 이는 사사로이 하거나 여럿이 모여 하는 것이다.
한불자전에 의하면 1.소리를 내서 하는 기도들 2.기도문을 암송함 3.기도함 4.성무일도를 바침 을 의미한다.

쓸데없는 말과 죄 되는 생각은 부러 일삼아 부지런히 맛있게 하고,
유익하고 공되며 덕 되는 기도를 바침에는 어서 바삐하고,
무슨 큰일이나 있는 듯이 입만 놀려 맛없이 지나치니,
이렇게 하고도 때를 놓치지 아니하였다 하겠는가.

텬쥬ᄂᆞᆫ 지존지귀 ᄒᆞ시고 우리 사ᄅᆞᆷ은 지비지쳔[113] ᄒᆞᆫᄃᆡ
령혼을 슈직ᄒᆞ야[114] 조촐케[115] ᄒᆞ면 오쥬ㅣ강림[116]ᄒᆞ시ᄂᆞ니
셰샹 존ᄀᆡᆨ[117]이 내집의 류케ᄒᆞ려 ᄒᆞ여도 고흔 자리의 불이나 ᄇᆞᆰ히고
쇄소[118]를 극진이 ᄒᆞ여야 즐겨 머무나니
지존지귀ᄒᆞ신 쥬를 뫼시려 ᄒᆞ면
내 령혼을 조촐케 ᄒᆞ여야 즐겨 강림 ᄒᆞ시려이와
만일 ᄉᆞ욕[119]과 편정[120]과 잡렴을 ᄎᆡ와 령혼을 더러엿시면
엇지 더러이 넉이샤 밧비 써나지 아니시랴

113) 지비지쳔至卑至賤: 지비지천. 지극히 낮고, 천함
114) 수직守直: 맡아서 곧게 지킴
115) 조촐澡擦: 조찰. 깨끗하게 함이라는 뜻으로, 죄를 씻고 닦음을 의미한다.
조촐케: 깨끗하게, 순수하게, 정결하게
116) 강림降臨: 내려오심(높임말)
117) 존ᄀᆡᆨ尊客: 존객. 존귀한 손님
118) 쇄소灑掃: 물 뿌리고 비로 쓸음
119) ᄉᆞ욕邪慾: 사욕. 바르지 못한 잘못된 욕망
120) 편정偏情: 감정이나 정에 치우침. 감정에 편중됨
사욕편정: 그릇된 욕망과 감정에 치우쳐 자제력을 잃고 행하는 불의, 편파적인 짓 또는 그러한 생각이나 습관 따위를 지칭한다(정종득 역 천당직로 26쪽). 한불자전에 따르면 바른 도리에 어긋나는 온갖 정욕, 음욕, 방종 따위를 이른다.

천주는 지극히 높고 귀하시고 우리사람은 지극히 낮고 천한데
영혼을 곧게 지켜 깨끗하게 하면 우리 주 내려오시느니,
세상의 귀한 손님을 내 집에 머무르게 하려 하여도,

고운 자리에 불 밝히고, 물 뿌리고, 비로 쓸어 극진히 하여야 즐겨 머무나니,
지극히 높고 귀하신 주님을 모시려 하면,
내 영혼을 깨끗하게 하여야 즐겨 내려오시려니와,
만일 사욕과 편정과 잡념을 채워 영혼을 더렵혔으면,
어찌 더럽게 여기시어 빨리 떠나지 않으시겠는가.

령혼이 결정ᄒᆞ야[121] 쥬ㅣ강림ᄒᆞ샤 총광[122]을 일치 아니면
ᄌᆞ연 션공[123]의 부ᄌᆞ런ᄒᆞ고 스ᄉᆞ로 락이 나려니와
령흔이 오예ᄒᆞ야[124] 쥬ㅣ ᄯᅥ나샤 총광을 일흐면
더러온 ᄒᆡᆼ실의 ᄆᆞ음과 악ᄒᆞᆫ ᄒᆡᆼ실의 근본 되리니
마귀의 ᄒᆡ 날노 심ᄒᆞ리라

121) 결정潔淨: 깨끗하고 말끔함
122) 총광寵光: 은총이나 총애를 받는 영광
123) 션공善功: 선공. 좋은 결과를 낳은 공덕
착한 일을 많이 하는 것을 말하지만 종교적으로 선행, 선업, 신앙심의 노력이나 업적을 뜻한다.
결국 선공이란 말은 존경할만한 행동 또는 찬양할만한 업적을 뜻하는 것이다(천주교 용어사전, 최형락, 도서출판 작은예수. 1995. 249-250쪽).
선공善工이라 하는 것은 '착한 일을 함이니 덕행의 모든 행실 이니라' 라고 풀이되어 있다(천주교요리(3권), 최루수 편찬, 경성부 명치정 천주당발행, 1925년).
124) 오예汚穢: 지저분하고 더러움

영혼이 맑고 깨끗하여 주님께서 강림하시고 총광을 잃지 않으면,
자연히 착한 일을 함에 부지런하고 스스로 즐거움이 생기려니와
영혼이 지저분하고 더러워 주님께서 떠나시어 총광을 잃으면
더러운 행실의 마음과 악한 행실의 근본이 되리니 마귀의 해 날로 심하리라

놉흔 하날이고 두터온 싸희셔

오곡 ᄇᆡᆨ과[125]의 가지가지 맛잇ᄂᆞᆫ 음식을 먹고 살아셔 七 쪽

ᄉᆡᆼ양 구속[126] ᄒᆞ신 홍은[127]을 니ᄌᆞᆯ ᄲᅮᆫ 아니라

도로혀 죄로써 은혜를 갑흐려 ᄒᆞ니

이러코도 일후[128]의 엇지 의노[128]를 당ᄒᆞ며 엄벌을 면ᄒᆞ리오

---

125) 오곡 ᄇᆡᆨ과五穀百果: 오곡백과. 온갖 곡식穀食과 과일

126) ᄉᆡᆼ양구속生養救贖: 생양구속. 나아 기르고 대속하여 구원해 주심

구속救贖, 강생구속降生救贖을 줄여서 구속救贖이라고 한다.

구속은 예수 그리스도께서 십자가상의 희생을 통해 인류를 죄악으로부터 건져내어 하느님의 은총 속에 있게 하려는 섭리적 행위를 의미한다. 한불자전의 풀이에 따르면, 구속은 1.구원하여 죄를 없애줌, 2.해방함, 3.풀어줌을 의미한다.

강생구속은 가톨릭의 4대 교리중의 하나로 하느님께서 사람이 되시어 인간이 지은 모든 죄를 대신하여 당신 자신을 하느님 아버지께 희생재물로 바침으로서 이 세상을 구원하심을 말한다. 즉 예수께서 십자가에 못 박혀 인류의 죄를 대속하여 구원함 이다(천주교 용어사전, 최형락, 도서출판 작은예수, 1995. 56쪽).

127) 홍은鴻恩: 큰 은혜

128) 일후日後: 뒷날

129) 의노義怒: 의로운 분노나 노함. 한국 천주교의 용어로 하느님은 지극히 공평하고 의로우신 분이므로 하느님의 분노를 의노라고 한다.

높은 하늘과 두터운 땅에서

온갖 곡식과 과일의 가지가지 맛있는 음식을 먹고 살아서,

나아 기르고 대신 속죄하여 구원해 주신 주님의 큰 은혜를 잊을 뿐 아니라,

도리어 죄로서 은혜를 갚으려 하니 이러하고도 뒷날에

어찌 주님의 분노를 당하여 엄벌을 면할 수 있으리오.

육신 가진 사ᄅᆞᆷ이 되여 이 고셰[130]에 잇셔 아조 죄과[131] 업기ᄂᆞᆫ 쉽지 못ᄒᆞ매

그런고로 경셰금셔[132]쥬 후의 ᄀᆞᆯᄋᆞ샤ᄃᆡ

텬신[133]은 조촐ᄒᆞᆫ 하ᄂᆞᆯ에셔 써러지고

원조[134]ᄂᆞᆫ 복된 디경에 잇셔도 너머졋시니

너희ᄂᆞᆫ 삼구[135] 및 더러온 셰상에 거ᄒᆞ야 엇지 ᄒᆡᆼ일ᄒᆞᆷ이[136] 날 ᄀᆞᆺᄒᆞ리오

130) 고셰古世: 고세. 고통스러운 세상

131) 죄과罪過: 죄가 될 만한 허물

132) 경셰금셔輕世金書: 경세금서
중국에서 활동하던 예수회 선교사 디아즈(Diaz 陽瑪諾 양마락)가 번역한 신심서로서 1640년 북경에서 2권으로 간행되었다.
원본은 Thomas A Kempis(1380-1471)가 라틴어로 저술한 "그리스도를 본받음(준주성범 Imitatio Christi)" 4권으로 경세금서는 그 중 1, 3권만을 번역한 것이다.

133) 텬신天神: 천신. 천사

134) 원조元祖: 아담과 하와

135) 삼구三仇: 세 가지 원수. 세상, 육체, 악마

136) ᄒᆡᆼ일恒一: 항일. 한결 같음

육신을 가진 사람이 되어
이 고통스러운 세상에 있어 아주 죄가 없기는 쉽지 못함으로,
그런고로 경세금서輕世金書 주후에 말씀하시기를
천사는 깨끗한 하늘에서 떨어지고 사람의 원조는 복된 지경에 있어도 넘어졌으니
너희는 세 가지 원수 아래 더러운 세상에 머물러 있으니
어찌 한결 같음이 나와 같겠느냐.

다만 불힝이 죄를 범ᄒᆞ고도 통회뎡ᄀᆡ[137] ᄒᆞᆷ이 업슴이 익들다 ᄒᆞ엿시니
육신의 ᄯᅢᄂᆞᆫ 물노 씻고 령혼의 죄ᄂᆞᆫ 통회로 씻ᄂᆞ니
죄를 짓고 통회의 눈물이 업ᄉᆞ면 무어ᄉᆞ로 ᄭᅳ리오[138]

137) 통회뎡ᄀᆡ痛悔定改: 통회정개. 자신의 잘못을 몹시 뉘우쳐 다시는 죄를 짓지 않기로 결심함
통회痛悔: 자신이 범한 죄를 몹시 뉘우치고 슬퍼함
정개定改: 다시 죄를 짓지 아니하기로 결심하는 일

138) ᄭᅳ다: 빚이나 급한 일 따위를 해결하다.

다만 불행히 죄를 범하고도,
잘못을 뉘우치고 다시는 죄를 짓지 않기로 결심함이 없는 것이 애닯다 하였으니
육신의 때는 물로 씻고, 영혼의 죄는 뉘우침으로 씻는다 하였으니
죄를 짓고 뉘우침의 눈물이 없으면 무엇으로 끄리오?

죄를 범ᄒᆞᆫ즉 쥬 춍이 업서지고 진졀[139] 통회를 졸연이[140] 엇기 어려오니
ᄒᆞᆫ번 머리를 ᄯᅡ희 ᄃᆡ히고 ᄒᆞᆫ번 가ᄉᆞᆷ을 두ᄃᆞ리며 아 죄 아 죄고야
대죄라 ᄒᆞᆫ들 죄를 지어 쥬모의 셩심을 샹ᄒᆡ온 줄
이 ᄆᆞᄋᆞᆷ의 압흐지 아니면 무ᄉᆞᆷ 통회되며
통회 진졀치 아니면 엇지 ᄃᆞᆫᄃᆞᆫᄒᆞᆫ 뎡ᄀᆡ[141]의 ᄆᆞᄋᆞᆷ을 엇으리오

---

139) 진졀眞切: 참되고 간절함
140) 졸연卒然: 갑작스럽게
141) 뎡ᄀᆡ定改: 정개. 다시 죄를 짓지 아니하고, 또한 범죄할 기회를 피하기로 결심함 정개가 없으면 참 통회가 없음이니 사죄함을 얻지 못한다(상해천주교요리(하), 윤형중, 가톨릭출판사 1998. 155-156쪽).

죄를 범한즉 주님의 은총이 없어지고,
참되고 간절한 뉘우침을 갑작스레 얻기는 어려우니
한 번 머리를 땅에 대고, 한 번 가슴을 두드리며 아! 죄, 아! 죄 하는구나.
대죄라 하나 죄를 지어 천주와 성모의 성심을 상하게 하고,
이 마음에 아프지 아니하면 무슨 진정한 뉘우침이 되며,
뉘우침이 참되고 간절하지 아니하면 어찌 단단한 정개의 마음을 얻으리오.

죄를 법코 다시 범ᄒᆞ기ᄂᆞᆫ 다ᄅᆞᆷ이 아니라 八 쪽
범죄ᄒᆞᆯ 연유[142]와 긔회를 바리지 못ᄒᆞ야
연고[143] 앗겨 ᄆᆞᄋᆞᆷ ᄒᆞᆫ구역에 둠을 말ᄆᆡ암이니

만일 줄기로[144] 뎡심ᄒᆞ면[145] 무숨 두 번 범죄ᄒᆞᆯ 지경에 니ᄅᆞ리오

142) 연유緣由: 동기, 까닭, 사유
143) 연고緣故: 까닭, 합당한 사유
144) 줄기로: 원문의 '줄'은 '죽'의 오기誤記로 보인다.
145) 뎡심定心: 정심. 마음을 정함

죄를 범하고 다시 범하는 것은 다름이 아니라
죄를 범할 동기와 기회를 버리지 못하여
그 까닭을 아껴 마음 한 구석에 둠으로 말미암음이니,
만일 죽기로 마음을 정하면 무슨 두 번 죄를 범할 지경에 이르리오.

고셩[146]도 살기ᄂᆞᆫ 됴화ᄒᆞ고 죽기ᄂᆞᆫ 날과 ᄀᆞᆺ치 슬희여ᄒᆞ련마ᄂᆞᆫ
죄의 해 깁흔 줄을 ᄇᆞᆰ이 알으신 고로 죽기로써 밧고앗ᄂᆞ니
나ᄂᆞᆫ 엇지 죽을 ᄆᆞᄋᆞᆷ이 업시 덕을 무어ᄉᆞ로 조ᄎᆞ 일우고져 ᄒᆞᄂᆞ뇨

146) 고셩古聖: 고성. 옛 성인

옛 성인도 살기는 좋아하고 죽기는 나와 같이 싫어하련마는,
죄의 해로움이 깊은 줄을 밝히 아신 고로 죽기로서 바꾸었으니,
나는 어찌 죽을 마음도 없이 덕을 무엇으로 부터 이루고자 하느뇨?

통회 두가지[147] 잇ᄉᆞ니,
텬당 영복[148]을 일코 디옥 영고를 면치 못ᄒᆞᆯ가 두려ᄒᆞ야
범죄ᄒᆞᆫ줄 셜워 눈물이 흐ᄅᆞ고 섀가 앏하ᄒᆞ면
닐ᄋᆞᆫ바 하등통회니 이난 ᄌᆞ긔 신세를 위ᄒᆞ야 나ᄂᆞᆫ 통회요

147) 통회痛悔는 뉘우침이니 상등통회上等痛悔와 하등통회下等痛悔 두 가지가 있다.

상등통회는 천주 사랑하는 마음으로 죄를 뉘우침이니, 내 죄로 인하여 만유 위에 사랑하여야 할 지선至善하신 천주께 욕되게 한 것을 생각하고 아파함이다. 하등통회는 자기를 위하여 죄를 뉘우침이니 내 죄의 추루함과 지옥벌을 받고 천당복을 잃게 된 것을 생각하고 아파함이다.(상해천주교요리(하), 윤형중, 가톨릭출판사, 1998. 150-153쪽)

하등통회는 그 뉘우침이 범죄로 인해 남에게 준 상처와는 전혀 관계없이, 오직 자신이 그 죄로 말미암아 벌을 받을까 무서워하는 뉘우침이다. 반면 상등통회는 자신이 벌 받는 것보다 상대방을 위주로, 상대방에게 마음의 상처를 준 것에 대한 아픔에서 나오는 뉘우침을 말한다. 즉 하느님 앞에서 지옥불이나 연옥불이 무서워하는 참회는 하등통회요, 하느님의 선성善性에 누를 끼친 것에 대해서 참회하는 것이 상등통회다.(천주교 용어사전, 최형락, 도서출판 작은예수, 1995.)

한불자전에 의하면 하등통회는 불완전한 회개, 낮은 등급의 회개를, 상등통회는 완전한 회개를 의미한다.

148) 영복永福: 한불자전에는 1.하늘에서 성인들의 영광스러운 찬미 2.영원한 행복으로 풀이되어 있다. 이는 천국에 들어가 끝없는 행복을 누림을 말한다(천당영복 天堂永福). 이에 상대되는 말로 지옥영고(地獄永苦: 지옥의 끝없이 계속되는 고통)가 있다.

통회는 두 가지가 있으니,
천당의 영원한 행복을 잃고, 지옥의 영원한 고통을 면치 못할까 두려워하여,
죄를 범한 것이 서러워 눈물이 흐르고 뼈가 아파하면,
이른바 하등통회니, 이는 자기 신세를 위하여 나는 통회요.

쥬ᄂᆞᆫ 우리 대부모오 우리ᄂᆞᆫ 쥬의 ᄌᆞ식이라
텬디 만물노 ᄉᆡᆼ양[149]보존ᄒᆞ신 은혜 막대ᄒᆞᆫ 가온ᄃᆡ
우리 죄의 ᄲᅡ짐을 불샹이 넉이샤
삼십삼년 고난과 악도[150]의게 잡히여
십ᄌᆞ가 샹에 극고[151]를 밧으샤 우리를 구ᄒᆞ시고 속ᄒᆞ실ᄉᆡ[152]
머리에 가ᄉᆡ테를 메오시고[153]슈족에 쇠못ᄉᆞᆯ 박히고
협방[154]을 쳘쟝[155]에 찔니샤 만신에 피를 흘니시고 입에 초담[156]을 맛보시니
이 다 우리를 위ᄒᆞ야 쳔신 만고[157]를 밧으신지라

149) ᄉᆡᆼ양生養: 생양. 낳아서 기름

150) 악도惡徒: 악한 무리

151) 극고極苦: 극심한 고통

152) 속贖: 자신을 받치심.

"속贖하다"는 원 의미는 '죄를 면하기 위하여 돈을 바치다'이다. 죄의 노예에 놓여 있던 우리를 위해 예수께서는 몸값으로 돈을 주신 것이 아니라 당신의 몸을 내어 주고 우리를 풀어주게 한 것이다, 즉 예수님께서는 자신을 십자가상의 제물로 바쳐 인간의 죄를 용서받게 한 것이다.

대속(代贖; 대신代身 속죄贖罪함)하여 구원救援함을 의미한다.

153) 메오시고: 두르시고,

154) 협방脅旁: 옆구리

155) 쳘쟝: 철창鐵槍 쇠로 만든 창

156) 초담醋膽: 신 쓸개즙. 쓸개를 넣은 식초

157) 천신만고千辛萬苦: 천신만고. 천 가지 매운 것과 만 가지 쓴 것이라는 뜻, 온갖 어려운 고비를 다 겪으며 심하게 고생함을 이르는 말.

주는 우리의 큰 부모요, 우리는 주의 자식이라,
천지만물을 낳아서 기르고 보존하신 주의 은혜 막대한 가운데,
주는 우리가 죄에 빠짐을 불쌍히 여기시어 삼십 삼년 고난과 악한 무리에게 잡히시어,
십자가 위에서 극심한 고통을 받으시고, 우리를 구하시고 자신을 대신 받치실 때,
머리에 가시테를 두르시고, 손과 발에는 쇠못을 박히시고,
옆구리를 쇠창에 찔리시어 온몸에 피를 흘리시고, 입에 신 쓸개즙을 맛보시니,
이는 다 우리를 위하여 천신만고를 받으신지라.

九 쪽

자식이 되여 제 부모를 뎌 디경에 니ᄅᆞ게 ᄒᆞ고
이제 ᄯᅩ 죄를 지어 부모의 셩심을 샹해오니
ᄌᆞ식의 도리 이럴ᄃᆡ 어ᄃᆡ 잇ᄉᆞ리오
ᄒᆞ야 범죄 ᄒᆞᆫ 줄이 설워 눈물을 흘니며 섀가 앏하ᄒᆞᆫ ᄒᆞ면
이니ᄅᆞᆫ바 샹등통회니 이ᄂᆞᆫ 쥬의 졍니[158]를 위ᄒᆞ야 나ᄂᆞᆫ 통회라
고로 ᄀᆞ쟝 크고 ᄀᆞ쟝 귀ᄒᆞᆫ 통회니라

158) 졍니情理: 정리. 인정人情과 도리道理

자식이 되어 제 부모를 저 지경에 이르게 하고,
이제 또 죄를 지어 부모의 성심을 상하게 하였으니,
자식의 도리 이럴 데가 어디 있으리오?
하여, 죄를 범한 것이 서러워 눈물을 흘리며 뼈가 아파하면 이른바 상등통회니,
이는 주에 대한 정과 도리를 위하여 나는 통회라, 고로 가장 크고 가장 귀한 통회니라.

예수 ᄀᆞᆯᄋᆞ샤ᄃᆡ
너희 이제 죄를 지으면 ᄃᆞ시 나를 두 번 십ᄌᆞ가에 못 박으리라 ᄒᆞ시니
이로 ᄉᆡᆼ각ᄒᆞ면 엇지 놀납고 망극지[159] 아니ᄒᆞ랴

159) 망극罔極하다: 1. 어버이나 임금에게 상서롭지 못한 일이 생기게 되어 지극히 슬프다 2. 임금이나 어버이의 은혜가 한이 없다. 임금이나 부모 은혜가 너무 커서 갚을 길이 없다

이 글과 관련하여 히브리서 6장 3절-5절에 다음과 같은 말씀이 있다.

'하느님께서 허락하시면 우리는 성숙한 경지로 나아갈 수 있을 것입니다. 한번 빛을 받아 하늘의 선물을 맛보고 성령을 나누어 받은 사람들이, 또 하느님의 선한 말씀과 앞으로 올 세상의 힘을 맛본 사람들이 떨어져나가면, 그들을 다시 새롭게 회개하도록 만들 수가 없습니다. 그런 사람들은 스스로 하느님의 아드님을 다시 십자가에 못 박고 욕을 보이는 것입니다.'

예수 말씀하시기를
"너희 이제 죄를 지으면 다시 나를 두 번 십자가에 못 박으리라" 하시니,
이를 생각하면 어찌 놀랍고, 망극하지 아니하랴.

죄를 짓고 ᄒᆞᆫ번 통회난 아니ᄒᆞ리 업ᄉᆞᄃᆡ 다만 ᄯᆡ가 지극히 다ᄅᆞ니
금셰[160]에 뉘웃ᄎᆞ면 ᄅᆡ셰[161]에 뉘웃츰을 면ᄒᆞᆯ거시오
금셰에 뉘웃지 아니면 ᄅᆡ셰에 뉘웃츰을 무궁셰[162]에 ᄀᆞᆺ지지 못ᄒᆞ리니
적고 잠간 통고[163]를 앗겨 아니타가 크고 먼 회[164]를 기ᄃᆞ리ᄂᆞ냐

160) 금셰今世: 금세. 지금의 세상. 이승
161) 내세來世: 사후
162) 무궁셰無窮世: 무궁세. 끝이 없이 영원히 이어지는 세상
163) 통고痛苦: 아프고 괴로움
164) 회悔: 뉘우침

죄를 짓고 한번 통회는 아니 할 리 없으되, 다만 때가 지극히 다르니,
이승에서 뉘우치면 사후에는 뉘우침을 면할 것이오,
이승에서 뉘우치지 아니하면 내세에는 뉘우침을 무궁세에 그치지 못하리니.
작고 잠깐의 아픔과 괴로움을 아껴 아니하다가 크고 먼 뉘우침을 기다리느냐?

그럴 ᄲᅮᆫ 아니라 금셰 회ᄂᆞᆫ 적고 잠간이라 유익은 무궁커니와
ᄅᆡ셰에 회난 비록 크고 무한ᄒᆞ나 홀일 업다[165] 느졋도다
무익ᄒᆞᆫ 즁에 ᄯᅩᄒᆞᆫ ᄭᅳᆺ칠 길도 업ᄉᆞ리라
이제 나난 어나 통회를 기ᄃᆞ리려 ᄒᆞ고
눈이 ᄆᆞᆰ금ᄒᆞ야 무죄ᄒᆞᆫᄃᆞ시 염연이[166] 안잣ᄂᆞ냐 十 쪽

165) 홀일 업다: 달리 어떻게 할 도리가 없다.
166) 념연恬然: 마음이 이해에 쏘우침이 없이 안정함. 마음이 아주 편안한 모양

그러할 뿐 아니라, 이승의 뉘우침은 작고 잠깐이나 유익함은 끝이 없거니와,
내세의 뉘우침은 비록 크고 무한하나 달리 어떻게 할 도리가 없다, 늦었도다.
무익한 중에 또한 그칠 길도 없으리라.
이제 나는 어느 뉘우침을 기다리려 하고,
눈이 말끔하여 무죄한 듯이 마음 편히 앉았느냐?

범간[167] ᄌᆞ긔 공부ㅣ 젼혀 ᄌᆞ긔의게 잇ᄂᆞ니 ᄌᆞ기 힘쓰지 아니면

비록 쥬모의 인ᄌᆞ와 신셩의 권고로도
션이나 악이나 우격[168]으로난 식이지 아니시ᄂᆞ니
예수와 셩모와 신셩[169]을 의뢰ᄒᆞ야[170]
ᄌᆞ긔 힘써 션을 ᄒᆡᆼᄒᆞ면 도으실 ᄯᆞ름이니
의뢰ᄒᆞᆯ 곳이 이에셔 더 지날 곳이 업ᄉᆞ리라

167) 범간泛看: 눈여겨보지 않고 데면데면 봄
168) 우격: 억지로 우김
169) 신성神聖: 한불사전에 의하면 천사와 성인을 지칭한다.
170) 의뢰依賴: 1.굳게 믿고 의지함. 2.남에게 부탁함

무릇 자기 공부 전혀 자기에게 있으니, 자기가 힘쓰지 아니하면
비록 천주와 성모의 인자와 천사와 성인의 권고로도
선이나 악이나 억지로 우겨서는 시키지 아니하시느니,
예수와 성모와 천사와 성인을 굳게 믿고 의지하여
자기 힘써 선을 행하면 도우실 따름이니,
믿고 의지할 곳이 이에서 더 지날 곳이 없으리라.

넷적 친ᄒᆞᆫ 벗둘이 잇셔 ᄒᆞ나흔 덕ᄒᆡᆼ이 거룩ᄒᆞ고 ᄒᆞ나흔 심히 ᄂᆡᆼ담ᄒᆞ니[171]
덕ᄒᆡᆼ의 벗의 ᄅᆡᆼ담쟈를 ᄒᆞᆼ샹 권면[172]ᄒᆞᄃᆡ
예수와 셩모를 의뢰ᄒᆞ야 공부[173]를 극진ᄒᆞ면
지극히 도으샤 립공[174]이 쉬오리라 ᄒᆞ더니
일일은[175] ᄅᆡᆼ담쟈ㅣ 닐ᄋᆞᄃᆡ 벗의 말ᄃᆡ로 예수와 셩모를 의뢰ᄒᆞᄃᆡ
공부ㅣ 나아가지 아니ᄒᆞ니 벗의 말이 다 허언[176] 일네라ᄒᆞ야
ᄎᆡᆨ흠이 비샹[177]ᄒᆞᆫ지라

171) 냉담冷淡: 1.태도나 마음씨가 동정심 없이 차가움. 2.어떤 대상에 흥미나 관심을 보이지 않음.
172) 권면勸勉: 알아듣도록 권하고 격려하여 힘쓰게함. 타일러 힘쓰게 함
173) 공부工夫: 배워서 몸에 익히는 것 또는 목적을 이루기 위해 어떤 방법을 생각해내는

것을 뜻한다.

174) 립공立功: 입공. 공을 세움

175) 일일一日: 하루

176) 허언虛言: 거짓말

177) 비샹非常: 비상. 예사롭지 않고 특별함

옛적 친한 벗 둘이 있어, 하나는 덕행이 거룩하고 하나는 심히 냉담하니,
덕행의 벗이 냉담자를 항상 타일러 힘쓰게 하되,
예수와 성모를 굳게 믿고 의지하여 공부를 극진히 하면
지극히 도우사 공을 세움에 쉬우리라 하더니,
하루는 냉담자가 이르되,
벗의 말대로 예수와 성모를 믿고 의지하되 공부가 나아가지 아니하니,
벗의 말이 다 거짓말이라 하여 꾸짖음이 예사롭지 아니한지라.

그 벗이 이윽히 ᄉᆡᆼ각ᄒᆞ다가 큰 돌을 ᄀᆞᄅᆞ쳐 ᄀᆞᆯᄋᆞᄃᆡ
벗은 저 돌을 날과 ᄀᆞᆺ치 들자 ᄒᆞᆫᄃᆡ
두벗이 그 돌을 드ᄂᆞᆫ ᄃᆡ 돌이 무거워 혼자ᄂᆞᆫ 드지 못ᄒᆞᆯ지라
ᄅᆡᆼ담ᄒᆞᆫ 쟈ᄂᆞᆫ 힘을 다 ᄒᆞ여 들려ᄒᆞ나 덕ᄒᆡᆼ의 벗이 힘을 쓰지 아니ᄒᆞ니
ᄅᆡᆼ담쟈ㅣ 노ᄒᆞ야 ᄀᆞᆯᄋᆞᄃᆡ 十一 쪽
네 힘을 쓰지 아니ᄒᆞ니 나ㅣ 홀노 드지 못ᄒᆞ리로다 ᄒᆞ거날
그제야 덕ᄒᆡᆼ의 벗이 다시 들기를 청ᄒᆞ야
둘이 힘을 ᄀᆞᆺ치 쓰니 들기 넉넉ᄒᆞᆫ지라
돌을 노코 ᄀᆞᆯᄋᆞ디 벗아 처음에난 힘을 극진이 ᄒᆞ나
나ㅣ 힘을 쓰지 아니ᄒᆞ니 네 드지 못ᄒᆞ더니
너와 내 병력[178] ᄒᆞ니 들기 쉽도다

178) 병력竝力: 여러 사람들이 힘을 한데 합함

그 벗이 한참을 생각하다가 큰 돌을 가리켜 가로되, 벗은 저 돌을 나와 같이 들자하니, 두 벗이 그 돌을 드는데 돌이 무거워 혼자는 들지 못할지라.
냉담한 자는 힘을 다하여 들려 하나, 덕행의 벗이 힘을 쓰지 아니하니,
냉담자 노하여 가로되, 네 힘을 쓰지 아니하니, 나 홀로 들지 못하리로다 하거늘,
그제야 덕행의 벗이 다시 들기를 청하여 둘이 힘을 같이 쓰니 들기 넉넉한지라.
돌을 놓고 말하기를,
벗아, 처음에는 힘을 극진히 하나, 내 힘을 쓰지 아니하니 네 들지 못하더니,
너와 내 힘을 합치니 들기 쉽도다.

일노[179] 볼진ᄃᆡ ᄌᆞ긔 힘쓰지 아니면 쥬ㅣ엇지 도으시리오
고로 ᄌᆞ긔 힘만 밋고 쥬를 의뢰치 아녀도 공부ㅣ 잇지 못ᄒᆞᆯ 거시오
쥬만 의뢰ᄒᆞ고 ᄌᆞ긔 힘을 쓰지 아니ᄒᆞ여도 ᄯᅩᄒᆞᆫ 덕ᄒᆡᆼ이 셔지 못ᄒᆞ리니
엇지 이를 ᄉᆡᆼ각지 못ᄒᆞᆫ다 ᄒᆞ니 그제야 ᄅᆡᆼ담자 크게 ᄭᆡ닷고
벗의 셩덕을 칭찬ᄒᆞ고 ᄉᆞᄉᆞ에[180] 쥬모를 의지ᄒᆞ며
겸ᄒᆞ야 ᄌᆞ긔 힘써 ᄒᆡᆼᄒᆞ야 ᄆᆞᆺᄎᆞᆷ내 대덕군ᄌᆞㅣ되다 ᄒᆞ니
우리도 이 말ᄉᆞᆷ을 ᄇᆞᆰ이 ᄉᆡᆼ각ᄒᆞ면 그ᄅᆞᆺ될 일이 업ᄉᆞ리로다

179) 일노: 일로. 이것으로
180) ᄉᆞᄉᆞ事事에: 사사에. 모든 일에

이것으로 보건대, 자기 힘쓰지 아니하면 주 어찌 도우시리요?
고로 자기 힘만 믿고 주를 의뢰치 아니하여도 공부 있지 못할 것이고,
주만 의뢰하고 자기 힘을 쓰지 아니하여도 또한 덕행이 서지 못하리니,
어찌 이를 생각지 못한다하니,
그제야 냉담자가 크게 깨닫고, 벗의 성덕을 칭찬하고
모든 일에 천주와 성모를 의지하며,
겸하여 자기 힘써 행하여 마침내 대덕 군자가 되었다 하니,
우리도 이 말씀을 밝히 생각하면 그릇될 일이 없으리로다.

ᄉᆡᆼ각과 ᄒᆡᆼ실과 ᄒᆞ욤의 셩찰[181)]을 잘 ᄒᆞ여야 ᄀᆡ과[182)] 쉬올 거시오
무ᄉᆞᆷ 허물[183)]의 ᄉᆡᆼ각이여든 통회ᄒᆞ야
일후ᄂᆞᆫ[184)] 다시 이런 ᄉᆡᆼ각을 마ᄌᆞ홀 거시오
말ᄒᆞᆫ 마ᄃᆡ를 ᄒᆞ고도 셩찰ᄒᆞ야 이말이 죄될 말인가 아닌가ᄒᆞ야 十二 쪽
만일 죄과의 말이어든 통회ᄒᆞ야 이후ᄂᆞᆫ 다시 이런 말을 마잔ᄒᆞᆯ 거시오

181) 셩찰省察: 성찰. 1.허물이나 저지른 일들을 반성하고 살핌. 2.저지른 죄(罪)를 자세(仔細)히 생각하여 냄
　성찰은 마음을 써 범한 모든 죄를 살펴 알아냄이다(상해천주교요리(하), 윤형중, 가톨릭출판사, 1998. 144쪽).
182) ᄀᆡ과改過: 개과. 잘못이나 허물을 뉘우쳐 고침
183) 허물: 잘못, 저지른 실수
184) 일후日後: 뒷날

생각과 행실과 행함에 반성하고 살핌을 잘하여야,
잘못이나 허물을 뉘우쳐 고치기 쉬울 것이고,
무슨 잘못된 생각이거든 깊이 뉘우쳐
뒷날에는 다시 이런 생각을 하지 말자 할 것이고,
말 한 마디를 하고도 반성하고 살펴, 이 말이 죄 될 말인가 아닌가 살펴보고,
만일 죄의 말이거든 깊이 뉘우쳐 이후는 다시 이런 말을 하지말자 할 것이고,

ᄒᆡᆼ실과 ᄒᆞ욤의 도모지 이를 ᄒᆞᆯ거시니 이ᄂᆞᆫ 시ᄀᆡᆨ[185)] 셩찰이
그 ᄲᅮᆫ 아니라 ᄉᆡ벽에 니러나 졍신을 ᄀᆞ다듬어 조과[186)]를 ᄒᆡᆼᄒᆞᆫ 끗ᄒᆡ
오날밤을 엇지 지낸고 셩찰ᄒᆞ야 죄과[187)] 업거든 감사쥬은[188)]ᄒᆞ야
오날날도 잘지내게 ᄒᆞ여 쥬옵소셔 긔구[189)] ᄒᆞ고
져녁에 ᄯᅩ 졍신을 ᄀᆞ다듬어 만과[190)]를 ᄒᆡᆼᄒᆞᆫ ᄭᅳᆺᄒᆡ
오날날을 엇지 지낸고 셩찰ᄒᆞ야 죄과 잇거든 통회뎡ᄀᆡ[191)] ᄒᆞ고
다ᄒᆡᆼ이 평션平善ᄒᆞ거든 감사쥬은ᄒᆞ야
오날밤도 잘 지내ᄒᆞ옵소셔 긔구ᄒᆞᆯ긔시니 이난 조셕[192)] 셩찰이오

185) 시ᄀᆞᆨ時刻: 시각. 시시각각의 의미로서, 1.시간의 어느 한 시점. 시간의 어떤 순간에서의 시점, 때의 흐르는 과정에서의 어떤 순간. 2.짧은 시간을 뜻한다.

옛 교우들은 자신의 사언행위의 잘못을 즉시 살피는 '시각時刻성찰', 날마다 만과晩課할 때에 아침부터 저녁까지 생각과 말과 행위를 자세히 살피는 '일日성찰', 한 주일 동안이나 한 달 동안을 합하여 다시 살피는 '도都성찰'을 하였다. (천당직로, 정종득, 수원교회사연구소, 2006. 187쪽)

186) 조과早課: "마침기도"의 전용어

187) 죄과罪過: 죄가 될 만한 허물

죄란 생각과 말과 행동으로 나쁜 줄 알면서도 자유의지로 하느님의 계명을 거스르고, 해야 할 의무를 소홀히 함을 말한다.

죄는 원죄原罪와 본죄本罪의 두 종류가 있다. 원조로 말미암은 원죄에 대칭해서, 자기 마음을 잘못 써서 지은 죄를 본죄라 한다. 본죄는 한불자전에 의하면 개별적인 죄, 자기 자신의 죄를 뜻한다.

본죄는 계명을 알고도 자유로 죄를 범함으로서 성립된다. 본죄는 생각과 말과 행함과 궐함으로 천주와 타인과 자기를 거슬러 범할 수 있다.

본죄는 대죄와 소죄 두 가지가 있으며 대죄는 계명이 중한 줄을 밝히 알고도 온전한 자유(완전한 동의)로 죄를 범하는 죄로 은총과 모든 공로를 다 잃고, 또한 지옥영벌을 받게 된다. 반면 소죄는 계명이 중대하지 않을 줄 알고도 온전한 자유(완전한 동의)로 범하는 죄로 소죄를 범하면 천주 사랑하는 열성이 점점 줄어져 차차 대죄에 빠지기 쉽고, 또한 금세 괴로움과 후세 연옥벌을 받게 된다.(상해천주교요리(중), 윤형중, 가톨릭출판사, 2004. 310-326쪽)

188) 감사쥬은感謝主恩: 감사주은. 주의 은혜에 감사함

189) 긔구祈求: 기구. 원하는 바가 실현되도록 빌고 바람

190) 만과晩課: "저녁기도"의 전용어

191) 통회뎡ᄀᆡ痛悔定改: 통회정개. 진심으로 뉘우치고 다시는 죄를 짓지 않기로 결심함

통회痛悔는 진심으로 뉘우침이며, 정개定改는 다시 죄를 짓지 아니하고, 또한 범죄할 기회를 피하기로 결심함이다(상해천주교요리(하), 윤형중, 가톨릭출판사, 1998. 155쪽).

192) 조셕朝夕: 조석. 아침과 저녁

행실과 행함에 아주 이렇게 할 것이니, 이는 시각성찰이고
그 뿐 아니라 새벽에 일어나 정신을 가다듬어 아침기도를 행한 끝에,
오늘밤을 어떻게 지냈는가 반성하고 살펴, 죄가 없거든 주의 은혜에 감사하여,
오늘 하루도 잘 지내게 하여 하옵소서 기도하고,
저녁에 또 정신을 가다듬어 저녁 기도를 행한 끝에
오늘 하루를 어찌 보냈는가 반성하고 살펴

죄와 허물이 있거든 진심으로 뉘우치고 다시는 죄를 짓지 않기로 결심하고
다행히 무사히 잘 지냈거든 주의 은혜에 감사하여,
오늘밤도 잘 지내게 하옵소서 기도할 것이니, 이는 조석성찰이오.

그만ᄒᆞ야 ᄇᆞ릴거시 아니라 ᄃᆞᆯ이 ᄆᆞᆺ거든 이 ᄃᆞᆯ을 엇지 지낸고 셩찰ᄒᆞ여
ᄒᆡ가 ᄆᆞᆺ거든 이ᄒᆡ를 엇지 지낸고 셩찰ᄒᆞᆯ 거시니
이ᄂᆞᆫ 도모지 셩찰ᄒᆞᆷ이 조곰도 방과[193]치 말고
아ᄃᆡ로 ᄒᆞ야가면 이 옥즁에 잇신들 이런 됴흔 ᄃᆡ가 엇지 잇ᄉᆞ리오마ᄂᆞᆫ

193) 방과放過: 그대로 지나침

그만하여 버릴 것이 아니라, 달이 마치거든 이 달을 어찌 지냈는가 반성하여 살피고,
해가 마치거든 이 해를 어찌 지냈는가 반성하고 살필 것이니,
이는 도무지 반성하고 살핌을 조금도 그대로 지나치지 말고,
이대로 하여 가면 이 옥중에 있은들 이런 좋은 데가 어찌 있으리오마는,

죄를 알아야 통회날거시오 통회나야 뎡ᄀᆡ ᄃᆞᆫᄃᆞᆫᄒᆞᆯ 거시어ᄂᆞᆯ
만일 셩찰을 아니ᄒᆞ야 그져 덥허 두어 니ᄌᆞ면 十三 쪽
통회ᄀᆡ과[194]의 ᄆᆞᄋᆞᆷ이 어ᄃᆡ로 조ᄎᆞ나리오
겨유 죄만 업ᄉᆞ면 쓸ᄃᆡ 업슴이오
공이 잇서야 인ᄌᆞ 긍년[195]을 밧ᄂᆞ니
이제 이몸은 립공은 ᄉᆡ로[196] 죄의 뭇치여 죽으리로다

194) 통회ᄀᆡ과痛悔改過: 통회개과. 자신의 잘못을 몹시 뉘우쳐 고침
195) 인ᄌᆞ仁慈: 인자. 마음이 어질고 자애로움. 긍련矜憐: 불쌍하고 가엾음
196) ᄉᆡ로: '는'이나 '은' 다음에 붙어서 '고사하고, 도리어'의 뜻으로 쓰는 말

죄를 알아야 진심으로 뉘우침이 생길 것이고,
뉘우침이 생겨나야 죄를 짓지 않기로 결심함이 단단할 것이거늘,
만일 반성하고 살피지 아니하여 그저 덮어 두어 잊으면,
잘못을 뉘우쳐 고치고자 하는 마음이 어디로 부터 나오겠는가.
겨우 죄만 없으면 쓸데없음이고,
공이 있어야 어질고 자애로움과 불쌍히 여김을 받느니
이제 이 몸은 공을 세우기는커녕 도리어 죄에 묻히어 죽으리로다.

령혼의 조당[197]이 삼구[198] ᄀᆞᆺᄒᆞᆫ거시 업ᄉᆞ니 육신 마귀 셰속[199] 원슈라
ᄌᆞ긔ᄂᆞᆫ 이 옥즁에 안자시니 무슴 셰속 톄면을 보리오
셰속 사ᄅᆞᆷ은 원슈 셰히로ᄃᆡ 나난 ᄒᆞ나흘 털어 원슈 둘 밧긔 업ᄉᆞ니
이도 ᄯᅩᄒᆞᆫ 남다른 특은이라
적이[200] 사ᄅᆞᆷ 일진ᄃᆡ 눈물을 흘녀 감샤 ᄒᆞᆯ 거시오

197) 조당阻擋: 나아가거나 다가오는 것을 막아서 가림. 한불자전에는 장애, 지장, 방해, 반대를 의미한다.

198) 삼구三仇: 영혼의 세 가지 원수 즉, 마귀와 세속과 육신이다. 영혼은 양심에 따라 착한 길로 나가려고 하는데, 이것을 방해하여 반대 방향으로 끌어, 해치려고 함으로 영혼의 원수라 한다.

199) 셰속世俗: 세속 속세, 세상

200) 적이: 꽤 어지간한 정도로, 적이나, 다소

영혼을 구하는데 방해가 됨에 세 가지 원수 같은 것이 없으니,
육신과 마귀와 세속이 원수라.
나는 이 옥중에 앉았으니 무슨 세속 체면을 보리요.
세속 사람은 원수가 셋이로되, 나는 하나를 덜어 원수가 둘 밖에 없으니,
이도 또한 남다른 특별한 주님의 은총이라,
웬만한 사람이라면, 눈물을 흘려 주님께 감사할 것이요.

마귀ᄂᆞᆫ 나의 션힝을 막ᄌᆞᄅᆞ고 악을 돕난 극ᄒᆞᆫ 원슈ㅣ라
ᄒᆞᆫ번 마감[201]의 ᄡᅡ지면 아조 흐리여 도라셔기 어려워
나의 령흔을 죽이난 거시로ᄃᆡ
그러나 동혀 ᄆᆡᆫ개 ᄀᆞᆺᄒᆞ야 갓가이 ᄒᆞ여야 ᄒᆡ ᄒᆞ려이와
쥬모를 의뢰ᄒᆞ야 ᄌᆞ긔 삼가면 오히려 피ᄒᆞ기 쉬오ᄃᆡ
다시 피치[202] 못ᄒᆞᆯ 원슈ㅣ 잇시니 ᄌᆞ긔 육신이라[203]
이난 내 령혼의 븟혀 ᄡᅥ나기 어려오니 ᄃᆡ강 닐ᄋᆞ리라[204]

---

201) 마감魔憾: 한불자전에 의하면 마귀의 유혹을 의미한다.

202) 피치: 피하지

203) 성경에 "악마는 으르렁 거리는 사자처럼 먹이를 찾아 돌아다님으로(1.베드 5장 8절) 정신을 바짝 차리고 깨어 있어야 한다."고 하였다. 그럴지라도 하느님께서는 사람이 이길 수 없는 악마의 유혹은 허락하지 않으신다.

세속은 악마보다 더 강적이나, 제일 강한 적은 육신肉身 이다. 악마나 세속은 어느 정도 피할 수 있지만 육신은 자나 깨나 함께 있기 마련이다. 그러므로 영혼이 육신을 제압하는 극기가 필요하다. 로마서에 다음과 같은 구절이 있다.

"여러분이 육체를 따라 살면 죽을 것입니다. 그러나 성령의 힘으로 육체의 악한 행실을 죽이면 살 것입니다(로마서 8장 13절)."

204) 닐ᄋᆞ다: 이르다. 타이르다. 잘 깨닫도록 일의 이치를 밝혀 말해 주다.

마귀는 나의 착한 행실을 막고, 악을 돕는 극도의 원수라,
한번 마귀의 유혹에 빠지면 아주 흐리어져서 돌아서기 어려워
나의 영혼을 죽이는 것이로되,
그러나 동여 맨 것 같아, 가까이 하여야 해 하려니와,
천주와 성모를 굳게 믿고 의지하여, 내 자신이 삼가면 오히려 피하기 쉬우나,
다시 피하지 못할 원수 있으니 자기 육신이라.
이는 내 영혼에 붙어 떠나기 어려우니 대강 타이르리라.

령혼의 량식은 덕힝이오 육신의 량식은 음식이라
그런고로 령혼은 ᄒᆞᆼ샹 덕힝을 ᄒᆞ려ᄒᆞᄃᆡ

十四 쪽

육신은 풍우히[205] 길너[206] 고로옴으로 몸을 이긔지 못ᄒᆞ면
령혼의 말을 듯지 아니ᄒᆞ야 션힝을 마다ᄒᆞ고[207] 금슈[208]의 ᄆᆞ음만 나난지라

205) 풍후豐厚: 아주 넉넉하도록 많음
206) 길너: '길러, 자라게 하여'라는 뜻이다
207) 마다ᄒᆞ고: 마다하고. 거절하거나 싫다고 하고
208) 금슈禽獸: 금수. 날짐승과 길짐승이라는 뜻으로 즉 모든 짐승을 말함

영혼의 양식은 덕행이요, 육신의 양식은 음식이라.
그런고로 영혼은 항상 덕행을 하려하되,
육신만 넉넉하게 많이 길러 괴로움으로 몸을 이기지 못하면
영혼의 말을 듣지 아니하여 선행을 싫다 하고 짐승의 마음만 우러나는 것이라.

그런고로 고셩[209]들이 ᄒᆞᆼ샹 고공[210]으로 극긔ᄒᆞ샤
혹 ᄎᆡ로 쳐[211] 몸을 경계ᄒᆞ며 엄ᄒᆞᆫ ᄌᆡ[212]를 직희여 육졍[213]을 누ᄅᆞ며
고로은 일을 ᄒᆞ야 긔운을 썩거 다만 령혼만 알고 육신은 모로난니
육신이 안일ᄒᆞ면[214] 령혼이 ᄆᆡ멸[215]ᄒᆞ난지라

209) 고셩古聖: 고성. 옛 성인
210) 고공苦功: 한불자전에 의하면 고공은 1.십자가와 공덕 2.고행을 의미한다.
211) ᄎᆡ로 쳐: 채로 쳐. 채찍으로 쳐
212) ᄌᆡ齋: 재. 신자의 심신의 건전한 관리를 위한 행위로서 식음의 절제 또는 전폐를 지칭한다. 소재는 육식을 하지 않는 재이고, 대재는 단식을 하는 재로서 신자들에게 예수 고난을 상기하게 하여 준행하도록 한다. 음식의 절제 뿐 만 아니라 절주 내지는 금식이나 금주까지를 포함한다.

사사성경四史聖經의 '재'는 오늘날의 성경에서는 '단식'으로 바뀌어져 있다. '너희가 재 지킬 때에 거짓 착한 자들과 같이 근심하는 모양을 하지 말라(성 마두복음 6장 16절)'는 '너희가 단식할 때에 위선자들처럼 침통한 표정을 짓지 마라'로 바뀌어져 있다.

213) 육졍肉情: 육정. 육체적 욕망
214) 안일安逸ᄒᆞ면: 편안하고 한가하면
215) ᄆᆡ멸埋滅: 매멸. 파묻혀 없어짐

그런고로 옛 성인들이 항상 고행으로 극기하시어,
혹 채찍으로 쳐 몸을 경계하며, 엄한 재를 지키어 육신의 욕망을 누르며,
괴로운 일을 하여 기운을 꺾어 다만 영혼만 알고 육신은 모르나니,
육신이 편안하고 한가하면 영혼이 파묻혀 없어지는 것이라.

이러므로 셩현[216)]의 션공[217)]ᄒᆞ신 일을 보건ᄃᆡ
혹 늙은 부모와 고ᄒᆞᆫ 안ᄒᆡ와 ᄉᆞ랑ᄒᆞ은 ᄌᆞ식과 허다ᄒᆞᆫ 노복[218)]과
풍후ᄒᆞᆫ 가산[219)] 고량과 친미[220)]를 일졀 ᄇᆞ리고 도망ᄒᆞ야
산즁에 숨어 고로히 닥그실ᄉᆡ
걱젹을 쌀고 돌을 베고 추ᄒᆞᆫ 옷과 나물 박으로 겨유 ᄉᆡᆼ명만 붓처시니
엇지 이것만 원이리오[221)] 마난 부득이 ᄒᆞ신 바ㅣ오
집에 안거[222)]ᄒᆞ야 가ᄉᆡ를 권면ᄒᆞ며 어린리를 훈도ᄒᆞ야[223)]
규구[224)] ᄀᆞᆺ지 아니ᄒᆞᆷ은 각각 터히 다ᄅᆞᆷ이라

216) 셩현聖賢: 성현. 성인(聖人)과 현인(賢人)
217) 션공善功: 선공. 훌륭하신 공적. 일반적으로 착한 일을 많이 하는 것을 통틀어서 선공이라 한다. 천주교에서는 선행 또는 선업과 같은 의미로 사용하거나 신앙심의 노력이나 업적을 뜻할 때도 사용되는 말이다. 한불자전에 따르면 1.적선 또는 적선사업 즉 자선사업을 지칭할 때의 선업을 뜻하며 2.존경할만한 행동 또는 업적을 의미하는 용어이다.
218) 노ᄇᆞᆨ奴僕: 사내 ᄌᆞᆼ
219) 풍후豊厚: 아주 넉넉하도록 많음
220) 고량膏粱과 진미珍味: 기름진 고기와 좋은 곡식으로 만든 맛있는 음식.
221) 원이리오마난: 원하였을까마는
222) 안거安居: 아무런 탈 없이 평안히 지냄
223) 훈도薰陶: 교화하여 훈육 (訓育)하는 것. 덕으로써 사람의 품성이나 도덕 따위를 길러 선으로 나아가게 함
224) 규구規矩: 일상생활에서 지켜야 할 법도

이러므로 옛 성현들의 훌륭하신 공적을 보건데,
혹 늙은 부모와 고운 아내와 사랑하는 자식과 많은 종들과 많은 집안의 재산,
기름진 고기와 맛있는 음식을 모두 버리고 도망하여

산중에 숨어 괴롭게 덕을 닦으실 때,
거적을 깔고, 돌을 베고, 추한 옷과 나물만으로 겨우 생명만 붙였으니,
어찌 이것 만 원하였을까 마는 부득이 하신 바이오
집에 머물러 집안일을 타일러 힘쓰게 하며 어린이를 훈육하여,
생활에서의 법도가 같지 아니함은 각기 터가 다름이라.

그러나 ᄌᆞ긔 육신은 다 원슈로이 ᄒᆞ고 령혼 구ᄒᆞ기만 편케[225] ᄒᆞ심이니
이제 나난 ᄌᆞ긔 덕으로 ᄒᆞᆫ거시 아니라 쥬명으로
각싁[226] 범죄ᄒᆞᆯ 슷 츨 다 ᄇᆞ리고 쳔히원[227] 토옥[228] 즁에 들엇시니 十五 쪽
터ᄒᆞᆫ 됴켄만도 이 즁에도 죄과 쳡쳡[229] ᄒᆞ니
무어ᄉᆞᆯ 앗겨ᄒᆞ며 무어ᄉᆞᆯ 못니져 이러ᄒᆞᆫ고
도모지 육신을 원슈 ᄀᆞᆺ치 ᄃᆡ졉지 아니ᄒᆞ야
육졍[230]을 방종[231]케 맛겨 둠이로다

225) 편케偏케: 치중케, 치우치게
226) 각싁各色: 각색. 각종, 온갖 종류
227) 천희원: 정확한 의미를 알지 못하여 필자는 하느님 나라의 즐거운 정원(天喜園)으로 풀이하였다.
228) 토옥土屋: 토담집 따라서 '천희원 토옥중에 들었으니'는 '즐거운 하느님의 집에 머물게 되었으니'로 풀이 하였다. 시편 27장 4,5절에 다음과 같은 구절이 있다. "주님께 청하는 것이 하나 있어 나 그것을 얻고자 하니 내 한평생 주님의 집에 살며 주님의 아름다움을 우러러보고 그분 궁전을 눈여겨보는 것이라네. 환난의 날에 그분께서 나를 당신 초막에 숨기시고"
229) 첩첩疊疊: 첩첩. 1.여러 겹으로 겹쳐 있는 모양. 2.근심, 걱정 따위가 많이 쌓여 있는 모양을 뜻한다.
230) 육졍肉情: 육정. 육욕肉慾, 육체에 관하여 느끼는 욕정.
231) 방종放縱: 아무 거리낌 없이 제멋대로 함부로 행동함

그러나 자기 육신은 다 원수같이 하고, 자신의 영혼을 구하기만을 치중케 하심이니
이제 나는 내 덕으로 한 것이 아니라 주의 가르침으로
각종 죄를 범할 끝을 다 버리고

즐거운 하느님의 집에 머물게 되었으니 터는 좋건마는
이러한 중에도 죄가 첩첩하니, 무엇을 아껴하며 무엇을 못 잊어 이러하고,
이는 도무지 육신을 원수같이 대접하지 아니하여
육신의 욕망을 제멋대로 함부로 행동하게 맡겨둔 때문이로다.

이곳 사ᄅᆞᆷ들이 ᄆᆡ양[232] 닐오ᄃᆡ 우리들을 텬쥬학 죄인 텬쥬학 죄인ᄒᆞ니
엇지 텬디 만물 ᄃᆡ쥬ᄌᆡ[233]를 봉ᄉᆞ[234]ᄒᆞᆷ으로야 죄인 될 일이 잇시리오 만난
헛 일흠만 가지고 실[235]이 업셔 셩교만 욕되게 ᄒᆞ니
진짓[236] 텬쥬학의 죄인이 되리로다 엇지 슬프지 아니ᄒᆞ리오

232) ᄆᆡ양每樣: 매양. 번번이, 매 때마다
233) ᄃᆡ쥬ᄌᆡ大主宰: 대주재. 주장(主掌)하여 맡음 또는 그 사람 주재자
주재主宰: 1.어떤 일을 중심이 되어 맡아 처리함 2.[같은 말] 주재자(어떤 일을 중심이 되어 맡아 처리하는 사람)
234) 봉ᄉᆞ奉事: 봉사. 받들어 섬기는 것
235) 실實: 열매, 이루어 놓은 것
236) 짐짓: 과연, 아닌 게 아니라 정말로

이곳 사람들이 매 때마다 말하기를, 우리들을 “천주학 죄인, 천주학 죄인” 하니,
어찌 천지만물을 다스리시는 큰 분을 받들어 섬김으로야 죄인 될 일이 있으리오마는,
헛된 이름만 가지고 결실은 없어 성교회만 욕되게 하니
정말로 천주학의 죄인이 되리로다. 어찌 슬프고 슬프지 아니하리오.

므ᄅᆞᆺ 조만과 신공과 기외 약간 송경과 쳠례를 쥰슈ᄒᆞᆷ과
부모를 효경ᄒᆞᆷ과 ᄋᆡ긍시샤[237]ᄒᆞᆷ과 남을 ᄉᆞ랑ᄒᆞ난
이런 됴흔 일의난 게으라고
샤음[238]과 투도[239]와 분노와 희틔[240]와 음식의 게걸됨[241]과 남의 말 ᄒᆞ기 됴화난
이런 몹슬 일에난 날래여

십계 칠죄[242]를 범ᄒᆞ고도 ᄆᆞ음이 쳘셕과 ᄀᆞᆺ치 ᄃᆞᆫᄃᆞᆫᄒᆞ니
이러코 이러키난 도모지 원슈 읫 육신을 후히[243] ᄃᆡ졉 ᄒᆞᆷ이로다

---

237) ᄋᆡ긍시샤哀矜施舍: 애긍시사. 불쌍히 여겨 은덕을 베풂을 뜻한다.

애긍哀矜은 불쌍히 여김이며, 사랑과 정의감의 발로로 경제적인 수단을 가진 자가 불우이웃을 물질적으로 돕는 종교행위를 말한다. 예수는 이를 단식, 기도와 함께 영신생활을 지탱하는 세 가지 추축 중의 하나로 삼았다.

오늘날은 자선이라는 말이 널리 쓰인다. 한불자전에 의하면 동냥, 자선사업을 의미한다.

시사施舍는 은덕을 베풀음의 의미이다

238) 샤음邪淫: 사음. 분륜, 남의 남자나 여자와 음탕한 짓을 하는 일

239) 투도偸盜: 도둑질, 남의 물건을 몰래 훔침

240) ᄒᆡᄐᆡ懈怠: 해태. 게으름

241) 게걸됨: 염치없이 마구 먹거나 가지려고 탐내는 모양. 또는 그런 마음

242) 칠죄七罪: 교오, 간린, 미색, 분노, 질투, 탐욕, 해태

칠죄종七罪宗: 본죄의 일곱 가지 근원, 일곱 가지 죄의 근원.

죄의 종宗이라고 한 것은 그 죄에서 다른 죄들이 생겨나기 때문이다.

교오驕傲 자기의 높음을 무질서하게 탐함. 교만하고 건방짐

간린慳吝 세상 사물에의 무질서한 애착. 소심하고 인색함

미색迷色 성적 쾌락의 무질서한 탐욕. 여색에 빠지는 일. 호색好色

분노忿怒 복수하려 하는 무질서한 욕망

탐도貪饕 음식을 무질서하게 탐함. 탐식貪食

질투嫉妬 남이 잘되는 것을 마치 자기 탁월성의 손실인양 싫어하고 근심함

해태懈怠 일을 하기 싫어하는 게으름. 태만怠慢

243) 후厚히: 마음 씀씀이나 태도가 너그러움

무릇 아침과 저녁 기도를 바치고, 온갖 선한 일을 행하며,
그 외 약간의 기도문을 암송하고 축일을 지키며
부모를 섬기고 공경하며, 남을 불쌍히 여겨 자선을 베풀고, 남을 사랑하는
이런 좋은 일에는 게으르고,
음탕함과 도둑질과 분노와 게으름과 음식을 탐냄과 남의 말 하기를 좋아하는
이런 몹쓸 일에는 날래어,
십계와 칠죄를 범하고도 마음이 쇠와 돌과 같이 단단하니,
이러하고 이러하기는 도무지 원수의 육신을 너그러이 대접한 까닭이로다.

나도 평ᄉᆡᆼ의 셩인젼 보기를 됴화ᄒᆞ고 十六 쪽
치명즁에도 국고[244]로 죽ᄉᆞᄒᆞ신[245] 거ᄉᆞᆯ 더욱 브러워난 ᄒᆞ엿더니만난
유죄 무공[246] ᄒᆞ야 ᄃᆡ은[247] 밧을 그릇시 업서 이리 몹시 살앗시니
어나 시절에 됴흔 긔회를 맛나리오

244) 국고極苦: 극고. 극심한 고생

245) 죽ᄉᆞ贖死: 속사. 죄를 사하고 죽는 것

246) 유죄무공有罪無功: 죄만 짓고 공은 이룬 것이 없음

247) ᄃᆡ은大恩: 대은. 천주의 큰 은혜

나도 평생에 성인전 보기를 좋아하고
치명 중에도 극심한 고통으로 죄를 용서받고 죽는 것을 더욱 부러워하였더니마는,
죄만 짓고 공은 이루지 못해, 천주의 큰 은혜를 받을 그릇이 없어,
이렇게 몹시 살았으니, 어느 시절에 좋은 기회를 만나리오.

ᄒᆞᆫ날을[248] 살면 ᄒᆞᆯ 죄과요 잇흘 살면 잇흘 죄과오
ᄒᆞᆫᄃᆞᆯ을 살면 ᄒᆞᆫᄃᆞᆯ 죄과오 ᄒᆞᆫ ᄒᆡ를 살면 ᄒᆞᆫᄒᆡ가 죄과ㅣ라
날날이 ᄃᆞᆯᄃᆞᆯ이 ᄒᆡᄒᆡ 죄난 쳡쳡 산ᄒᆡ 갓ᄒᆞᄃᆡ
셩ᄉᆞ 밧ᄌᆞ와 ᄒᆡ죄[249]ᄒᆞ야 볼 길은 아조 업도다
ᄋᆡ고 ᄋᆡ고 나 죽으리로다 이를 어이ᄒᆞᆯ가 나 죽으리로다
죽을 ᄀᆞ슴이 터지난 ᄃᆞᆺ 밋칠 듯 취ᄒᆞᆫᄃᆞᆺ ᄉᆡᆼ각 곳 ᄒᆞ면
그져 지원지원[250] ᄋᆡᄃᆞᆯ도다
ᄂᆡ두[251]를 잘ᄒᆞ면 영고[252]난 면ᄒᆞᆫᄃᆞᆯ 련옥[253]을 어이ᄒᆞᆯ고
그러나 우리네[254]가 실망치말고 브ᄌᆞ런이 힘써 보ᄉᆞ이다

248) ᄒᆞᆫ날: 한날. 하루

249) ᄒᆡ죄解罪: 해죄. 죄를 면함

250) 지원지원至冤至冤: 지극히 원통하고 원통함

251) ᄂᆡ두來頭: 내두. 지금부터 다가오게 될 앞날, 앞일

252) 영고永苦: 영원한 고통. 지옥영고地獄永苦: 지옥의 영원한 고통

253) 련옥煉獄: 연옥.

죽음은 죄의 벌이요, 영혼과 육신이 서로 갈림이다. 사람이 죽은 후에 그 육신은 썩어 없어지나, 그 영혼은 죽지 아니하며 천주 심판으로써 그 행실대로 상이나 벌을 받게 된다. 육신을 떠난 영혼은 곧 천주 앞에 혼자 심판을 받게 되며 이를 사심판私審判이라 하는데 그 판결에 따라 1.은총지위에 있어 아무 보속할 것이 없는 영혼은 바로 천당에 오르고 2.대죄 중에 있는 영혼은 바로 지옥에 내리고 3.소죄나 보속을 다 못하고 떠난 영혼들은 연옥煉獄으로 가서 천당에 들어가기까지 단련을 받게 된다.

연옥에는 마귀는 없다. 그러나 지옥처럼, 상실의 고통인 실고失苦와 뜨거운 지옥불로 인한 감각적 고통인 각고刻苦가 있다. 그러나 연옥 영혼들은 하느님의 공의를 잘 알고 있기 때문에 혹심한 형벌도 잘 참아 받고 조금도 하느님을 원망하지 않는다. 동시에 언젠가는 천국에 들어가리라는 확신이 있어 희망을 느끼고 있다.

천지 마칠 때에 영혼과 육신이 다시 결합하여 부활하면, 곧 천주께서 하늘에서 내려오시어 천사들과 모든 사람 앞에서 각 사람의 사심판의 판결을 공포하는 공심판公審判을 하게 된다. 공심판 후에는 연옥이 필요 없음으로 더 계속되지 않을 것이다.

공심판의 판결에 따라 의인들은 육신으로도 하늘나라에 들어갈 것이요, 악인들은 육신으로도 지옥불에 떨어질 것이다. 그리고는 영원, 영원, 영원뿐이다(상해천주교요리(상), 윤형중, 가톨릭출판사, 2001. 제9장 사말 281-350쪽 요약)

254) 우리네: “그 사람이 속한 무리” 라는 뜻을 더하는 접미사 “네”

하루를 살면 하루가 죄과요, 이틀을 살면 이틀이 죄과요,
한 달을 살면 한 달이 죄과요, 한 해를 살면 한 해가 죄과라.
나날이 다달이 해해년년이, 죄는 첩첩 산과 바다와 같은데
성사를 받고 죄를 면하여 볼 길은 아주 없도다.
애고, 애고 나 죽으리로다. 이를 어이할꼬? 나 죽으리로다.
죽을 가슴이 터지는 듯, 미칠 듯, 취한 듯 생각 곧 하면
그저 지극히 원통하고 원통하여 애닯기만 하도다.
앞으로 잘하면 영원한 고통은 면한다고하나 연옥을 어이할꼬.
그러나 우리들 실망하지 말고 부지런히 힘써 보세.

셩젼셩ᄉᆞ[255]의 ᄒᆞ엿시ᄃᆡ 부월[256]의 죽난이난 잠시 치명 이어이와
은슈 고슈쟈[257]의 공부난 곳 일ᄉᆡᆼ의 치명이라 더옥 어렵다 ᄒᆞ여 계시니
우리의 치명터흘 맛나시니 감슈[258] 여부의 ᄃᆞᆯ엿ᄂᆞ니
치명이 되게 밧을 진ᄃᆡ 오쥬의 ᄋᆡᄌᆞ[259]되여 영원 진복이 잇ᄉᆞ려이와

만일 실슈ᄒᆞ면 디옥 영괴[260] 무한ᄒᆞ리라

255) 셩젼셩ᄉᆞ聖傳聖事: 성전성사

성전: 성전聖傳은 한불자전에 의하면 1.성인들의 삶에 대한 이야기 2.전기 3.거룩한 역사책을 의미한다. 또한 4.성경에 명백히 기록되어 있지 않으나 교회 안에 전하여 내려오는 천주의 말씀과 예수의 가르침을 의미하기도 한다(천주교용어사전, 최형락, 도서출판 작은예수, 1995, 282쪽).

성사 聖事는 거룩한 일들 혹은 聖辭 성스러운 말씀이다.

따라서 성전성사는 전승과 성스러운 말씀을 의미한다고 생각된다.

256) 부월斧鉞: 도끼

257) 은슈자隱修者: 은수자. 아무도 없는 외딴 곳에서 수도생활을 하는 것을 은수 생활이라 하며 이렇게 생활하는 자를 은수자라고 한다. 즉 그윽한 곳에 숨어 수덕하는 사람을 말하며 은둔자를 의미한다.

은수생활은 금욕주의를 실천하는 방편으로 수도 생활에 자연스럽게 받았다.

고슈자苦修者: 고수자. 한불자전에 의하면 수도자, 은둔자, 은수자, 고행에 몰두하는 자를 의미한다.

사후묵상에 "죽어 승천하는 자는 위주치명이 으뜸이니, 부월에 죽음도 치명이라 하거니와 일생을 위주하여 온갖 괴로움을 자원하여 감수함이 또한 일생치명이라! 어찌 아름답지 않으리오?" 란 글귀가 있다(사후묵상. 한국고등신학연구원, 2011. 67쪽).

258) 감슈甘受: 감수. 달게 받음

259) ᄋᆡᄌᆞ愛子: 애자. 사랑하는 자녀

260) 디옥 영괴地獄永苦: 지옥영고. 지옥의 영원한 고통.

성전성사에 나타나 있듯이
도끼에 죽는 이는 잠시 치명이거니와,
은수자와 고수자의 공부는 곧 일생의 치명이라 더욱 어렵다하니,
우리의 치명터를 만나 달게 받음의 여부에 달렸으니
치명이 되게 받으면 우리 주의 사랑하는 자녀가 되어 영원히 참된 복이 있으려니와,
만일 달게 받지 아니하면 지옥의 영원한 고통이 끝이 없으리라.

충쳥도 ᄂᆡ포[261] 우편 베드루[262] 군난을 맛나 十七 쪽
동졀에 옥즁에 갓치엿다가 얼어 상ᄉᆞ[263] 낫시니

본당 쥬ㅣ교[264] 드ᄅᆞ시고 ᄀᆞᆯᄋᆞ샤ᄃᆡ

그 죽은 거시 비록 진산 류 권 냥인[265]만 난 못ᄒᆞ나

ᄯᅩᄒᆞᆫ 증거 잇시니 임의 쥬 ᄃᆡ젼[266]에 잇셔 복을 누리라 ᄒᆞ여 계시니

이난 다름이 아니라 비록 연장에 죽은 바 아니나

그러나 위쥬치ᄉᆞ[267]ㅣ라 ᄒᆞ샤 ᄒᆞ신 말ᄉᆞᆷ이니

나도 이 옥즁에 잇서 ᄆᆞᆺᄎᆞᆷ내 능히 위쥬치ᄉᆞᄒᆞ면

ᄯᅩᄒᆞᆫ 치명 칭호를 엇으리니 엇지 다힝치 아니ᄒᆞ랴

---

261) ᄂᆡ포內浦: 내포는 '안 개' 즉 '포구의 안쪽'을 의미하는 일반명사이다. 그러나 이 명칭은 조선 초기부터 '충청도의 아산만 일대'를 가리키는 고유명사로 정착되었다. 이중환의 택리지擇里志에 따르면 내포지방은 충남의 삽교천 서쪽인 아산만 일대의 아산, 당진, 면천, 홍주, 덕산, 해미, 결성, 보령, 서산, 태안의 10개 현을 말하며 이곳의 중심지는 아산 공세리公稅里 일대였다.

한국천주교회사의 관점에서는 서해안의 아산 천안 예산 당진 서산일대를 중심으로 내륙의 홍성 공주 청양지역까지를 포함하여 널리 내포지역이라고 불러왔다.

내포지역에는 1784년 정조 8년 무렵 '내포의 사도'로 불리는 여사울(현 충남 예산군 신암면)의 이존창李存昌 루도비코 곤자가가 입교 후 이 충청도 일대에 천주교를 전파함으로서 소위 '내포교회'를 이루게 되었다. 이후 박해 때마다 내포지역은 많은 순교자를 탄생시키면서도 그 신앙이 면면히 이어져 왔으므로 '한국 천주교 신앙의 못자리'라고 불린다. 또 박해동안 이 지역의 신자들이 전라 북부, 경기, 충청북부, 경상도 지역으로 이주함으로서 복음이 확대되는 결과를 낳게 되었다.

262) 베드루: 원 시장(1732-1793년)

충청도 최초의 순교자. 세례명은 베드로. 홍주 옥전리의 부유한 양민 출신으로 성격이 사나워서 호랑이라는 별명을 들을 정도였던 그는 55세에 사촌형 원 시보 야고보와 함께 입교하였다. 아직 세례를 받지 않은 예비 신자 이면서도 진리를 좀 더 올바르게 깨우치고 실천하려는 마음에서 1년 이상 가족을 떠나 생활하였다. 고향으로 돌아온 그는 "이것이 바로 영원히 사는 방법이니, 나처럼 천주교를 봉행하시오"라고 말하며 깨우친 교리를 설명하고, 가난한 이들에게 재산을 나누어주고, 열심히 교리를 실천함으로서 30가구 이상이 입교하였다.

1791년 신해박해 시 체포되어 홍주 관아로 끌려가 혹독한 고문과 유혹을 받았으나 굴하지 않고 신앙을 증거 하자 매질로 죽이는 것을 단념한 목사는 그의 온몸에 물을 붇고 옥 밖에 내어 놓아 얼려 죽이라는 처참한 명을 내린다. 밤이 되자 그가 덮어쓴 물은 얼음으로 변하여 온몸이 얼음투성이가 되었지만 그는 오직 주님의 수난만을 생각하며 감사의 기도를 올리고, 1793년 1월 28일 61세의 나이로 순교하였다.

263) 상ᄉᆞ喪事: 상사. 사람이 죽은 사고

264) '본당 주교 들으시고 가라사대 ~ 위주치사라 하사 하신 말씀이니'의 본당 주교는 당시 북경주교이신 구베아湯士選 (Alexandre Gouvea 1751~1808년) 주교를 말한다.

구베아주교는 1782년 교황으로부터 북경주교로 임명되었고, 북경에 부임한 것은 1785년 1월이며, 1808년 7월 뇌일혈로 사망하기까지 24년 간 북경교구를 위해 일하였다. 북경주교시 건륭황제로부터 흠천감欽天監 감정監正, 국자관國子館 산학관장算學館長의 직도 역임하였다.

265) 류 권 냥인: 윤지충尹持忠(1759-1791년)과 권상연權尙然(1751-1791년) 양인

신해박해 시 순교한 조선 최초의 순교자. 윤지충의 본관은 해남이며 자는 우용禹用 세례명은 바오로이다. 윤선도의 7대 후손이며 윤두서의 증손인 윤지충은 전주부 양양소면良梁所面에서 윤경尹憬과 안동 권씨의 맏아들로 태어났으며, 아버지를 따라 진산군 장구동(현 금산군 복수면 구레리)로 이주하였다.

25세에 진사가 되어 그 이듬해 1784년 상경하여 처음으로 천주교에 대해 듣고 김범우 토마스의 집에서 천주실의와 칠극을 빌려 필사하였으나 1785년 을사추조 적발사건때 교리서를 모두 불태웠다.

그 후 1786년경 내종형 정약전에게 교리를 배운뒤, 정약전을 대부로 이승훈에게 세례를 받아 천주교에 입교하였다. 그는 어머니 안동 권씨와 동생 윤지헌 프란치스코와 외사촌 권상연 야고보 등 집안에 천주 신앙을 전하고 함께 수계생활을 하였다.

윤지충은 1790년 윤유일이 가져온 북경 구베아 주교의 사목서한인 조상 제사 금지령에 따라 신주를 불태우고 신주를 넣었던 빈 궤만 사당에 세워 놓았다.

1791년 5월 윤지충은 모친상을 당해 위패를 만들지 않았고, 교회의 가르침대로 상례적인 제사를 지내지 않았으며 권상연도 그의 결정에 동의하였다. 이것이 곧 폐제분주廢祭奔走사건이며 그들은 윤리를 어긴 죄인으로 고발됨에 따라, 각각 몸을 피하였으나 숙부인 윤증이 대신 체포 되자 그들은 진산 관아에 자수하고 1차 심문 후 진주 감영으로 이송되었다. 심문을 받으면서 조선 최초의 호교론서인 '죄인 지충일기'를 기술하였고, "양반을 박탈당한다 해도 천주께 죄를 지을 수 없다. 살아서건 죽어서건 천주께 죄를 짓고서는 갈 곳이 없다"고 하였다.

1791년 12월 8일 전주에서 군문 효수되어 조선 최초의 순교자가 되었다. 윤지충은 33세, 권상연은 41세였다.

266) ᄃᆡ젼 臺前: 대전. 앞에

267) 위쥬치ᄉᆞ爲主致死: 위주치사. 주를 위해 죽는 것

충청도 내포 우편에 살던 원시장 베드루, 박해를 만나
겨울철에 옥중에 갇히었다가 얼어 죽었으니,
본당 주교님께서 들으시고 말씀하시기를
"그의 죽음이 비록 진산의 윤지충과 권상연 두 사람 만은 못하나
또한 증거가 있으니, 이미 주님의 앞에 있어 복을 누릴 것이다."라고 하시니
이는 다름이 아니라 비록 연장에 죽은 바는 아니나
주를 위해 죽은 것이라고 한다 하신 말씀이니,

어찌 버릇없는 건방짐이 있으리오?
사람은 서로 대하더라도 겉만 보거니와,
주의 사람 보심은 속속들이 조금도 모르실 것이 없으니,
이런 줄을 뚜렷이 알아야
말 한마디 움직임 하나에도 조금도 감히 등한하고 소홀하지 못하리니,
이러하여야 참 믿음이라 하리로다.

녯적에 ᄒᆞᆫ 음녀ㅣ 잇셔 고ᄒᆞᆫ 남ᄌᆞ를 보고
음욕을 이긔지 못ᄒᆞ야 힝음[284] ᄒᆞ기를 청ᄒᆞ거ᄂᆞᆯ
남ᄌᆞㅣ ᄀᆞᆯᄋᆞᄃᆡ 져자 가온ᄃᆡ 가 힝ᄒᆞ자 ᄒᆞ니
계집이 닐ᄋᆞᄃᆡ 져자 가온ᄃᆡᄂᆞᆫ 여러히 보니 붓그럽지 아니ᄒᆞ랴
남ᄌᆞㅣ ᄀᆞᆯᄋᆞᄃᆡ 져자 가온ᄃᆡ 여러히 봄은 붓그려 ᄒᆞ니
텬쥬와 텬신이 명명히[285] 보심은 붓그럽지 아니ᄒᆞ랴 ᄒᆞ니
그 계집이 그케 뉘웃처 음힝을 ᄇᆞ리고 졍을 직희다 ᄒᆞ엿시니
이런 사ᄅᆞᆷ은 죄의 굴치 안닐 ᄲᆞᆫ 아니라
소소ᄒᆞᆫ[286] 신덕을 발ᄒᆞ야 남ᄉᆡ지 회심케ᄒᆞ니
이런 후에야 ᄇᆡ야흐로 가히 쥬를 굿이 밋난다 ᄒᆞ리로다

284) 힝음行淫: 행음. 간음을 행함
285) 명명明明히: 밝고 명백하게
286) 소소小小하다: 작고 대수롭지 아니하다.

옛적에 한 음란한 여자가 있어
고운 남자를 보고 음욕을 이기지 못하여 행음하기를 청하거늘,
남자가 말하기를 "시장 가운데 가서 행하자" 하니,
계집이 말하기를 "시장 가운데는 여러 사람이 보니 부끄럽지 않겠습니까." 하였다.
남자가 말하기를 "시장 가운데 여러 사람이 봄은 부끄러워 하니,
천주와 천사가 하늘에서 똑똑히 보심은 부끄럽지 아니하랴" 하니,

그 계집이 크게 뉘우쳐 음행을 버리고 정결을 지켰다 하였으니,
이런 사람은 죄에 굴하지 않을 뿐 아니라
작은 믿음의 덕을 발휘하여 남까지 뉘우치게 하니,
이런 후에야 바야흐로 가히 주를 굳게 믿는다 하리로다.

신망ᄋᆡ 삼덕[287]즁에 신덕이 업ᄉᆞ면 망덕이 어ᄃᆡ로 조차[288]나며
신덕과 망덕이 업ᄉᆞ면 ᄋᆡ덕이 어ᄃᆡ로 조차오며 十九 쪽
신망ᄋᆡ 삼덕이 업ᄉᆞ면 어ᄃᆡ로 향ᄒᆞ야 공부를 ᄇᆞ치리오

287) 신망애信望愛 삼덕 三德: 덕德은 죄를 피하고 착한 일을 오랫동안 되풀이해서 자신의 몸에 좋은 습관이 된 것을 말한다.

덕행德行은 선을 행하고 악을 피하는 항구한 습관을 뜻한다. 덕행은 대상으로 보아서 향주덕向主德과 윤리덕倫理德 으로 구별되며, 덕행의 원인으로 보아서는 초성덕행超性德行과 본성덕행本性德行으로 구별된다.

초성은 인간의 본성이나 한계를 뛰어넘는 것을 의미함으로, 초성덕행은 사람의 본능력으로 되는 것이 아니라 하느님의 은총으로부터 오고, 하느님의 계명을 따라 하느님께 순명할 뜻으로 하느님의 영광과 영혼을 구하기 위하여 행하는 덕행이다. 따라서 초성, 즉 사람의 본성을 초월한 덕행이라 한다. 이것은 하느님께서 주셔야만 되는 것이므로 이를 또한 주입注入 덕행이라 한다. 즉, 신덕, 망덕, 애덕의 같은 것이다. 이에 반해 본성덕행은 사람의 본능력으로써 되고 타고난 양심을 바르게 행하는 덕행이다. 본능력으로 되지만 노력하여 얻는 것이므로 이를 획득 덕행이라 한다. 미신자들에게서도 많이 볼 수 있는 덕행이다. 그러나 본성대로만 덕을 닦으면 그것의 천당복의 갚음은 받지 못할 것이니 본성덕행이라도 마땅히 초성하게 닦을 것이다.

향주덕向主德은 하느님께 나아가기 위해서 인간에게 필요한 덕으로 신덕信德, 망덕望德, 애덕愛德의 3가지가 있다. 향주 삼덕은 사람의 능력에서 나오는 것이 아니라 하느님께서 주심으로서 생기는 초성덕행으로서, 사람을 직접 천주께로 향하게 하는 덕 임으로 향주덕向主德이라 하며 구원에 있어 필요 불가결의 것이다.

신덕信德은 천주 계시하사 성교회에 맡기신 모든 진리를, 천주의 진실하심으로 인하여, 확실히 믿는 덕이다. 즉 천주의 가르침을 굳게 믿는 덕이다. 망덕望德은 천주 예수의 공로를 보사 허락하신 천당 영복을 바라고 그 복을 얻기에 요긴한 모든 은총을, 천주의 성실하심과 자비하심으로 인하여 굳이 바라는 덕이다. 즉 천주의 은총으로 천당에서의 행복을 길이 누리기를 바라는 덕이다. 애덕愛德은 만선미호萬善美好하신 천주를 그 지선하심으로 인하여 만유 위에 사랑하며(애주 愛主) 또 천주를 위하여 남을 자기와 같이 사랑하는(애인 愛人) 덕이다. 즉 천주와 사람(이웃)을 사랑하는 덕이다.

신덕은 하느님께 나아가기 위한 관계설정의 기본 조건인 믿음을 의미한다. 믿음을 바탕으로 구원이 이루어지며 또한 소망의 전제조건이 된다. 믿음은 인간과 하느님의 기본관계를 설명하며, 소망은 믿음의 마지막 결과이고, 사랑은 믿음과 소망에 따라 행동으로 옮기는 신앙생활의 핵심이다.

시간 순으로 신덕이 먼저다 무엇을 알기 전에는 그것을 바랄 수도 사랑할 수도 없기 때문이다. 그 다음이 망덕이다. 하늘나라에 갈 수 있음을 알고서는 곧 희망을 품기 때문이다. 끝으로 애덕이다. 대군 대부되심을 알고 하느님을 사랑하게 되기 때문이다.

품위로 보면 애덕이 제일이다. 애덕이 없으면 신덕이나 망덕도 죽은 것에 지나지 않으며 신덕과 망덕은 행인行人들의 덕행이지만 애덕만은 본향의 덕행으로서 영원히 남아 있을 것이다. 애덕은 제일 큰 계명이며, 이속에 다른 계명이 포함된다.

"믿음과 희망과 사랑, 이 세 가지는 언제까지나 남아 있을 것입니다. 이중에서 가장 위대한 것은 사랑입니다.(1고린 13, 8-13)"

윤리덕은 직접 사람의 모든 생각과 말과 행위를 정리(正理)에 맞게 하는 덕이다. 윤리덕 중 중요한 것은 사추덕四樞德이니, 즉 지덕智德, 의덕義德, 용덕勇德, 절덕節德이다. 문이 지도리에 달려 있듯, 사람의 옳고 바르고 좋은 모든 행위는 이 네 가지 덕 중 하나에 종속되어 있음으로 추덕樞德이라 한다. 윤리덕은 복음 밖에서도 알고 또 지키는 것이지만, 청빈, 정결, 순명의 세 가지 덕행은 그리스도의 복음을 통해서만 알게 된 덕행임으로 복음삼덕이라 하며 이는 수도자들이 허원을 발하여 지키는 덕이다.

(상해천주교요리(중), 윤형중, 가톨릭출판사, 2004. 덕행편 228-309 쪽에서 발췌)

한불자전에 의하면 신덕은 1. 믿음의 덕 2. 믿음을 의미하며, 망덕은 희망(덕)을 의미한다.

288) 조차: '좇아'라는 말로 '-로 부터'를 뜻한다.

신덕 망덕 애덕 삼덕 중에
신덕이 없으면 망덕이 어디로 부터 나며,
신덕과 망덕이 없으면 애덕이 어디로 부터 오며,
신덕 망덕 애덕 삼덕이 없으면 어디로 향하여 공부를 부치리오.

그런고로 쥬를 굿이 밋어야 굿이 ᄇᆞᄅᆞᆯ거시오
알드리 ᄉᆞ리 ᄉᆞ랑 ᄒᆞ온 ᄆᆞ음이 블ᄒᆞ여야 죄단[289]이 업슬거시어날
이제 나난 ᄉᆡᆼ각을 극진이 ᄒᆞ야 ᄎᆞᆷ 신을 ᄎᆞ지 아니ᄒᆞ고
겨유 남의 말만 듯고 입교를 ᄒᆞ엿거니
엇지 립공ᄀᆡ과[290]의 날낸 ᄆᆞ음이 잇시리오

289) 죄단罪端: 죄의 실마리

290) 립공ᄀᆡ과立功改過: 입공개과. 공을 세우고 잘못을 고침

그런 고로 주를 굳게 믿어야 굳게 바랄 것이요,
알뜰히 사리 사랑하온 마음이 일어나야 죄의 실마리가 없을 것이거늘,
이제 나는 생각을 극진히 하여 참 믿음을 찾지 아니하고,
겨우 남의 말만 듣고 입교를 하였으니,
어찌 공을 세우고 잘못을 고침에 날랜 마음이 있으리오.

션셩[291]을 의론치[292] 말고 우리 동국 교우를 닐너도
오직 살고 시브련마난 그러나 죽기를 앗기지 아니심은
살녀 ᄒᆞ여셔난 죄를 법ᄒᆞ겟 난 고로 경즁[293]을 ᄉᆡᆼ각ᄒᆞ야 죽엇나니
우리난 범죄를 아니코난 무숨 ᄋᆡᆨᄉᆡᆨᄒᆞᆫ[294] 일이 엇던가 죽을가 무셥던가
아므것도 셰윤거시 업셔 그져 일시 ᄉᆞ욕[295]을 이긔지 못ᄒᆞ야
늘 내쳐[296] 회심[297] ᄒᆞ기를 더ᄃᆡᄒᆞ니 가히 앗갑고 앗갑도다
육신의 도츄[298]흐리 분슈 업난 일에 앗가온 령혼만 죽이려 ᄒᆞ난다
가히업다[299] 마귀 힝실을 ᄭᅳᆫ치 아녀셔난 아조 볼 것 업ᄉᆞ리라

291) 션셩先聖: 선성. 옛날의 성인

292) 의논議論: 1.어떤 일에 대하여 서로 의견을 주고 받음 2.미루어 생각하여 논함.(추론推論)

293) 경즁警衆: 뭇 사람들에게 깨우침, 뭇사람들을 잘못이 없도록 타일러 주의시킴

294) ᄋᆡᆨᄉᆡᆨᄒᆞ다阨塞하다: 액색하다. 운수가 막히어 생활이나 행색 따위가 군색하다 (가난하다, 빈궁하다)

295) ᄉᆞ욕邪慾: 사욕 바르지 못한 잘못된 욕망

296) 내쳐: 줄 곧 한결같이, 어떤 일 끝에 더 나아가
내치다: 잇따라서 계속치다.

297) 회심悔心: 잘못을 뉘우치는 마음

298) 도츄陶醉: 도취. 어떠한 것에 마음이 쏠려 취하다시피 됨.

299) 가히업다: 가엾다

옛 성인을 논하지 말고 우리 조선 교우를 두고 말하더라도
오직 살고 싶으련마는 그러나 죽기를 아끼지 아니하심은
살려 하여서는 죄를 범하겠는 고로 뭇 사람들에게 깨우침을 생각하여 죽었으니,
우리는 죄를 범하지 아니하고는 무슨 딱하고 어려운 일이 있던가,
죽을까 무섭든가, 아무것도 세운 것이 없어,
그저 일시 사욕을 이기지 못하여, 늘 내처 잇달아 뉘우치기를 더디게 하니
가히 아깝고 아깝도다.
육신에 취하듯 마음이 쏠려, 분수없는 일에 아까운 영혼만 죽이려 하는가. 가엾구나.
마귀 행실을 끊지 아니하여서는 아주 볼 것 없으리라.

스ᄉᆞ로 ᄉᆡᆼ각기난 만년이나 살녀ᄒᆞ나 나ㅣ라고 ᄆᆡ양[300] 살야
아ᄎᆞᆷ 아니면 젼녁이오 오날 아니면 ᄂᆡ일이오
이ᄃᆞᆯ 아니면 훗ᄃᆞᆯ이오 금년 아니면 명년[301]이라
ᄒᆞᆫ번 죽어지면 그만ᄒᆞ야 디옥을 가잣말가 二十 쪽
엇지 그ᄃᆡ도록 힘업시 답답ᄒᆞ뇨

300) ᄆᆡ양每樣: 매양항상
301) 명년明年: 내년 來年

스스로 생각하기는 만년이나 살려고 하나, 나라고 항상 살겠느냐?
죽기로 말하면 아침 아니면 저녁이요, 오늘 아니면 내일이요,
이달 아니면 훗달이요, 금년 아니면 내년이라.
한 번 죽으면 그만하여 지옥으로 가자는 말인가? 어찌 그대토록 힘없이 답답하뇨?

십계[302]를 의론컨ᄃᆡ
뎨 일계[303]의 ᄒᆞᆫ 텬쥬를 만유[304] 우희 흠숭[305]ᄒᆞ라 ᄒᆞ엿시니

302) 천주 십계天主十誡: 천주 야훼께서 모세에게 시나이 산에서 제시하신 열 가지 계명이다. 십계十誡 혹은 십계十戒, 십계명十誡命 등으로 쓰나 박해시대 교인들은 일반적으로 이를 '천주십계'라 하였다.

구약성서 출애굽기 20장 1-17절을 보면 본문에는 십계의 분류가 명확치 않다. 따라서 동일한 본문을 놓고 그 분류가 다를 수 있다.

필로의 분류	1. 너는 나 외에 다른 신을 두지 말라 2. 너는 무슨 우상이든지 숭배하지 말라 3. 하느님의 이름을 헛되이 부르지 말라 4. 안식일을 거룩히 지켜라 5. 네 부모를 공경하라 6. 살인하지 말라 7. 간음하지 말라 8. 도둑질을 하지 말라 9. 네 이웃을 해하려고 거짓 증언을 말라 10. 네 이웃의 집을 탐하지 말라
성 아우구스티노의 분류	1. 하나이신 하느님을 만유위에 공경하여 높이고 2. 하느님의 거룩하신 이름을 불러 거짓 맹세를 하지 말고 3. 주일을 지키고 4. 부모에게 효도하여 공경하고 5. 사람을 죽이지 말고 6. 사음邪淫을 행하지 말고 7. 도둑질을 말고 8. 거짓 증언을 말고 9. 남의 아내를 원하지 말고 10. 남의 재물을 탐하지 말라

가톨릭에서는 처음에는 유다인 필로의 분류를 따랐다. 그러다가 5세기에 이르러 성 아우구스티노의 분류가 나타났는데, 더 합리적인 이 분류가 차차 우세하여 그 후 가톨릭에서는 이 분류가 일반화 되었다. 프로테스탄트에서는 여전히 필로의 분류를 따르고 있다.

현재 가톨릭 기도서(제1판, 최창무, 한국천주교중앙협의회, 2004)에 실려 있는 십계명은 제 1계 한 분이신 하느님을 흠숭하여라.

제 2계 하느님의 이름을 함부로 부르지 마라

제 3계 주일을 거룩히 지내라

제 4계 부모에게 효도 하여라

제 5계 사람을 죽이지 마라

제 6계 간음하지 마라

제 7계 도둑질을 하지 마라

제 8계 거짓 증언을 하지 마라

제 9계 남의 아내를 탐내지 마라

제10계 남의 재물을 탐내지 마라. 이다.

천주 십계 중에 처음의 세 가지 큰 계명, 곧 천주를 만유 위에 공경恭敬하여 높일 것과, 천주의 이름으로써 헛맹세盟誓를 하지 말 것과, 주일主日을 지킬 것은 애주愛主에 관한 내용으로 이를 특히 상삼계上三誡 라 한다. 나머지 일곱 계명은 애인愛人에 관한 계명이다.

303) 제1계에 명하시는 것은 흠숭지례欽崇之禮로, 하느님을 만유 위에 공경하여 높임이다. 공경은 공경을 받는 이의 품위에 상응하여야 된다. 하느님은 흠숭지례欽崇之禮로 공경하여야 된다. 하느님께만 드려야 할 흠숭지례를 하느님 아닌 다른 어떤 이에게도 드리는 것을 금한다. 성모께는 그 품위에 맞는 공경인 상경지례上敬之禮를 드리고, 성인에게는 공경지례 恭敬之禮를 드린다(상해천주교요리(중), 윤형중, 경향잡지사, 초판 1958년. 46쪽).

304) 만유萬有: 우주에 존재하는 모든 것

305) 흠슝欽崇: 흠숭. 1.흠모하고 공경함. 2. 흠숭지례欽崇之禮와 같은 말로서, 천주에게만 드리는 흠모와 공경恭敬을 말한다.

한불자전에 의하면 존경함, 공경함, 숭배함, 경배함을 의미한다(하느님에 대해서만 사용함).

십계를 의논컨대,

제 일계에 한 천주를 모든 것 위에 사랑하고 공경하라 하였으니

텬쥬 난 젼능 젼지 젼션ᄒᆞ시며[306] 지존지귀ᄒᆞ시며 지의지엄[307] ᄒᆞ시니

큰 텬디와 명낭ᄒᆞᆫ[308] 일월과 산쳔 초목과

오곡 ᄇᆡᆨ과의 가지가지 비샹ᄒᆞᆫ[309] 것과

만물 즁 지극히 령ᄒᆞᆫ[310] 사ᄅᆞᆷ이라도 ᄒᆞᆫ번 명ᄒᆞ야 ᄉᆡᆼ셩케 ᄒᆞ시난지라

이제 ᄯᅩ업시코져 ᄒᆞ셔도 ᄒᆞᆫ번 명ᄒᆞ야 경ᄀᆡᆨ[311]간에 ᄒᆞ실거시오

306) 전능全能, 전지全知, 전선全善하시며: 못하는 것과 모르는 것이 없고, 오로지 선하시며

307) 지의지엄至義至嚴: 더 없이 의롭고, 더 없이 엄함

308) 명낭明朗ᄒᆞᆫ: 명랑한. 흐린 데 없이 밝고 환한

309) 비샹非常ᄒᆞᆫ: 비상한. 예사롭지 않고 특별한

310) 령靈ᄒᆞ다: 사람의 기원대로 되는 신기한 징험이 있다. 영험하다. 영검하다

311) 경ᄀᆡᆨ頃刻: 경각. 아주 짧은 시간

천주는 못하시는 것과 모르시는 것이 없으시고, 오로지 선하시며
더 없이 높고 귀하시며, 더 없이 의롭고 엄하시니,
큰 천지와 밝고 환한 해와 달과, 산천초목과 오곡백과의 가지가지 특별한 것과
만물 중 지극히 영험한 사람이라도 한번 명령하여 생겨나게 하시는지라,
이제 또 없애고자 하셔도 한번 명령하여 순식간에 하실 것이오.

사ᄅᆞᆷ은 아모리 ᄌᆡ조 잇셔도 무어ᄉᆞᆯ 만ᄃᆞᆯ녀 ᄒᆞ면 다 죽은 거시로ᄃᆡ
텬쥬의 내신거ᄉᆞᆫ 사ᄅᆞᆷ의 능[312]으로난 만달지 못ᄒᆞᆯᄲᅮᆫ 아니라
다 ᄉᆡᆼ동[313]ᄒᆞ난이 그 능ᄒᆞ심이 엇더ᄒᆞ시며
사ᄅᆞᆷ의 드라난 션과 ᄀᆞ만ᄒᆞᆫ[314] 악과 ᄀᆞ만ᄒᆞᆫ 션과 드러난 악을
모로실거시 업ᄉᆞ시고
사ᄅᆞᆷ의 털ᄭᅳᆺ만ᄒᆞᆫ ᄆᆞᄋᆞᆷ 먹난 것ᄭᆞ지 다 알으시고
이왕[315]과 현ᄌᆡ와 미ᄅᆡ를 무불통지[316]ᄒᆞ시ᄂᆞ니 그 알으심이 엇더ᄒᆞ시며
텬쥬ㅣ 사ᄅᆞᆷ쳐럼 죄를 짓고 통회 뎡ᄀᆡᄒᆞ야 착ᄒᆞᆫ바ㅣ 아니시라
본ᄃᆡ 털ᄭᅳᆺ만ᄒᆞᆫ 하ᄌᆞ[317]ㅣ 업스샤 슌젼이 착ᄒᆞ샤
만션[318]이 젼비[319]ᄒᆞ시니 그 션ᄒᆞ심이 엇더하시뇨 二十一 쪽

312) 능能: 능력
313) ᄉᆡᆼ동生動: 생동. 살이 움직임
314) ᄀᆞ만ᄒᆞ다: 가만하다. 움직임이 조용하여 남에게 드러나지 아니하다. 움직임 따위가 그다지 드러나지 않을 만큼 조용하고 은은하다.
315) 이왕已往: 지금보다 이전, 과거
316) 무불통지無不通知: 무슨 일이든지 환히 통하여 모르는 것이 없음
317) 하ᄌᆞ瑕疵; 하자. 옥의 얼룩진 흔적이라는 뜻으로, 흠이나 결점을 이르는 말
318) 만션萬善: 만선. 온갖 착한 일, 한불자전에 의하면 완벽한 선, 만 가지 선, 지고한 선을 의미한다.
319) 젼비全備: 전비. 빠진 것이 없이 모두 갖춤

사람은 아무리 재주가 있어도 무엇을 만들려 하면 다 죽은 것이로되,
천주의 내신 것은 사람의 능력으로는 만들지 못할 뿐 아니라 다 살아 움직이느니,

그 능하심이 어떠하시며,
사람의 드러난 선과 숨겨진 악과 숨겨진 선과 드러난 악을 모르실 것이 없으시고,
사람의 털끝만한 마음먹는 것까지 다 아시고,
과거와 현재와 미래를 환히 통하여 무슨 일에나 모름이 없으시니,
그 아심이 어떠하시며,
천주, 사람처럼 죄를 짓고 뉘우치고 정개하여 착한 바 아니시라,
본디 털끝만 한 흠도 없으시어 온전히 착하여 온갖 선을 빠짐없이 모두 갖추시니
그 선하심이 어떠하시뇨.

못ᄒᆞ실 거시 업ᄉᆞ신 고로 ᄀᆞᆯ오ᄃᆡ[320] 젼능이시오
모로시난 거시 업ᄉᆞ신 고로 젼지시오
착지 아니심이 업ᄉᆞ신 고로 ᄀᆞᆯᄋᆞᄃᆡ 젼션이시라
나난 지악지렬[321] ᄒᆞ니 이러ᄒᆞ신 텬쥬를 맛당이 흠숭ᄒᆞᆯ 거시오
지극히 놉흐샤 비ᄒᆞᆯᄃᆡ 업ᄉᆞ시고 지극히 귀ᄒᆞ샤 ᄃᆡᄒᆞᆯ이 업난지라
나난 지비지쳔[322] ᄒᆞ니 이러ᄒᆞ신 텬쥬를 맛당이 흠숭ᄒᆞᆯ 거시오
션을 션으로 ᄒᆞ시고 악을 악으로 ᄒᆞ샤 샹벌이 분명ᄒᆞ신지라
나난 불명부지[323] ᄒᆞ니 이러ᄒᆞ신 텬쥬를 맛당이 흠숭ᄒᆞᆯ 거시오

320) ᄀᆞᆯ오ᄃᆡ: 가로다. '말하다'를 예스럽게 이르는 말
321) 지악지렬至惡至劣: 지악지열. 지극히 악하고 지극히 용렬함
지악至惡하다: 더할 수 없이 악하다.
용렬庸劣하다: 사람이 변변하지 못하고 졸렬하다.
322) 지비지쳔至卑至賤: 지비지천. 지극히 낮고 지극히 천함
323) 불명부지不明不知:사리에 어두워 알지 못함.
불명不明: 1.확실確實하지 않음 2.사리事理에 어두움

못 하실 것이 없으신 고로 일컫기를 전능이시오,
모르시는 것이 없으신 고로 전지이시요,
착하지 아니하심이 없으신 고로 일컫기를 전선이시라

나는 더없이 악하고 졸렬하니, 이러하신 천주를 마땅히 사랑하고 공경할 것이오.
지극히 높으시어 비할 데가 없으시고, 지극히 귀하시어 대할 이 없는지라.
나는 지극히 낮고 지극히 천하니, 이러하신 천주를 마땅히 사랑하고 공경할 것이요,
선을 선으로 하시고 악을 악으로 하시어 상과 벌이 분명하신지라,
나는 어리석고 무지하니, 이러하신 천주를 마땅히 사랑하고 공경할 것이오.

지극히 놉ᄒᆞ샤 비ᄒᆞᆯᄃᆡ 업ᄉᆞ시고 ᄯᅩ 업난 가온ᄃᆡ로 나를 내셧시니
이난 나의 큰 부모시라 맛당이 흠슝ᄒᆞᆯ 거시오
하날노 덥고 ᄯᅡᄒᆞ로 싯고 일월셩신[324]으로 빗최시고 오곡ᄇᆡᆨ과로 먹여 기ᄅᆞ시느
은혜 크신지라 맛당이 흠슝ᄒᆞᆯ거시니
셰샹사ᄅᆞᆷ으로 닐너도 하인되고난 우흘 흠슝ᄒᆞ거든
ᄒᆞ물며 텬쥬난 우업난 우히시니 엇지 흠슝치 아니ᄒᆞ리오

324) 일월셩신日月星辰: 일월성신. 해와 달과 별

지극히 높으시어 비할 데 없으시고, 또 없는 가운데 나를 생겨나게 하셨으니,
이는 나의 큰 부모시라, 마땅히 사랑하고 공경할 것이요,
하늘로 덮고 땅으로 씻고 해와 달과 별로 비추시고 오곡백과로 먹여 기르시니
은혜 크신지라, 마땅히 사랑하고 공경할 것이니,
세상 사람을 두고 말하더라도 하인 된 이는 위를 공경하거든,
하물며 천주는 위 없는 위이시니 어찌 사랑하고 공경치 아니하리오.

뎨 이계[325]의 텬쥬의 거룩ᄒᆞ신 일흠을 불너 헛 ᄆᆡᆼ세[326]를 발치[327]말나 ᄒᆞ엿시니
텬쥬를 위ᄒᆞ난 도리와 ᄌᆞ긔 령혼 구ᄒᆞᆯ 일의난
죄업ᄉᆞᆯ ᄲᆞᆫ아니라 도로혀 공이 잇ᄉᆞᆯ거시니 二十二 쪽

325) 제2계二誡에 명하시는 것은 하느님의 거룩하신 이름을 정성되이 부름과 맹세盟誓와

허원許願을 지킴이다.

맹세盟誓는 전지全知하신 하느님을 사실의 증거자로 부름이며, 허원은 무슨 선행을 하기로 하느님께 약속하되, 궐闕하면 죄 될 줄 알면서 함이다.(상해천주교요리(중), 윤형중, 경향잡지사, 초판 1958년. 62쪽)

326) ᄆᆡᆼ셰盟誓: 맹세는 전지全知하신 하느님을 사실의 증거자로 부름이다. 맹세가 유효하게 또는 합당하게 되기 위해서는 그 조건을 갖추어야 한다. 유효한 맹세가 되기 위해서는 1.맹세할 뜻意向이 있어야 하며 2.맹세가 형식으로 표시되어야 한다.

즉, 하느님을 증거자로 부르는 말이나 행동이 있어야 된다. 합당한 맹세가 되기 위해서는 1.맹세가 진실하여야 하고 2.의義로워야하고 3.신중히 하여야한다(상해천주교요리(중), 윤형중, 경향잡지사, 초판 1958년. 64-66쪽).

327) 발發하다: 어떤 내용을 공개적으로 펴서 알리다. 드러내어 알리다.

제 이계에, 천주의 거룩하신 이름을 불러 헛된 맹세를 하지 말라 하였으니,
천주를 위하는 도리와 자기 영혼 구할 일에는
죄가 없을 뿐 아니라 도리어 공이 있을 것이니,

맛치 외교[328] ㅣ 잇셔 셩교를 욕ᄒᆞ고 나물ᄒᆞ거든
그러치 아님을 나ㅣ 극히[329] 발명ᄒᆞᄃᆡ[330]
남이 고지듯지 아니커든 ᄆᆡᆼ셰를 발ᄒᆞᄃᆡ
혹 즘승이라 사ᄅᆞᆷ이 아니라 혹 죽어도 그런 일 업다 ᄒᆞ거나
관가 군난과 ᄉᆞᄉᆞ군난[331]을 당ᄒᆞ야 ᄇᆡ쥬ᄒᆞ라 ᄒᆞ거든 ᄆᆡᆼ셰를 발ᄒᆞᄃᆡ
내 ᄇᆡ쥬를 ᄒᆞ면 즘ᄉᆡᆼ이라 사ᄅᆞᆷ이 아니라 ᄒᆞ거나
죽어도 ᄇᆡ교[332]를 못ᄒᆞ리라 ᄒᆞ면 이난 다 됴흔 ᄆᆡᆼ셰 어니와

328) 외교外教: 이교異教

329) 극極히: 매우, 대단히

330) 발명發明: 죄나 잘못 따위가 없음을 말하여 밝힘

331) ᄉᆞ군난私窘難: 사군난. 사적私的 박해를 지칭하는 옛말. 공권력에 의한 공식적인 박해가 아니라 적의를 품고 있는 한 개인이나 혹은 집단의 월권적 행동에서 유발되는 박해를 의미한다(박순집 증언록, 김영수번역, 성황석두 루가서원, 2001. 295쪽).

332) ᄇᆡ교背教: 배교. 믿던 종교를 배반함. 한불자전에 의하면 1.종교를 부정함 2.그리스도교 신앙을 부정함을 뜻한다.

마치 다른 종교가 있어 천주교를 욕하고 나무라거든
그렇하지 않음을 나 극히 드러내어 밝히 알리고,
남이 곧이듣지 아니하거든 맹세를 하되,
혹 그러하다면 짐승이며 사람이 아니다 라고 하거나,
혹 죽어도 그런 일이 없다 하거나
관가의 박해와 사적 박해를 당하여 주를 배반하라 하거든 맹세하되,
내 주를 배반하면 짐승이며 사람이 아니다 라고 하거나 죽어도 배교를 못하리라하면,
이는 다 좋은 맹세이거니와,

헛 ᄆᆡᆼ셰라 ᄒᆞ난거ᄉᆞᆫ 육신혈거[333)]의 조고마ᄒᆞᆫ 원통ᄒᆞᆫ거ᄉᆞᆯ 발명ᄒᆞ려 ᄒᆞ야
만일 그러ᄒᆞ면 즘ᄉᆡᆼ이라 사ᄅᆞᆷ이 아니라 ᄒᆞ거나
죽어도 그러치 안타ᄒᆞ면 이난 다 헛 ᄆᆡᆼ셰오

333) 혈거穴居: 흙이나 바위의 굴속에서 삶

헛 맹세라 하는 것은 자신의 삶에 조그마한 원통한 것을 말해 밝히려 하여,
만일 그러하다면 짐승이라 사람이 아니라 하거나,
죽어도 그렇지 않다 하면 이는 다 헛 맹세요,

남을 즘ᄉᆡᆼ이라 사ᄅᆞᆷ이 아니라ᄒᆞᆷ과
니셩을 김셩이라 ᄒᆞ거나 김셩을 최셩이라 ᄒᆞ난거시
다 헛 계를 범ᄒᆞᆷ이니
사ᄅᆞᆷ으로 내신거ᄉᆞᆯ 내 입으로 사ᄅᆞᆷ이 아니라 ᄒᆞ며 즘ᄉᆡᆼ이라ᄒᆞ며
김셩으로 내신겨ᄉᆞᆯ 최셩이라 ᄒᆞ니
쥬의 ᄒᆞ신 바를 내 다 헛 증참[334)]을 ᄒᆞ거니 엇지 헛 계 되지 아니리오

334) 증참證參: 1.참고가 될 만한 증거 증언 2.증인으로 참석함. 또는 그 증인

남을 짐승이라 사람이 아니라 함과
이 성을 김 성이라 하거나, 김 성을 최 성이라 하는 것이
다 헛 계명을 범함이니
사람으로 내신 것을 내 입으로 사람이 아니라 하며 짐승이라 하며
김 성으로 내신 것을 최 성이라 하니
주의 하신 바를 내 다 헛 증언을 하거니 어찌 헛 계명이 되지 아니하리오.

원 십계의 ᄌᆞ세히 실녓시니 다시 더 ᄒᆞᆯ 것 업거니와
이샹 두 이 말ᄉᆞᆷ은 나의 모병[335]이라 곳치기 어려옴을
병되이 넉이여 별노 기록 ᄒᆞ노라

335) 모병毛病: 악한 행실을 하는 습관을 악습 또는 모병毛病 vitium이라 한다. 악한 행실이 습관이 되면 고치기는 매우 힘들다.
악습을 모병이라 하는 이유는 털은 깎으면 또 나고 또 나고 하여 빼버리기 어려운 것과 같음에 비유되기 때문이다.

원 십계에 자세히 실렸으니, 다시 더 할 것 없거니와
이 상 두 이 말씀은 나의 나쁜 버릇이라 고치기 어려우므로
병되이 여겨 별도로 기록하노라.

뎨 삼계[336]의 쳠례날[337]을 직희라 ᄒᆞ엿시니
쳠례난 쥬일과 대소지[338]와 져셩인[339] 치명일[340]과 혹 탄일이니 二十三 쪽
이난 날이이[341] 범년ᄒᆞᆯ[342] 바ㅣ가 아니로ᄃᆡ
쳠례날을 당ᄒᆞ거든 열심을 발ᄒᆞ야
송경[343]과 묵샹과 긔도와 셩찰통회를 더욱 진실이 ᄒᆞ야
종일 조심이 평일과 다ᄅᆞ게 ᄒᆞᆯ거시오

336) 제 3계에 명하시는 것은 하느님께 공식신공公式神工을 드리고 육신 일을 파함으로써 주일을 거룩하게 지냄이다(상해천주교요리(중), 윤형중, 경향잡지사, 초판 1958년. 88쪽).

천주교회 법규 제1규에 명하시는 것은 모든 주일과 파공첨례罷工瞻禮를 거룩하게 지냄이다.

구약의 예전법은 예수 부활로 폐지되었음으로 사도들은 구약의 토요일(안식일)을 버리고 일요일을 주일로 지키기로 결정하였다.

첨례는 교회의 축일을 뜻한다. 파공첨례는 주일과 동등하게 지켜 육신의 노동을 금하는 교회의 대축일을 뜻한다. 이를 의무 축일이라 하는데, 예수 성탄 대축일, 주의 공현 대축일, 주의 승천 대축일, 그리스도의 성체와 성혈 대축일, 천주의 모친 성 마리아 대축일, 복되신 동정 마리아의 원죄 없으신 잉태 대축일(12월 8일), 성모 승천 축일(8월 15일), 성요셉 대축일, 성베드로와 성바오로 사도 대축일, 모든 성인의 날 대축일(11월 1일) 등이다.

연중 파공일 중에도 예수 성탄, 예수 부활, 성신강림, 성모승천은 대파공大罷工이라 한다.

초기에는 14개 파공첨례를 지켜왔으나 조선 8대 교구장 뮈텔주교의 특전요청을 교황청이 받아들여 1900년 6월28일 부터는 예수 성탄, 예수 승천, 성모 승천, 제성첨례(모든 성인 대축일), 성모 무염시태첨례(복되신 동정 마리아의 원죄 없으신 잉태 대축일)의 5개로 축소되었다.(천당직로. 정종득, 수원교회사연구소, 2006. 193쪽)

337) 첨례瞻禮날: 축일祝日의 전 용어. 특별한 종교의식을 거행하도록 규정된 주일을 포함한 천주교의 축일을 말한다. 한불자전에는 1.축일 2.기도 3.종교축제 4.휴일을 의미한다.

축일의 옛말이지만, 초기교회 교우들은 기도나 미사로도 이해하였다(천당직로, 정종득, 수원교회사연구소, 2006. 189쪽).

338) 대재大齋와 소재小齋: 재齋는 신자의 심신을 건강케 하기 위한 행위로서 식음을 절제 또는 전폐를 지칭한다. 한불자전에 의하면 대제는 금식, 큰 재계를 의미하며, 소재는 금육재를 의미한다. 재계齋戒는 1.금식재를 지킴. 2.금육재를 지킴 3.고기를 절제하거나 먹지 않음을 의미한다.

339) 져셩인諸聖人: 제성인. 여러 성인

340) 치명致命일: 순교일

341) 날이이: 날마다

342) 범연泛然, 犯然, 汎然: 차근차근한 맛이 없이 데면데면함 또는 그 모양. 데면데면은 1.사람을 대하는 태도가 친밀감이 없이 예사로운 모양이나, 2.성질이 꼼꼼하지 않아 행동이 신중하거나 조심스럽지 않은 모양을 말한다.

343) 송경誦經: 경문(기도문)을 외움 또는 읽음. 한불자전에 의하면 기도문을 암송함을 의미한다.

제 삼계에 축일을 지키라 하였으니,
축일은 주일과 대소재와, 여러 성인의 순교하신 날과 혹 태어나신 날이니,
이는 날마다 흔히 있는 바가 아니므로, 축일을 당하거든 열심을 발하여
송경과 묵상과 기도, 그리고 성찰과 통회를 더욱 진실히 하여
종일 조심히 평일과 다르게 할 것이요.

대소ᄌᆡ[344]라도 어육과 밥을 덜 ᄲᅟᆫ 아니라
음난ᄒᆞᆫ 소ᄅᆡ를 듯지 말아 귀의 ᄌᆡ를 직희며
샤ᄉᆡᆨ[345]을 보지 말아 눈의 ᄌᆡ를 직희며
례 아닌 말을 ᄒᆞ지 말아 입의 ᄌᆡ를 직희며
아치ᄒᆞᆫ[346] 내음ᄉᆡ를 맛지 말아 코의 ᄌᆡ를 직희며
비리의 ᄌᆡ물을 취치 말며
음난ᄒᆞᆫ 곳을 만지지 말며
법죄 ᄒᆞᆯ 싸흘 ᄃᆞᆫ이지 말아 슈족의 ᄌᆡ를 직희며

---

344) 대소ᄌᆡ: 천주교회 법규 제2규에 명하시는 것은 축일표(교회일력)에 표시되어 있는 날에 대재大齋와 소재小齋를 지킴이다.

대재날은 재의 수요일과 예수 그리스도께서 수난하시고 죽으신 성 금요일 뿐이며, 또 이때에는 소재도 겸한다. 대재는 그날 양대로 만족한 식사 한 번만 하는 것이 원칙이다. 일반적으로 조반을 거르고, 그날 점심만 먹는 것이나, 그 밖에 특별히 저녁에 조금 요기함은 가하다. 대재는 만 18세 부터 만 60세 까지 지킬 본분이 있다.

소재날은 연중 모든 금요일과 재의 수요일이다. 소재는 육찬(肉饌, 고기)과 육수(肉水, 고기국)를 먹지 못하는 것이다. 소재는 만14세 부터 죽을 때까지 지킬 본분이 있다.

대소재를 지키는 이유는 예수께서 금요일에 피를 흘리고 죽으셨으므로 그 괴로움을 묵상하고 우리 죄를 보속하며 고신 극기(육신의 고통을 참고 이기며 자기 자신을 극복하는 것)를 실천하기 위해서다(상해천주교요리(중), 윤형중, 경향잡지사, 1958년. 88쪽, 상해천주교요리(중), 윤형중, 가톨릭출판사, 2004. 203-220쪽).

345) 샤ᄉᆡᆨ邪色: 사색. 바르지 못한 색

346) 아취雅趣: 고아한 정취 또는 그런 취미

대소재라도 생선과 고기와 밥을 덜 뿐 아니라,
음란한 소리를 듣지 말아 귀의 재를 지키며,
바르지 못한 형상을 보지 말아 눈의 재를 지키며,
예가 아닌 말을 하지 말아 입의 재를 지키며,
아취한 냄새를 맡지 말아 코의 재를 지키며,
비리의 재물을 취하지 말며,
음란한 곳을 만지지 말며,
죄를 범한 땅을 다니지 말아 손과 발의 재를 지키며,

각ᄉᆡᆨ[347] 죄과의 ᄉᆡᆼ각을 쓸허 발여 ᄆᆞ음의 ᄌᆡ를 직희여야
진실노 ᄎᆞᆷᄌᆡ를 직희려니와
만일 이 ᄀᆞᆺ치 아니ᄒᆞ고난 비록 사흘 나흘을 굴머 ᄌᆡ를 직희여도
다만 육신이 주려 ᄉᆞ식지염[348]만 나게 ᄒᆞ엿지
조곰도 슈ᄌᆡ[349]ᄒᆞ난 덕은 업ᄉᆞᆯ거시오
ᄒᆞᆫᄀᆞᆺ 슈ᄌᆡᄒᆞ난 일홈만 두어 죄만 쳠브[350]ᄒᆞ엿지 실은 업ᄉᆞ리라

347) 각ᄉᆡᆨ 各色: 각색. 1. 각종各種(온갖 종류) 유의어: 각종, 색색. 2.각양각색. 3.갖가지의 빛깔
348) ᄉᆞ식지염私食之念: 사식지념. 사사로운 음식에 대한 생각
349) 슈ᄌᆡ守齋: 수재. 재를 지킴. 한불자전에 의하면 금식재(단식재)와 금육재를 지킴을 의미한다.
350) 쳠브添補: 첨보. 더하여 보충함

각종 죄와 허물의 생각을 쓸어버려 마음의 재를 지키어야 진실로 참 재를 지키려니와,
만일 이 같이 아니하고는 비록 사흘, 나흘을 굶어 재를 지키어도
다만 육신이 굶주려 사사로운 음식에 대한 생각만 나게 하였지,
조금도 재를 지키는 덕은 없을 것이요,
한갓 재를 지키는 이름만 두어 죄만 더하였지 실은 없으리라.

뎨 ᄉᆞ계[351]의 부모를 효경[352]ᄒᆞ라 ᄒᆞ엿시니
ᄌᆞ긔를 의론컨ᄃᆡ 부모를 ᄯᅥ나 오륙년을 지ᄂᆡ다가 二十四 쪽
엄친[353]의 망극ᄒᆞᆫ 상ᄉᆞ문부[354]를 드러
ᄉᆞ랑만 의뢰이 계시나 셔로 얼골도 뵈ᄋᆞᆸ지 못ᄒᆞ니
효경 여부를 의론치 못ᄒᆞ게 되엿시나

351) 제 4계에 명하시는 것은 자녀가 부모에게 할 본분과 또한 윗사람과 아랫사람이 서로 할 본분이다.

자녀가 부모에게 할 본분은 효도하고 순명함과, 그 영육간 모든 요긴한 사정에 도와 드림이다(상해천주교요리(중), 윤형중, 경향잡지사, 초판 1958년. 93쪽).

352) 효경孝敬: 부모를 잘 섬기고 공경함

353) 엄친嚴親: 남에게 자기 아버지를 높여 이르는 말. 아버님(=家親)

354) 상ᄉᆞ문부喪事聞訃: 상사문부. 돌아가심을 알리는 부고를 들어.

상사喪事는 사람이 죽은 일, 초상이 난 일이며, 문부聞訃는 부고訃告(사람의 죽음을 알리는 글)를 들음이다.

제 사계에 부모를 섬기고 공경하라 하였으니,
나를 미루어 생각하여 논하여 보건데, 부모를 떠나 오륙 년을 지내다가
아버님의 돌아가심을 알리는 망극한 부고를 듣게 되어,
사랑만은 당연히 있으나 서로 얼굴도 뵈옵지 못하니,
효경의 여부를 의논치 못하게 되었으나,

그러나 ᄯᅩᄒᆞᆫ 그러치 아닌바 잇시니
쳔리 ᄀᆡᆨ즁[355]이라도 우리 교우 눈의난 속안[356]과 달나
여긔 안자셔라도 효경ᄒᆞᆯ 도리가 잇시니
이 망부친을 위ᄒᆞ야 만일 ᄉᆞ후에 련옥에 잇실가 ᄒᆞ야
극진이 염경보속[357]이나 쥬의 인ᄌᆞ로 밧비[358] 샹승케ᄒᆞ여 주옵소셔
기구[359]나 지셩[360]으로 ᄒᆞ야 효경을 일울거시니

355) ᄀᆡᆨ즁客中: 객중. 객지 타향에 있는 동안

356) 속안俗眼: 속인이 보는 바

357) 염경보속念經補贖: 경을 외어 보속함
358) 밧비: 바삐. 속히 빨리
359) 기구祈求: 원 의미는 원하는 바가 실현되도록 빌고 바람이나, 기도祈禱의 옛 표현으로 사용되었다. 한불자전에는 1.기도 2.~에게 기도함 3.탄원함. 으로 풀이하였다.
360) 지셩至誠: 지성. 지극한 정성

그러나 또한 그렇지 않은 바가 있으니
천리 객지 타향이라도 우리 교우 눈에는 일반 사람들이 보는 바와 달라
여기 객지 타향에 앉아서라도 부모를 섬기고 공경할 도리가 있으니,
이 돌아가신 아버님을 위하여, 만일 사후에 연옥에 있을까 하여
극진히 기도문을 외워 보속하거나
주의 인자로 빨리 천당 낙원으로 상승케 하여 주옵소서 기도하거나
지극한 정성을 다하여 부모를 섬기고 공경함을 이룰 것이니,

싱존 모친을 위ᄒᆞ야도 당신이 혹 셰속의 막ᄌᆞ람[361]과
마귀 유감[362]과 육신 ᄉᆞ졍으로 텬쥬를 봉ᄉᆞ치 못ᄒᆞ시난가
진실ᄒᆞᆫ 기구를 힝ᄒᆞ면 이난 효경 즁에도 샹품이 되려니와

361) 막ᄌᆞ람: 막 자람. 뜻이 확실치 않아 막 생활함으로 풀이하여 보았다.
362) 유감誘感: 남을 꾀어서 나쁜 길로 인도한다는 뜻으로, 유혹이나 유인이라는 말과도 같은 의미를 가진다.

생존해 계시는 어머님을 위하여도 당신이 혹 세속의 막 생활함과
마귀의 유혹과 육신 사정으로 천주를 받들어 섬기지 못 하시는가 진실하게 기도하면
이는 효경 중에도 으뜸이 되려니와

겨유 의방[363]만 ᄒᆞ나 용열[364] 히틔[365]ᄒᆞᆫ ᄐᆞᆺᄉᆞ로 진심[366]치 못ᄒᆞ야
임의 육신으로 싱양지은[367]을 만분지일도 갑지못ᄒᆞ게 되고

령혼ᄉᆞ로도 ᄯᅩ 일이 범범ᄒᆞ니[368] 다ᄌᆞ긔 죄과ㅣ오
동ᄉᆡᆼ ᄌᆞ식 노복을 의론컨ᄃᆡ
앗가온 령혼을 보려 ᄉᆞ후에 디옥으로 가게 되면
이난 아비와 형과 우ㅣ된쟈ㅣ 순순이 션도[369]ᄒᆞ야
귀졍[370] 케 못ᄒᆞᆫ 내 ᄐᆞᆺ시니 ᄯᅩᄒᆞᆫ ᄉᆞ계를 범ᄒᆞ난 죄과ㅣ니라 二十五 쪽

363) 의방依倣: 1.모방模倣 함 2.흉내 냄
364) 용열庸劣: 용렬. 못 생기고 재주가 남만 못하고 어리석음, 변변하지 못함
365) ᄒᆡᄐᆡ懈怠: 해태. 게으름
366) 진심盡心: 마음과 정성을 다함
367) ᄉᆡᆼ양지은生養之恩: 생양지은. 낳고 기르신 은혜
368) 범범泛泛: 꼼꼼하지 아니하고 데면데면하다. 들떠서 침착하지 못한 모양
369) 션도善導: 선도. 올바르고 좋은 길로 이끎
370) 귀졍歸正: 귀정. 그릇되었던 일이 바른 길로 돌아옴

겨우 흉내만 내나 어리석고 게으른 탓으로 마음과 정성을 다하지 못하여 이미 육신으로는 낳고 기르신 은혜를 만분지일도 갚지 못하게 되고, 또한 영혼의 일로도 또 일이 데면데면하니 다 자기 죄과이요, 동생, 자식, 노복을 살펴보건대, 아까운 영혼을 버려 사후에 지옥으로 가게 되면 이는 아비와 형과 아우 된 자가 순순히 올바르고 좋은 길로 이끌어 바른길로 돌아오지 못하게 한 내 탓이니, 또한 사계를 범하는 죄과이니라.

이곳 사ᄅᆞᆷ들이 닐ᄋᆞᄃᆡ 부ᄌᆞ럽난[371] 즛슬 ᄒᆞ다가 뎌리되여
ᄌᆞ긔 망신ᄒᆞ고 부모의게 ᄋᆡ[372]씌워 불효됨이 ᄋᆡ ᄃᆞᆲ고 ᄋᆡᄃᆞᆲ도다 ᄒᆞ니
오히려 속을 모르난 말이 여니와
도라 ᄉᆡᆼ각컨ᄃᆡ 실이 잇ᄉᆞ면 망신도 아니오 불효도 아니련마난
ᄒᆡᆼ위를 ᄉᆡᆼ각ᄒᆞ니 종시[373] 이 모양이면 ᄎᆞᆷ 망신이오 ᄎᆞᆷ 불효ㅣ로다

371) 부ᄌᆞ럽난: 부질없는. 아무 쓸모없는
372) ᄋᆡ: 애. 몹시 수고로움

373) 종시終是: 마지막까지, 끝끝내, 종내終乃

이곳 사람들이 이르되, 아무 쓸모없는 짓을 하다가 저렇게 되어
자기 망신하고 부모에게 몹시 수고스러움을 끼쳐
불효됨이 애닯고, 애닯도다 하니 오히려 속을 모르는 말이 거니와
돌려 생각하건데, 실이 있으면 망신도 아니요, 불효도 아니련마는
나의 행위를 생각하니 끝내 이 모양이면 참 망신이요, 참 불효로다.

칠십 노친[374]과 청춘 약쳐와 담발치ᄉᆞ[375]를 속졀업시[376] 영결ᄒᆞ니[377]
엇지 사ᄅᆞᆷ이 ᄎᆞᆷ아 ᄒᆞᆯ바ㅣ리오마난
막즁[378] 령혼ᄃᆡᄉᆞ[379]를 부득이 ᄒᆞ야 이리 되엿시니
ᄒᆞᆯ일 업난 육신의 봉효[380]난 바라도 말고 됴흔 령ᄉᆞ[381]의 긔구를 봉효ᄒᆞ야
ᄌᆞ긔 령혼을 잘 도라보아 잘 죽으면
속인[382]의 비방ᄒᆞ난 말과 ᄀᆞᆺ지 아닐거시오
겸ᄒᆞ야 디옥을 면ᄒᆞ려니와 그러치 아니면 엇지 불효 아니리오
금셰[383]의 불효오 ᄉᆞ후에 디옥이니 여러 가지 망녕[384]된 사ᄅᆞᆷ이 되리로다.

374) 노친老親: 노부모
375) 담발치ᄉᆞ髧髮稚嗣: 담발치사. 다박머리의 어린 자식(다박버리 髧, 머리털 髮, 어릴 稚, 이을 嗣)
376) 속졀업시: 속절없이. 어찌할 도리 없이
377) 영결永訣: 죽은 사람과 산 사람이 영원永遠히 이별離別함
378) 막즁莫重하다: 더할 수 없이 중대하다.
379) ᄃᆡᄉᆞ大事: 대사. 큰일(결혼, 회갑, 초상 따위의 큰 잔치나 예식을 치르는 일)
380) 봉효奉孝: 받들고 효도함
381) 령ᄉᆞ靈事: 영사. 영혼의 일
382) 속인俗人: 뭇사람들. 한불자전에 의하면 1세상 또는 세속의 사람 2이교도를 의미
383) 금셰今世: 금세. 이승. 지금의 세상世上
384) 망녕妄靈: 망령. 늙거나 정신이 흐려 말이나 행동이 정상을 벗어남. 망녕은 망령의 잘못이다.

칠십의 노부모와 청춘의 약한 아내와 다박머리의 어린 자식을
어찌할 도리 없이 영원히 이별하니, 어찌 사람이 차마 할 바 이겠는가 마는,
더할 수 없이 중요한 영혼의 큰일은 부득이하여 이리 되었으니,
달리 어찌할 도리 없는 육신으로 받들고 효도함은 바라지도 말고
좋은 영혼의 일을 위한 기도로, 받들고 효도하여 자기 영혼을 잘 돌아보아 잘 죽으면
뭇사람들의 비방하는 말과 같지 아니할 것이요, 겸하여 지옥을 면하려니와,
그렇지 아니하면 어찌 불효가 아니겠는가?
이승에서는 불효요 죽어서는 지옥이니, 여러 가지 망령된 사람이 되리로다.

뎨 오계[385)]의 살인을 말나 ᄒᆞ엿시니
살인이 여러 가지 잇ᄉᆞ니
남을 밀쳐 샹ᄒᆞ엿시면 이난 손으로 살인 ᄒᆞᆫ 죄오
혹 말로 사ᄅᆞᆷ을 죽이자 ᄒᆞ엿거나 혹 목이 부러질나 ᄒᆞ엿거나
혹 즁회[386)] 즁에 몹시 즐욕ᄒᆞ야[387)] 남으로 ᄒᆞ여곰 죽고 시브다 ᄒᆞ게 ᄒᆞ거나 二十六 쪽
혹 ᄂᆞᆷ의 그ᄅᆞᆫ 일을 은밀이 말ᄒᆞ야 히치거나
혹 ᄂᆞᆷ의 악ᄒᆡᆼ[388)]을 드러내여 그 사ᄅᆞᆷ의 신세를 꺽것시면
이ᄂᆞᆫ 입으로 살인ᄒᆞᆫ 죄오
혹 내게 조곰 해롭게 ᄒᆞᆫ다ᄒᆞ고 남을 몹시 뮈워ᄒᆞ거나
혹 속으로 그 놈 죽이면 쾌ᄒᆞ리라[389)] ᄒᆞ거나
망신ᄒᆞ길 원ᄒᆞ면 이ᄂᆞᆫ ᄆᆞᄋᆞᆷ으로 살인ᄒᆞᆫ 죄니
이샹 수단은 다 사ᄅᆞᆷ의 육신을 죽인죄요

385) 제 5계에 금하시는 것은, 살인뿐 아니라 어떤 모양으로든지 자기나 남의 영혼, 육신을 해함이다(상해천주교요리(중), 윤형중, 경향잡지사, 초판 1958년. 108쪽).

386) 즁회衆會: 중회. 중인衆人(뭇사람, 많은 사람, 여러 사람) 들의 모임

387) 즐욕叱辱: 질욕. 나무라고 욕설함

388) 악ᄒᆡᆼ惡行: 악행. 악惡한 행실行實

389) 쾌快ᄒᆞ다: 1.마음이 유쾌하다. 2.병이 다 나은 상태에 있다. 3.하는 짓이 시원스럽다. 시원하다.

제 오계에 살인을 말라 하였으니
살인이 여러 가지 있으니
남을 밀쳐 상하였으면 이는 손으로 살인한 죄요,
혹 말로 사람을 죽이자 하였거나, 혹 목이 부러지라 하였거나,
혹 많은 사람들의 모임 중에 몹시 남을 나무라고 욕설하여
남으로 하여금 죽고 싶다 하게 하거나,
혹 남의 그른 일을 은밀히 말하여 해치거나,
혹 남의 나쁜 행실을 드러내어 그 사람의 신세를 꺾었으면
이는 입으로 살인한 죄요,
혹 내게 조금 해롭게 한다 하여 남을 몹시 미워하거나,
혹 속으로 그놈 죽으면 시원하리라 하거나, 망신하기를 원하면
이는 마음으로 살인한 죄이니,
이상 수단은 다 사람의 육신을 죽인 죄요,

혹 남을 범죄케 ᄒᆞ거나 혹 남이 범죄ᄒᆞ난 거ᄉᆞᆯ 보고
힘이 가히 구ᄒᆞᆯ만ᄒᆞᄃᆡ 건지지 아니커나
혹 ᄌᆞ긔 언ᄌᆞᆫ은 일을 ᄒᆞ야 ᄂᆞᆷ이 본 밧게 ᄒᆞ거나
혹 ᄂᆞᆷ의 션을 막 ᄌᆞ르면 이ᄂᆞᆫ ᄉᆞᄅᆞᆷ의 령혼을 죽인죄요

혹 남으로 하여금 죄를 범하게 하거나
혹 남이 범죄하는 것을 보고 힘이 가히 구할만 하되 구하지 않거나,
혹 자기가 언짢은 일을 하여 남이 본받게 하거나,
혹 남의 착함을 막 자르면, 이는 사람의 영혼을 죽인 죄요,

ᄌᆞ긔를 의논컨ᄃᆡ
이모양 옥즁 곤고[390]를 견ᄃᆡ지 못ᄒᆞ야 혹 ᄌᆞ슈[391]ᄒᆞ야 죽거나
혹 말노라도 죽고 시브다 ᄒᆞ거나 육신을 상해ᄒᆞ야 병을 내거나

령혼을 도라보지 아니ᄒᆞ야 죄과의 미혹[392] ᄒᆞ면
이ᄂᆞᆫ 다 ᄌᆞ긔가 ᄌᆞ긔를 죽이ᄂᆞᆫ 죄라

---

390) 곤고困苦: 곤란하고 고통스러움, 고생스럽고 딱함

391) ᄌᆞ슈自手: 자수. 1.'자기의 손' 2.자기 혼자의 노력 또는 힘 3.자기의 손으로 목을 매거나 베어서 자살함

392) 미혹迷惑: 1.무엇에 홀려 정신을 차리지 못함. 2.정신이 헷갈리어 갈팡질팡 헤맴

나에 대하여 논의하여 보건데,
이 모양 옥중의 곤란과 고통을 견디지 못하여
혹 자기 스스로 죽거나, 혹 말로라도 죽고 싶다고 하거나,
육신을 상해하여 병을 내거나,
영혼을 돌아보지 아니하여 죄과에 홀려 정신을 차리지 못하면
이는 다 자기가 자기를 죽이는 죄라.

이 밧기 가히 ᄀᆞ로 칠만ᄒᆞᆫ 사ᄅᆞᆷ으로 셩교 도리를 권유치 아니ᄒᆞ야
져의[393] 령혼이 어두어 죄과의 죽게 ᄒᆞ거나
육신이 굶고 버셔 죽게된 사ᄅᆞᆷ과 병드러 위ᄐᆡᄒᆞᆫ ᄉᆞ람보고 二十七 쪽
힘써 가히 구ᄒᆞᆯ만 ᄒᆞᄃᆡ 구치 아니거나
남으로 더브러 결원[394] ᄒᆞ고 푸지 아니거나
남을 부측ᄒᆞ야 시비를 붓치거나
남의 결원ᄒᆞᆫ 줄을 알고 힘이 능히 화ᄒᆡᄒᆞᆯ 만 ᄒᆞᄃᆡ
나ㅣ 권ᄒᆞ야 풀어 주지 아니면 다 살인 ᄒᆞᆫ죄라

---

393) 져의: 대명사로서 1.앞에서 이미 말하였거나 나온 바 있는 사람을 도로 가리키는 삼인칭 대명사. '자기' 2.말하는 이와 듣는 이로부터 멀리 있는 대상을 가리키는 지시 대명사. 3.'저 사람'을 가리키는 삼인칭 대명사.
관형사로서 말하는 이와 듣는 이로부터 멀리 있는 대상을 가리킬 때 쓰는 말.

394) 결원結怨: 원수를 맺거나 원한을 품음

이 밖에 가히 가르칠만한 사람으로, 천주교의 도리를 권유하지 아니하여
그 사람의 영혼이 어두워 죄과에 죽게 하거나,
육신이 굶고 헐벗어 죽게 된 사람과 병들어 위태로운 사람을 보고
힘써 가히 구할 만 하되 구하지 아니하거나,
남과 더불어 원수를 맺거나 원한을 품고 풀지 아니하거나,
남을 부축하여 시비를 붙이거나,
남이 원한을 품은 줄을 알고 힘이 능히 화해할 만하나
내가 권하여 풀어주지 아니하면 모두 다 살인한 죄라.

부모 쳐ᄌᆞ 일가 골육[395]간과 ᄉᆞ환[396] 노복[397] ᄉᆡᆨ지라도
이의 범ᄒᆞ면 다 뎨 오계로 다라가니
ᄉᆞ언ᄒᆡᆼ위[398]의 다 가히 조심 ᄒᆞᆯ지어다

395) 골육骨肉: 혈육
396) ᄉᆞ환使喚: 사환. 1.관청이나 회사, 가게 따위에서 잔심부름을 시키기 위하여 고용한 사람. 심부름꾼. 2.심부름을 함. 또는 심부름을 시킴
397) 노복奴僕: 사내종
398) ᄉᆞ언ᄒᆡᆼ위思言行爲: 사언행위. 생각하고 말하고 행함

부모, 처자, 일가 혈육간과 심부름하는 아이와 사내종들까지도
이를 범하면 다 제 오계에 해당하니
생각하고 말하고 행동함에 있어 모두 마땅히 조심해야할 것이다.

이듕에도 ᄯᅩᄒᆞᆫ 곡졀이 잇ᄉᆞ니 나의 육신을 샹ᄒᆡ 온쟈여든
겸하ᄒᆞᆫ[399] ᄆᆞᄋᆞᆷ을 발ᄒᆞ야 더욱 그 사ᄅᆞᆷ과 화동[400]ᄒᆞ기를 힘쓰려니와
만일 ᄌᆞ긔 령혼을 해롭게 ᄒᆞ야 죄과의 ᄲᅡ지게 ᄒᆞ난 교우여든
션으로 ᄀᆡ유[401]ᄒᆞ야 회심케 ᄒᆞᆯ거시오 그러치 못ᄒᆞᆯ 사ᄅᆞᆷ이여든
ᄌᆞ긔ᄋᆡ 구ᄒᆞ난 ᄆᆞᄋᆞᆷ을 가지고 결단ᄒᆞ야 ᄭᅳᆫ코 삼가 피ᄒᆞ여

극히 그 허물을 뮈워ᄒᆞᆯ거시오
그러치 아니면 엇지 살인죄 ᄌᆞ살지죄를 면ᄒᆞ리오

---

399) 겸하謙虛ᄒᆞᆫ: 겸허한. 겸손하게 자기를 낮춤
400) 화동和同: 화합하여 서로 뜻이 잘 맞게 됨
401) ᄀᆡ유開諭: 개유. 사리를 알아듣도록 잘 타이름. 사물의 이치를 깨우쳐 알아듣도록 잘 타이름

이 중에도 또한 여러 사정이 있으니 나의 육신을 상처내어 해를 입힌 사람이거든
겸손한 마음으로 더욱 그 사람과 화합하여 서로 뜻이 잘 맞게 되기를 힘쓰려니와,
만일 자기 영혼을 해롭게 하여 죄에 빠지게 하는 교우이거든
선으로 알아듣도록 잘 타일러 마음을 고쳐먹게 할 것이요,
그렇지 못할 사람이거든 자기를 구하는 마음을 가지고 결심하여 끊고 삼가 피하여
극히 그 잘못을 미워할 것이요,
그렇지 않으면 어찌 살인죄, 스스로 죽임의 죄를 면하겠는가?

넷브터 닐ᄋᆞ기를 쥬홍[402]을 갓가이 ᄒᆞ면 븕고 먹을 갓가이 ᄒᆞ면 금난다 ᄒᆞ니
마귀힝실이 사ᄅᆞᆷ을 갓가이 ᄒᆞ고 무난지 아닌난 쟈를 보지 못ᄒᆞ엿노라
남을 뮈워ᄒᆞᆷ이 죄로 이런 위험ᄒᆞᆷ은 죄업ᄉᆞᆯ 섄 아니라
도로혀 공이 된다 ᄒᆞ엿ᄂᆞ니 二十六 쪽
무워ᄒᆞ기도 법이 잇ᄉᆞ니 그 사ᄅᆞᆷ을 뮈워 말고
그 사ᄅᆞᆷ의 그란 힝실을 뮈워ᄒᆞ면
이런 뮈워ᄒᆞᆷ은 진실노 잘 뮈워ᄒᆞᆷ이니

---

402) 쥬홍朱紅: 주홍. 붉은 빛의 안료, 주홍색, 주홍빛

예부터 이르기를 주홍을 가까이 하면 붉고, 먹을 가까이 하면 검어진다 하니,
마귀의 행실이 사람을 가까이 하고 무너지지 아니한 사람을 보지 못하였노라.
남을 미워함이 죄이나 이런 미워함은 죄 없을 뿐만 아니라

도리어 공이 된다 하였으니,
미워하기도 법이 있으니 그 사람을 미워 말고 그 사람의 그른 행실을 미워하면,
이런 미워함은 진실로 잘 미워함이니,

고셩[403]의 ᄉᆞ젹[404]을 보건ᄃᆡ ᄌᆞ긔 범죄케 ᄒᆞ난쟈를
뮈워 피ᄒᆞ심이 원슈ᄀᆞᆺ치 ᄒᆞ엿나니
남 ᄲᅢᆫ 아니라 당신 쳐ᄌᆞ도 불힝ᄒᆞ면 서로 ᄯᅥ나 샹ᄃᆡ치 아녓시니
이 ᄀᆞᆺ치 아니코난 범죄ᄒᆞ기가 일시[405]가 져허[406]ᄒᆞᆷ이라

403) 고셩古聖: 고성. 옛 성인
404) ᄉᆞ젹史蹟: 사적. 역사상으로 남아 있는 중대한 사건이나 여러 가지 사실의 자취
事蹟: 사건의 자취. 일의 형적
405) 일시一時: 1.한시, 한때 2.같은 때 3.어느 한 시기의 짧은 동안에
406) 져어하다: 저어하다. 염려하거나 두려워하다 의 옛말

옛 성인의 자취를 보건대 자신에게 죄를 범하게 하는 자를
미워하여 피하심이 원수 같이 하였으니,
남 뿐 아니라, 당신 처자도 이렇게 행하지 아니하면
서로 떠나 상대하지 아니 하였으니,
이 같이 아니하고는 죄를 범하기가 한시가 두려움이라.

이제 나의 소위[407]를 ᄉᆡᆼ각ᄒᆞ니 표양[408]을 세워
남의 ᄆᆞ음을 격동치[409] 못ᄒᆞ고 못된 버ᄅᆞᆺᄉᆞᆯ 만히ᄒᆞ야
ᄌᆞ긔를 그ᄅᆞᆺ치고 남도 겸ᄒᆞ야 그ᄅᆞᆺ되게 ᄒᆞ니
션힝을 ᄇᆡ호기난 극난ᄒᆞ고[410] 악습을 ᄃᆞᆱ기난 쉬온거시니
이 다 살인이 아니오 무어시오

407) 소위所爲: 1.하는 일, 또는 한 일. 2.소행所行

408) 표양表樣: 겉으로 드러난 표정이나 모양. 모범이 될 본보기

409) 격동激動: 1. 심히 움직임. 2. 매우 감동感動함

410) 극난極難: 극히 어려움

이제 나의 행한 일을 생각하니
표양을 세워 남의 마음을 감동하게 하지 못하고
못된 버릇을 많이 하여 자기를 그르치고, 남도 겸하여 그릇되게 하니
선행을 배우기는 극히 어렵고, 악습을 닮기는 쉬운 것이니,
이것이 다 살인이 아니고 무엇이겠는가.

뎨 륙계[411)]의 샤음[412)] 말나 ᄒᆞ엿시니
무ᄅᆞᆺ 살인 강도와 ᄀᆡᆨᄉᆡᆨ[413)] 비의[414)]에 버ᄅᆞᆺ시 령혼을 아조 죽이난 거시로ᄃᆡ
오히려 육신의나 유익ᄒᆞᆫ 곳이 잇거니와
지어[415)] 샤음 일ᄉᆞ[416)]ᄒᆞ여난 육신의도 ᄒᆡ롭고 졍신이 ᄒᆞ려지고
고흔 얼골을 ᄆᆞᆯ이오고 유익ᄒᆞᆫ 곳은 일호[417)]도 업고 일시[418)] 오예[419)]ᄒᆞᆫ ᄉᆡᆼ각이라
일졀 샹 업ᄉᆞᆫ[420)] 모양이 이의 더 심ᄒᆞᆷ이 업ᄉᆞ리라

411) 제 6계에 금하시는 것은, 사음邪淫과 간음 뿐 아니라, 온갖 부정한 행실과 그 위험한 기회까지이다.

사음은 자유인 몸이 다른 이성의 자유인 몸과 합의하여 육체적 관계를 가짐을 말한다. 자유인 몸이란 혼인으로서 맺어진 배우자가 없는 자나, 정식으로 정결 허원을 하지 않는 자를 말한다. 즉 배우자가 없는 자 끼리의 육체적 관계를 말한다.

간음은 배우자가 있는 이성과의 육체적 관계를 말하며, 사음보다 더 악한 행위이다. 왜냐하면 간음은 자기 배우자의 권리를 침해하는 결과도 되기 때문이다. 고해 때 이를 밝혀야 한다(상해천주교요리(중), 윤형중, 경향잡지사, 초판 1958년. 130쪽, 천주교 용어사전, 최형락, 도서출판 작은예수, 1995. 52쪽).

412) 샤음邪淫: 사음의 일반적 의미는 1. 마음이 사악하고 음탕淫蕩함. 2. 남의 남자男子나 여자女子와 음탕淫蕩한 짓을 하는 일. 불륜. 간음을 말한다.

413) ᄀᆡᆨᄉᆡᆨ各色: 각색. 각종

414) 비의非義: 도리에 맞지 아니함. 의리 에 어긋남. 의롭지 못함

415) 지어至於: 심지어甚至於, 심하면, 심하게는

416) 샤음일ᄉᆞ邪淫一事: 사음일사. 바르지 못하고 음란한 일을 한 번 함. 일사 一事:한 사건, 한 가지일

417) 일호一毫: 몹시 가늘고 작은 털이란 뜻으로, ‘아주 작은 정도’를 비유

418) 일시壹是: 모두. 일체一切. 오로지. 모두 한결같이

419) 오예汚穢:지저분하고 더러움

420) 샹常없다: 상리常理(당연한 이치 또는 떳떳한 도리)에 벋어나다(고어사전, 박재연, 이화문화사, 2001).

제 육계에 사음 말라 하였으니,
무릇 살인, 강도와 각종 의롭지 못함의 버릇이 영혼을 아주 죽이는 것이로되,
오히려 육신에나 유익한 곳이 있거니와
심지어 음란한 일은 한 번 하더라도
육신에도 해롭고 정신이 흐려지고 고운 얼굴을 말리고,
유익한 곳은 조금도 없고, 모두가 한 결 같이 더러운 생각뿐이라,
일절 떳떳한 도리에 벋어난 모양이 이보다 더 심함이 없으리라.

조출ᄒᆞᆫ 내 령혼의 이러틋 오예ᄒᆞᆫ 버릇ᄉᆞᆯ 바리기가 무어시 셥셥ᄒᆞ야
우리 교우난 의론도 말고 적이[421] 조신[422]ᄒᆞᆫ 쟈난 외인[423]이라도 아닛나니 二十九 쪽
부모 쳐ᄌᆞ와 ᄌᆞ긔 육신 살 일의 범죄를 ᄒᆞ여도 원통ᄒᆞ거든
하물며 마치 죄만 되고 추호[424]노 리 분슈[425] 입ᄉᆞᆫ 일의
심녀[426]를 허비ᄒᆞ야 ᄋᆡ써 비록 ᄒᆞ잔 말가
뎐뎡[427] 부부라도 과ᄒᆞ면 샤음이라[428]
ᄒᆞ물며 남의 안ᄒᆡ와 ᄯᆞᆯ을 간범[429]ᄒᆞ고 그 죄 엇더ᄒᆞ랴

421) 적이: 어지간한 정도로, 적이나

422) 조신操身: 1.몸가짐을 조심함 2.태도態度나 행동行動이 침착沈着하고 얌전함

423) 외인: 이교도, 이방인

424) 추호秋毫: 가을철에 털을 갈아서 가늘어진 짐승의 털. “몹시 작음”을 비유하여 이르는 말. 조금

425) 리분슈利分數: 이로움. 분수는 1. 얼마에 상당한 정도. 2. 자기에게 알맞은 한도. 3. 사물을 분별하는 슬기이다.

426) 심녀心慮: 심려. 마음속으로 걱정함, 또한 그러한 걱정. 유의어: 근심, 걱정.
深慮: 마음을 써서 깊이 생각함. 또는 그런 생각

427) 텬뎡天定: 천정. 하늘이 정함.

428) 칠극에 다음과 같은 구절이 있다

여색으로 끌리는 마음은 우리의 삶과 동행하고 있다. 왜냐하면 우리의 이 육신은 하느님天主이 이것으로 자손을 낳아서 인류를 이어가고 늘려가라고 내려준 것이기 때문이다. 그런데 하느님天主이 만든 일에는 반드시 절도가 있는데, 이 절도를 따르면 옳은 것이지만, 이를 어기면 악한 것이다.

어떤 이가 "저에게는 본 부인이 있습니다. 그래서 다른 아낙네를 넘보고 싶어도 넘보지 못합니다." 라고 하였더니 이 말을 들은 어떤 현인은 그에게 일러 "당신의 집에서 빚은 술은 당신을 취하게 할 수 없습니까?"라고 하였다(칠극, 박유리 역, 일조각, 2005. 328-329쪽).

429) 간범姦犯: 결혼하여 배우자가 있는 사람이 배우자가 아닌 사람과 성적 관계를 맺음.

깨끗한 내 영혼에 이렇듯 더러운 버릇을 버리기가 무엇이 섭섭하여,
우리 천주 교우는 생각하여 논하지도 말고
어지간히 몸가짐을 조심하는 사람이라면 교우 아닌 사람이라도 아니하였으니,
부모 처자와 자기 육신이 살 일에 죄를 범하여도 원통하거든
하물며 마치 죄만 되고 조금도 이로움이 없는 일에 마음속으로 걱정하며
아무리 그러하더라도 애써 하자는 말인가?
하늘이 정한 부부일지라도 지나치면 사음이거니와,
하물며 남의 아내와 딸을 범하면 그 죄 어떠하겠는가.

음이란 거ᄉᆞᆫ 령혼을 더러여 쥬를 써나게 ᄒᆞ고
ᄌᆞ긔를 아조 죽이난 거시오
무한ᄒᆞᆫ ᄌᆞᆷ념이 되여 념경[430]의 조당[431]이 되난 거시니
칼날 ᄀᆞᆺᄒᆞᆫ 모진 ᄉᆡᆼ각이 ᄌᆞ조 나를 침노[432]ᄒᆞ야
ᄒᆞᆫ ᄃᆡ문[433] 경[434]도 온젼이 념ᄒᆞᆯ 길이 업ᄉᆞᆯ ᄲᅮᆫ 아니라
ᄒᆞᆫ번 대죄를 범ᄒᆞ면 ᄌᆞ긔 량심이 졀노 슈리[435]ᄒᆞ야
조만과[436] ᄒᆞ기 슬흐니라

430) 념경念經: 염경. 가톨릭 미사 때에, 기도문을 읽거나 외는 행위, 또는 그 기도문. 기도祈禱하는 경문經文을 욈

431) 조당阻擋: 1.앞으로 나아가거나 다가오는 것을 막아서 가림 2.〈가톨릭〉'혼인 장애'의 전 용어

432) 침노侵擄: 침로. 1.남의 나라를 불법으로 쳐들어가거나 쳐들어옴. 2.성가시게 달라붙어 손해를 끼치거나 해침

433) 듸문大文: 대문. 대목(이야기나 글 따위의 특정한 부분)

434) 경經: 기도문

435) 슈리瘦羸: 수리. 여위고 지침

436) 조만과早晩課: 아침 저녁 기도

음이란 것은 영혼을 더럽혀, 주를 떠나게 하고 자기를 아주 죽이는 것이요,
끝없는 잡념이 되어, 기도문을 외움에 방해가 되는 것이니
칼날 같은 모진 생각이 자주 나를 쳐들어와
한 대목의 기도문도 온전하게 외울 길이 없을 뿐 아니라,
한번 대죄를 범하면 자기 양심이 절로 여위고 지쳐
아침 기도와 저녁 기도도 하기 싫어 지니라.

마귀 사름을 유인ᄒᆞ매 ᄆᆡ 양식을 가지고 ᄡᅬ오나니 독ᄒᆞ다[437]
만일 쥬 춍[438]이 업ᄉᆞ면 엇지 독ᄒᆞᆫ 히를 면ᄒᆞ리오

437) 마귀들은 교만, 질투, 탐욕과 같은 여러 가지 욕망으로 우리를 공격해 온다. 그런데 이를 통하여 우리를 이기지 못하면, 그들은 음란이라는 욕망으로 공격해 온다. 그러면 이기지 못할 때가 거의 없다. 다른 욕망에 물들지 않은 사람은 아직도 많이 있다. 그러나 음욕(淫慾)에 물들지 않은 이는 몇 사람이나 되겠는가? 그러니 음욕은 마귀의 큰 그물이며, 세상 사람들은 거의 그 그물에 걸려 있다.

칠극의 방음坊淫편에는 "다른 욕망들은 우리를 마치 원수처럼 공격해 온다. 그러나 음란이라는 욕망만은 마치 친구처럼 우리를 찾아온다. 그리고 다른 욕망들은 우리에게 괴로움을 주지만 음란이라는 욕망만은 달콤함을 준다. 그래서 음란이라는 욕망은 강한 적인데도 그것의 해는 깨닫기가 어렵다."는 구절이 있다(칠극, 박유리 역, 일조각, 2005. 329, 337쪽).

438) 춍寵: 은총恩寵. 한불자전에 의하면 큰 축복을 의미함

마귀, 사람을 유혹하는데 매번 두 가지 형상을 가지고 꾀어내니, 독하다.
만일 주의 은총이 없으면 어찌 독한 해를 면하겠는가.

텬쥬 십계 뎨 육계의 ᄒᆞ엿시ᄃᆡ
공연이 ᄉᆡᆨ욕을 동ᄒᆞ거나 혹 계집을 두고 원ᄒᆞ거나 ᄒᆞ면
비록 바로 범치 아녀셔도 범ᄒᆞᆫ이와 ᄀᆞᆺ다ᄒᆞ고
ᄯᅩ ᄀᆞᆯᄋᆞ샤ᄃᆡ ᄉᆡᆨ욕이 쳔번 날지라도 싸화 쳔번 이긔면
죄업ᄉᆞᆯ ᄲᅳᆫ 아니라 도로혀 공[439]이 된다 ᄒᆞ엿시니 三十 쪽
이제 나난 종종 싸화 이긔지 아냐나 ᄌᆞ긔 이닉을 ᄉᆞᆯ펴볼 지어다[440]

---

439) 공功: 공功 또는 공로功勞는 상급을 받을 정당한 권리를 말한다. 이는 사람이 도움의 은총에 의지하여 선행함으로 얻는 것이다.
여기서 정당한 권리라는 것은 사람이 하느님에 대하여 무슨 권리가 있을 수 없지만 하느님께서 먼저 조건부로 상급을 허락 하셨음으로 사람이 그 조건을 채우면 상급을 받을 권리를 얻게 된다는 것이다(상해천주교요리(하), 윤형중. 44쪽).

440) 칠극에 다음과 같은 비유가 있다.
옛날 도를 닦는 사람이 있었는데, 그는 도를 닦기 위해서는 정결을 지켜야 하겠다고 마음먹었다. 그런데 음란한 생각은 쉴 새 없이 일어났다. 그의 스승은 현명한 분이었다. 그래서 그에게 "너는 내가 하느님에게 이 욕념을 없애주도록 기도해 주었으면 하느냐?" 하고 물어 보았다.
그러나 이 말을 들은 그는 "아닙니다. 그것을 없애달라고 기도하지 마십시오. 오직 저에게 그것을 막고 이겨낼 덕의 힘만을 내려 주시도록 기도해 주십시오. 그러면 충분합니다."라고 대답하였다.
이에 스승이 그에게 까닭을 물어 보았더니, 그는 "덕은 공격을 받지 않으면 이루어지지 않기 때문이며, 또한 싸우려고 하지 않는 것은 공을 세워서 상을 받으려고 하지 않는 것이기 때문이다"라고 대답하였다.

천주 십계, 제 육계에 나타나 있는 바와 같이,
공연히 색욕을 일으키거나, 혹 계집을 두고 원하거나 하면
비록 바로 범하지 아니하여서도 범한 이와 같다 하고,
또 말씀하시기를 색욕이 천 번 날지라도 싸워 천 번 이기면
죄가 없을 뿐 아니라, 도리어 공이 된다 하였으니,
이제 나는 종종, 싸워 이기지 아니하나 자기 이익을 살펴 볼 지어다.

고셩[441]을 보건ᄃᆡ 고로이 닥그실ᄉᆡ 환부[442] 과부의 졍[443]도 잇고
부부가 잣시ᄃᆡ 서로 언약ᄒᆞ야 남ᄆᆡ ᄀᆞᆺ치 ᄒᆞ쟈 슈졍[444]ᄒᆞ시 니도 잇고
아희에 혼ᄇᆡ치 아니ᄒᆞ샤 동남동녀[445]의 졍도 잇셔
어려ᄒᆞ샤 공부를 일웟ᄂᆞ니
나난 무어시완ᄃᆡ ᄆᆞᄋᆞᆷ을 방죵[446]이 ᄒᆞ야
ᄒᆞ고 시븐 그ᄅᆞᆺᄉᆞᆯ 다ᄒᆞ고 공부를 일위잔 말가[447]

---

441) 고셩古聖: 고성. 옛 성인
442) 환부鰥夫: 홀아비
443) 졍貞: 정결貞潔을 뜻함이다
444) 수졍守貞: 수정. 동정童貞을 지킴 총각總角이나 처녀處女로 지냄
445) 동남동녀童男童女: 사내아이와 계집아이. 남자아이와 여자아이를 아울러 이르는 말
446) 방죵放縱: 방종. 아무 거리낌 없이 제멋대로 함부로 행동함
447) 칠극의 방음편에는 정덕(貞德: 음욕을 끊어낸 공덕)이라는 단원이 있다. 거기에서는 다음과 같이 설명되어 있다.

정결貞潔은 무엇인가? 그것은 음욕에 대한 바람을 끊는 것이다. 그런데 이에는 세 등급이 있다.

그 가운데 가장 아래 등급은 한 지아비, 한 지어미가 지키는 정결인데, 이는 부부가 다만 도리에 맏는 관계를 맺을 뿐, 법도를 넘지 않으며, 몸과 마음 그리고 말과 행동, 이 모든 것에서 분수를 벗어나는 사욕私慾을 끊어버리는 것이다.

중간 등급은 홀아비와 홀어미가 지키는 정결인데, 이는 지어미와 지아비 가운데 한 쪽이 죽으면, 남은 지아비나 지어미는 정조를 지켜 다시 지아비나 지어미를 맞이하지 않으며, 그 뒤로는 몸과 마음 그리고 말과 행동, 이 모든 것에서 부부의 도리에 맞는 욕망마저도 없애버리는 것이다.

가장 위의 등급은 동정童貞의 몸을 지키는 정결인데, 이는 태어나서부터 죽을 때까지의 모든 시간 동안 마음은 여색을 바라지 않고, 육신은 여색을 탐하는 행동을 하지 않는 것이다.

성서에서는 이 정결을 지킨 이들의 공로에 대한 보답에 순서를 매겨 "한 지아비와 한 지어미의 정결을 지킨 이들은 하나를 뿌리면 서른 개를 거두어들이게 될 것이고, 홀아비와 홀어미의 정결을 지킨 이들은 하나를 뿌리면 예순 개를 거두어들이게 될 것이고, 동정의 몸의 정결을 지킨 이들은 하나를 뿌리면 백 개를 거두어들이게 될 것이다."라고 하였다(칠극, 박유리 역, 일조각, 2005. 353-354쪽).

옛 성인을 보건대 괴롭게 정덕을 닦으실 때,
홀아비와 홀어미의 정결도 있고
부부가 잤으되, 서로 언약하여 남매 같이 하자고 동정을 지키신 이도 있고,

아이에 혼배하지 아니하여 동남동녀의 정결도 있어 어렵게 공부를 이루었으니
나는 무엇이건데, 마음을 제멋대로 함부로 하여
하고 싶은 그릇된 일을 다 하고 공부를 이루자는 말인가?

선공ᄒᆞ신 쟈의 ᄌᆞ최를 보니
ᄒᆞᆫ번 음념[448]을 동ᄒᆞᆷ을 통회의 눈물이 비오ᄃᆞᆺ ᄒᆞ 니도 잇고
ᄒᆞᆫ번 계집의 등을 만지고 돌노 ᄀᆞ슴을 찌은 이도 잇고
ᄒᆞᆫ번 계집을 졍잇게 거ᄃᆞᆲ보고 눈을 샹히은 이도 잇고
ᄒᆞᆫ번 계집으로 더브러 희롱의 말을 ᄒᆞ고 혀를 문 이도 잇ᄂᆞ니
공부 이러ᄒᆞ여야 가히 쥬를 뫼실거시오 가히 령혼을 살니리로다
나난 어렵지 아니코 소원을 일우랴ᄒᆞ니 심히 어리지 아니ᄒᆞ랴

448) 음념淫念: 음란한 생각

선공하신 자의 자취를 보니,
한 번 음란한 생각이 일어남으로 뉘우침의 눈물이 비 오듯 한 이도 있고
한 번 계집의 등을 만지고 돌로 가슴을 찍은 이도 있고,
한 번 계집을 정 있게 거듭 보고 눈을 상하게 한 이도 있고,
한 번 계집과 더불어 희롱의 말을 하고 혀를 문 이도 있으니,
공부 이러하여야 가히 주를 모실 것이요, 가히 영혼을 살리리로다.
나는 어렵지 아니하고 소원을 이루려 하니 심히 어리석지 아니하랴.

녯적에 사음에 남녀 잇셔 힝음을 ᄒᆞ더니
남ᄌᆞ ㅣ 뉘웃쳐 음힝을 ᄇᆞ리고 졍도[449]로 도라 왓난지라
일일은 길헤셔 젼에 아든 음녀를 맛나 모로ᄂᆞᆫ체 ᄒᆞ고 지나거날 三十一 쪽
음녀ㅣ 닐오ᄃᆡ 나를 모로나냐 ᄒᆞ거날 남ᄌᆞ 닐ᄋᆞᄃᆡ 모로노라 ᄒᆞ니
음녜 또 닐ᄋᆞᄃᆡ 져즘ᄭᅴ[450] 나를 아모ᄃᆡ셔 보앗시니 모로노라 ᄒᆞᆷ이 그라도다

남ᄌᆞ ᄀᆞᆯᄋᆞᄃᆡ 너난 모로노라 너난 여젼 네로ᄃᆡ 나난 이제 내니
내 너를 어이 알니오 ᄒᆞ고
그 계집을 거절ᄒᆞ여 계시니 아ᄅᆞᆷ답다
ᄆᆞᄋᆞᆷ을 곳치거든 이러케 ᄒᆞᆯ 지어다[451]

449) 정도正道: 올바른 길. 또는 정당한 도리

450) 져즘의: 저즘께. '접때'의 잘못. '접때'의 의미로 '저즘께'를 쓰는 경우가 있으나 '접때'만 표준어로 삼는다.

451) 칠극에 비슷한 내용의 이야기가 실려 있다.

어떤 한 소년이 일찍이 여색을 지나치게 좋아하였다. 그런데 그는 뒷날 그러한 자신의 행위를 뉘우치고는 그 실마리를 끊어버리려고 하였다. 그래서 그 소년은 숨어 살면서 참되게 도를 닦았다.

몇 년이 지난 뒤에 그 소년은 집으로 돌아왔는데, 돌아오다가 길에서 일찍이 알고 지내던 여인을 만났다. 그러나 그는 그녀를 돌아보지 않았다. 이에 그녀는 이상히 생각하면서 "나는 지난 날 당신이 알고 있던 아무개입니다. 그런데 왜 돌아보지 않으십니까?" 하고 물어 보았다. 그런데 그 소년은 "나는 지난날 당신이 알고 있던 아무개가 아닙니다. 그래서 당신을 돌아보지 않았습니다."라고 하고는 그곳을 떠나버렸다(칠극, 박유리 역, 일조각, 2005. 350쪽).

옛적에 사음의 남녀 있어 행음을 하더니,
남자 뉘우쳐 음행을 버리고, 바른 길로 돌아 왔는지라.
하루는 길에서 전에 알던 음녀를 만나 모르는 체하고 지나치니
음녀 말하기를 "나를 모르느냐" 하거늘 남자 말하기를 "모르노라" 하니
음녀가 또 말하기를 "접때 나를 아무데서 보았으니 모르노라 함이 그르도다." 하였다.
남자 대답하기를 "나는 너를 모르노라. 너는 여전히 너 이로되, 나는 이제 나이니,
내 너를 어이 알리요" 하고, 그 계집을 거절하여 계시니, 아름답다.
마음을 고치거든 이렇게 할 지어다.

ᄒᆞᆫ 슈도 ᄒᆞ난쟈ㅣ 뎨ᄌᆞ 슈인[452]을 ᄃᆞ리고 길을 가다가 ᄒᆞᆫ 미녀를 맛나
ᄒᆞᆫ 뎨ᄌᆞ 보기를 ᄌᆞ세히 ᄒᆞ거날
지내치고 스승이 ᄀᆞᆯᄋᆞᄃᆡ

그 녀ᄌᆞ ᄒᆞᆫ눈이 아니 멀엇더면 국ᄉᆡᆨ[453] 일낫다
그 ᄌᆞ셰히 보던 뎨ᄌᆞ ᄀᆞᆯᄋᆞᄃᆡ 아니 멀엇더이다
스승이 닐ᄋᆞᄃᆡ 네 ᄌᆞ셰히 보지 못ᄒᆞ엿도다
제ᄌᆞ ᄀᆞᆯᄋᆞᄃᆡ 내 보기를 가쟝 ᄌᆞ셰히 보오니
눈을 흘니 ᄯᅳᆯ제 ᄀᆞ쟝 아ᄅᆞᆷ답더이다 ᄒᆞ거날
스승이 ᄎᆡᆨᄒᆞ야[454] 닐ᄋᆞᄃᆡ
너를 경계ᄒᆞ야 ᄀᆞᄇᆡ야이 봄으로써
죄 범ᄒᆞ기 쉬울 줄을 금ᄒᆞ엿더니
무ᄉᆞᆷ 공부를 ᄒᆞ엿ᄂᆞ냐 ᄒᆞ시고
도라가 그 졔ᄌᆞ를 문의 나지 못ᄒᆞ게 ᄒᆞ기를 두 ᄃᆞᆯ을 ᄒᆞ엿다 ᄒᆞ니
그런 이ᄂᆞᆫ 진실노 스승을 잘 엇엇도다[455]

452) 슈인修人: 수인. 학업 등을 닦고 있는 사람

453) 국ᄉᆡᆨ國色: 국색. 천하의 미인

454) ᄎᆡᆨ責하여: 책하여. 꾸짖어

455) 칠극에 유사한 이야기가 실려 있다.

어떤 현자賢者가 있었는데, 그에게는 가르침을 받는 제자가 매우 많았다. 그런데 그는 그들을 가르칠 때, 언제나 마음의 깨끗함을 지키고, 음란한 생각을 줄이고, 결코 경솔히 보지 말도록 당부하였다.

어느 날 그는 문하門下에 있는 모든 젊은이들과 함께 길을 나섰다가 한 미녀를 만났다. 이때 그는 그들을 시험해 보고 싶다는 생각이 들었다. 그래서 갑자기 "만약 이 여인이 애꾸가 아니었다면, 아마 천하의 미인이었을 것"이라고 하였더니, 제자들은 "이 여인은 본디 애꾸가 아닙니다."라고 하였다. 이에 그가 "너희들은 아직까지 주의를 기울여서 보지 않았다"고 하였더니, 제자들은 "저희들은 정말로 자세히 살펴보았습니다. 그런데 이 여인의 곁눈질하는 눈매는 비할 데 없이 아름답습니다."라고 하였다.

이 말을 들은 그는 곧 그들을 꾸짖으며 "너희들은 아직까지 눈도 막을 수 없는데, 너희들의 마음을 어찌 지킬 수 있겠는가?"라고 하고는 그들에게 한두 해 동안 집에서 나오지 못하게 하고서 경솔히 보지 않는 자세를 익히도록 하였다(칠극, 박유리 역, 일조각, 2005. 350-351쪽).

한 수도하는 자가 수행중인 제자를 데리고 길을 가다가 한 미녀를 만나,
어떤 제자가 보기를 자세히 하거늘 지나치고 스승이 말씀하시기를,
"그 여자는 한 눈이 멀지 않았으면 천하의 미인이었겠다." 하니,

그 자세히 보던 제자 말하기를 “눈이 안 멀었더이다.” 하였다
스승이 말씀하시기를, “네가 자세히 보지 못하였도다.” 하니,
제자 말하기를
“내가 보기를 가장 자세히 보니, 눈을 흘리 뜰 때 가장 아름답더이다.” 하거늘
스승이 꾸짖어 말씀하시기를,
“너를 경계하여, 가벼이 봄으로써 죄를 범하기 쉬운 줄을 금하였더니,
너는 무슨 공부를 하였느냐?” 하시고,
돌아가 그 제자를 문에 나가지 못하게 하기를 두 달을 하였다 하니,
그런 이는 진실로 스승을 잘 얻었도다.

아희를 갓가이 ᄒᆞ면 ᄯᅩᆼ을 뭇치고 계집을 갓가이 ᄒᆞ면 죄를 뭇치나니
삼가 멀니 ᄒᆞᆯ지어다 三十二 쪽

아이를 가까이 하면 똥을 묻히고 계집을 가까이 하면 죄를 묻히느니,
삼가 멀리 하여야 할 것이다.

후기

자책은 신유박해 때 유배형에 처해졌던 최해두의 글로 추정됩니다.

원래 무지한 기반위에서 그저 무모한 용기만 가지고 글의 풀이를 진행하였으니 모든 것이 거칠고 조잡하여 잘 되었을 리가 없고, 원 글에도 오히려 누가 되었을 듯합니다. 그래도 욕심만은 커서 조금이라도 빨리 읽혀져 함께 마음을 나누고 공감이 되었으면 하는 바람을 핑계로 서둘러 풀이를 매듭지었습니다.

글을 풀어보는데 많은 도움을 주신 한국교회사연구소의 조한건 신부님, 한국복자수녀회의 유은희 수녀님, 한국교회사 방상근 연구실장님께 감사를 드립니다.

돌이켜 생각해 보니 자책을 풀이해보는 지난 약 2년 반 동안 정말 기쁘고 또한 복된 경험 이였던 것 같습니다. 유은희 수녀님께서는 글을 대하고 풀이를 시작할 때 마다, 글을 남겨주신 자책의 그 분 최해두 어르신을 생각하고, 그 어르신을 위해 기도하고, 옛 서당에서 서책을 펴고 소리내어 글 읽듯이 풀이한 것을 아침마다 소리 내어 계속 읽어보라고 하셨습니다. 내가 풀어 놓은 어설픈 글이라도 소리 내어 읽는 동안 참으로 행복하고 위안이 되었습니다.

자책은 오래된 묵주알과 같은 글입니다. 필사본을 원문 그대로 옮기고 다시 한 번 알기 쉬운 오늘날의 말로 풀어보았습니다. 끝으로 아무쪼록 나의 무식한 풀이가 아름다운 원래의 문장과 그 의미와 글 쓴 분의 마음을 훼손시키지는 않아야 할 텐데 걱정이 앞섭니다. 분명 엉뚱하고 틀리게 풀이한 부분도 있으리라고 생각됩니다. 너그러운 마음으로 읽어주시고 틀린 부분의 지적과 함께 많은 말씀을 들려주시기를 기대합니다.

끝으로 이 글을 남겨주신 어르신과 이 글의 풀이를 허락해 주신 한국교회사연구소에 감사를 드립니다. 또한 보잘것없는 저에게 이러한 인연을 맺어주신 천주님의 오묘한 섭리에 감사하고 천주님께 끝없는 흠숭을 드립니다. 감사합니다.

박 형 무 방지거

천주 강생 이천 십삼년 사순시기에

참고문헌

고어사전. 박재연 이화문화사 2001년

교회사학 남한산성 성지와 수원교구 천주 신앙의 역사적 고찰. 수원교회사연구소 2004년

국립국어연구원 표준국어대사전. 두산동아 2000년 초판

대동여지도로 사라진 옛고을을 가다. 신정일 황금나침판 2006년

동료 순교자의 기록을 남긴 사람들 1,2,3- 순교자 최영수의 생애와 활동 上, 中, 下. 上敎友書 수원교회사연구소 2008년 여름, 가을, 겨울호

박순집증언록. 김영수번역 성황석두 루가서원 2001년

벽위편 한국천주교박해사. 김시준역 명문당 1987년

사학징의 邪學懲義. 영인본 韓國敎會史研究所 1977년

상해천주교요리 상. 윤형중 경향잡지사 1957년 가톨릭출판사 2004년

상해천주교요리 중. 윤형중 경향잡지사 1958년 가톨릭출판사 2004년

상해천주교요리 하. 윤형중 경향잡지사 1960년 가톨릭출판사 2004년

선교와 번역: 한불자전과 19세기 조선의 종교 용어들. 조현범 교회사연구 36집 한국교회사연구소 2011년 6월.

한불자전은 본래 1880년 요코하마 레비출판사에서 출판되었다. 한불자전에 수록된 가톨릭 관련 용어는 조현범의 선교와 번역에서 부록으로 정리한 한불자전에 수록된 종교 관련 용어에서 인용하였다.

순교자 윤유일(바오로) 순교자 정은(바오로) 평전. 하성래저 성황석두루가서원 1998년

신유박해순교자들. 김옥희 저 한국순교복자수녀회 2001년

역주 사학징의 1. 조광역주 한국순교자 현양위원회 2001년

윤유일 바오로와 동료 순교자들의 전기 고난의 밀사. 차기진 지음 한국순교자 현양위원회 2004년

增補 한국천주교회사 上,下. 柳洪烈著 가톨릭출판사 1994년

천당직로. 정종덕 역주 수원교회사연구소 2006년

천주교용어사전. 최형락 엮음 도서출판 작은예수 1995년

칠극. 그리스도교와 신유학의 초기 접촉에서 형성된 수양론. 빤또하저 박유리역 일조각 1998년

하느님의 종 윤유일 바오로와 그 동료들. 고난의 밀사 차기진 어농성지 2003년

하느님의 종 윤지충 바오로와 동료 순교자 123위. 한국 천주교 주교회의 시복시성주교특별위원회 2003년

한국 가톨릭대사전 1-12. 한국가톨릭대사전 편찬위원회 1994년

한국순교자 103위전. 아드리앵 로네 폴 데통베 지음 안응렬 옮김 가톨릭출판사 2006년

한국천주교여성사 Ⅰ,Ⅱ. 김옥희 저 도서출판 순교의 맥 1991년

한국천주교회사 논문선집 제2편. 한국교회사연구소 1977년

韓國天主敎會史 上 中 下. 샤를르 달레 원저 안응렬 최석우 역주 한국교회사연구소 2000년 6판

박형무 朴炯武　방지거 芳薺加
한국교회사 연구동인회 간사

1976년　서울대학교 의과대학 졸업
1982년　동대학원 박사
1991년　미국 오하이오주립대 내분비연수

현　중앙대학교 의과대학 산부인과학 교수
과장 / 주임교수 역임
전　대한폐경학회 회장
대한골대사학회 회장
대한산부인과내시경학회 회장
대한비만체형학회 고문
대한산부인과학회 교과서 편찬위원장

현　대한노화방지의학회 회장
대한임상노인학회 부회장
대한보완통합의학회 부회장

조칙스습수지

- 본 원문은 한국교회사 연구소에 보관되어 있는 필사본 자책의 영인본이다.
- 원문 필사본은 오른쪽에서 왼쪽 흐름체이다.

무양이 될넌지 만일 이 모양으로 죽게 되면
으 쥬의 조ᄎᆞ되시 못ᄒᆞ고 련용 영원ᄒᆞᆫ 구ᄒᆞᆯ 쉬비
ᄒᆞᆯ 더어바ᄂᆞᆫ 신복을 엇지 못ᄒᆞᆯ 거시니 버시지
ᄒᆞᆫ사ᄅᆞᆷ가 런지 아니ᄒᆞ와 살아 금셰ᄂᆞᆫ 복ᄂᆞᆫ 잃ᄂᆞᆫ 죽
어 후셰 의련 복ᄂᆞᆫ 쇼ᄒᆞᆫ 일ᄒᆞᆯ 거시니 셰복련
복을 맛실 ᄒᆞᆯ 거시ᄂᆞᆫ 금셰ᄂᆞᆫ 욕을 면치 못ᄒᆞᆯ
거시니 셰욕 더ᄋᆞᆷ을 벗지 다젼되잔 발고 돗슴
은 ᄉᆞᄒᆞ구가 낫ᄂᆞᆫ 갓가와오고 힝ᄉᆞᄂᆞᆫ 날ᄂᆞᆫ 더욱 이갓
가와 오니 뉘ᄅᆞᆯ 원ᄒᆞ며 뉘ᄅᆞᆯ 듯ᄒᆞ리오 진복팔단

ᄉᆡᆼ각ᄒᆞ시고 그리 ᄒᆞᆫ 일 ᄒᆞᆫ 뒤 ᄇᆡᆼ의 대ᄃᆞᆯ 갈ᄯᅢ 치ᄆᆞᆷ
ᄒᆞ고 결박된 등이 나온 가ᄢᅴ 나셔 이ᄒᆞᆼ희 옥ᄐᆡ
의 산병이 부ᄒᆡ를 앗시니 이ᄆᆞᄅᆞᆫ 일이인ᄂᆞ냐
의 위인이 본디 향슈ᄒᆞᄂᆞᆫ ᄆᆞᄋᆞᆷ이 넉넉ᄒᆞ야
ᄃᆞᆸ공의 회티 ᄒᆞ신 ᄯᅵ라 의무옹ᄒᆞᆫ 아바님ᄭᅴ여
인ᄒᆞᆫ 가온대 이졔ᄂᆞᆫ 녀옥젼 넘던 ᄎᆡᆨ 션ᄒᆞ야ᄂᆞᆫ
던 치장도 업고 둉심 ᄎᆡᆨ대ᄒᆞ게 본던 ᄭᆡ티
도 업ᄉᆞ나 쉬ᄉᆡᆼ에ᄂᆞᆫ 비ᄉᆞᆯ이 가뎐 ᄒᆡ업고
보ᄃᆞᆫ ᄉᆞᄅᆞᆷ이 ᄆᆞᄌᆞᆷ 이ᄇᆞ시ᄂᆞᆫ 리ᄉᆞᄅᆞᆷ ᄒᆞᆫ 나ᄆᆞ그ᄂᆞᆫ

ᄒᆞ야 이 옥즁의 와 안잣ᄂᆞ냐 육신의 안일을 위ᄒᆞ야
이 옥즁에 와 안잣ᄂᆞ냐 만일 령혼을 돌보지 아니ᄒᆞᆫ 이모ᄅᆞᆸ
방탕ᄒᆞ야 회ᄀᆡᄒᆞ기를 밧비 아니ᄒᆞ며 ᄎᆞᆺ도 밧ᄂᆞᆫ바
다ᄒᆡᆼᄒᆞ근 ᄂᆞᆫ 이 오직 ᄂᆞᆫ 바다 ᄎᆞᆷ죄악 이며 일ᄂᆞᆫ 바다 깃브
이ᄂᆞᆫ 잇ᄂᆞᆫ 바다 인 회ᄀᆡ ᄒᆞᆯ 거시니 쥬의 ᄉᆞ랑ᄒᆞᄂᆞᆫ ᄌᆞ식이되
지 못ᄒᆞᆫ 고ᄂᆞᆯ 회ᄀᆡᄒᆞᆫ 원ᄉᆞ 되믈 이 외ᄂᆞᆯ 옴ᄒᆞ니라 (뫼ᄇᆞᆫ)
리 회ᄅᆞᆯ 의론ᄒᆞ며 ᄃᆞ 령ᄉᆞ치 ᄑᆞᆯ ᄒᆞ면 고ᄅᆞᆯ 비류ᄒᆞᆫ바
리의 죵이 되며 독ᄒᆞᆫ ᄒᆡᄅᆞᆯ 너무 만ᄒᆞ면 에 면치 못ᄒᆞᆯ
거시니 엇지 슬겁지 못ᄒᆞᆫ 살ᄅᆞᆷ이 되믈 ᄇᆞ라리오 회

의ᄉᆞᆯ노티고난쟈ㅣ이진복이라ᄒᆞ여시니벼ᄅ간ᄂᆞᆫ
난이[illegible]셜이이ᄉᆞᄂᆞ니오류에수의삼십삼년ᄇᆞᆺ
으신고난과ᄆᆡᄉᆞ쳑ᄌᆞ셩인셩녀의지내신간희
로ㅣ본밧아고난을감슈ᄒᆞ면비록미고라ᄂᆞᆫ디
공이되며육신이셰상에이ᄉᆞ시나기ᄅᆞ의현샹ᄉᆞᆯ이
라진복의삶이어니와죵모의복은ᄀᆞᆯ나ᄂᆞᆫ고셩
의포ᄋᆡᆼ을ᄯᅳᆯ으지아니ᄒᆞ고ᄂᆞᆫ비록은셰샹근로음을
나ㅣ홀노밧은들ᄂᆞ무슴복의삶이되리오내형이위ᄒᆞ
싱각건디무슴고로우의도리이ᄂᆞᆫ동육ㅣ신의복을즉

즁쳡ᄒᆞ니 ᄯᅡᆼ이 ᄂᆞᆷ의 남을과 비방ᄒᆞᄂᆞᆫ 말을 밧음
족ᄒᆞᆫ지라 무ᄅᆞᆯ 좀 기여워 ᄒᆞᄂᆞ뇨 능모ᄅᆞᆯ 욕이나
근거든 령화ᄒᆞᆫ 안ᄉᆡᆨ을 그ᄅᆞᆺ슈기ᄂᆞᆫ 간사즁
운ᄒᆞ야 도로 ᄂᆡ 밧을란 ᄒᆡ롭지 아니ᄒᆞ리라 이러ᄒᆞ면
어ᄂᆞᆺ지이 ᄂᆞᆯ은 즁에도 ᄯᅡᆨ이 나지 아니ᄒᆞ야 셰복
의 ᄆᆞᄋᆞᆷ 치사저 블이도 저이 나무랍거나 와 예수
의 ᄌᆞ양과 셩모의 덕ᄒᆡᆼ을 본ᄇᆞᆮ아 고난과 무욕
을 인내ᄒᆞ면 그 곳은 ᄯᅥ을 ᄂᆡ옷을 자ㅣ 잇ᄉᆞ시리오 내
입을 ᄲᅡᆯ녀치 아니ᄒᆞᆫ 여도 쥬ㅣ 四 ᄆᆞᆯ오시ᄂᆞ니라 ᄃᆞᆺ긔

죄경 뜻베플 하리런 ᄒᆞ만 복을 다 열긴 런ᄒᆞ만
ᄌᆞ와 다절 일시라도 조금도 우러러지 춤지서ᄂᆞᆫ후
신주의 세리를 너셔 아니ᄒᆞᆫ 이후는 만ᄂᆞ이
주의 병을 직희기를 결단ᄒᆞ고 령ᄒᆞ야 ᄒᆞᆫ결ᄀᆞᆺ치
죄의 생설ᄭᅩᆯ를 보리 별니ᄒᆞ쇠니 단ᄒᆞᆫ 긔결
에 너ᄅᆞ셔는 이셔 그두렵지 아니ᄒᆞ다 오쥬 메수는
지존 지귀ᄒᆞ시고 허물이 업ᄉᆞ시되 남의 남으ᄅᆞ고
버ᄅᆞ심과 벌수이 너이심과 욕ᄒᆞ심을 감슈ᄒᆞ야 계시
거놀 ᄂᆞᆫ 지미지 천ᄒᆞᆫ 중에 죄악이 심ᄒᆞᆫ 과실이

지ᄂᆞ아니ᄒᆞ니이무ᄉᆞᆫ일이뇨나의ᄒᆡᆼ위ᄅᆞᆯᄉᆡᆼ각ᄒᆞ건
티죠인ᄃᆞ젹이ᄒᆡᆼ실잇ᄂᆞᆫ자ᄂᆞᆫᄒᆞ지아닐버ᄅᆞᆺ슬
주ᄅᆞᆯ아ᄂᆞᆫ인ᄉᆞᄅᆞᆷ아ᄂᆡ니사히한심근ᄊᆡ지아
니ᄒᆞ라교회경의ᄆᆞᆯᄉᆞᆷᄒᆞ시되음ᄂᆞᆫᄒᆞ로리듯지
ᄲᅡᆯ며산득ᄒᆞᆫ비ᄉᆞᆯ보시ᄆᆞᆯ며ᄶᅴ아닌말을낼오
지ᄆᆞᆯ며의아닌물건을취ᄒᆞ지말며ᄶᅴ아닌선ᄒᆞᆯ
ᄲᅡᆯ지ᄆᆞᆯ며ᄂᆞᆫ음에망령된ᄉᆡᆼ각을ᄯᅳᆺ의망령된
음죽임을말고오죄ᄅᆞᆯᄃᆞ히ᄆᆞᆷ주ᄅᆞᆯᄉᆡᆼ각ᄒᆞ고
주ᄅᆞᆯᄉᆞ랑ᄒᆞ고야주기에니ᄒᆞ공경ᄒᆞ야쥬께ᄌᆞ

본분이ᄂᆞ 조리ᄭᅴ 이미 나의 알니시ᄃᆡ 망아니 근져ᄒᆞ
는 이런 조를 셔시알게 ᄒᆞᆫ 힝키는 쥬ᄂᆞᆫ ᄒᆞ나 버지ᄭᅳᆫ인
고ᄃᆞᆯ마 아니ᄒᆞᆯ 최가만 한 츄ᄉᆡ의 흉이 업ᄉᆞ미로 조리ᄒᆞᆯ
씌아니ᄂᆞᆫ 연고ㅣ니다 긋그리 시즐 ᄯᅥ되ᄒᆞᄂᆞᆫ 슬ᄉᆞ미ᄒᆞ
난도 덕힝의 발은 업고 ᄒᆞᄂᆞᆫ 거시다 샹쳐 어언 취ᄒᆞᆫ이
ᄭᆡ 긋ᄂᆞᆫ 져근 취 못ᄒᆞᆫ ᄯᅡ름이미 지 ᄎᆞᆯ못되여 아니라
오히려 곳세오 번조변의는 열ᄉᆞ분 광샹이 망치아야ᄯᅥ
나이제는 븜시ᄂᆞᆯ 못되며 웅ᄂᆞᆨ 뒤쳘은 ᄂᆞᆫ을 피기버
ᄒᆞᆫ난ᄀᆡ 쳠ᄆᆞᆫ ᄆᆞᆨ노 ᄒᆞ니 입으를 그런 말ᄒᆞ기를 ᄉᆞ흐이 인의ᄭᅥ

ᄒᆞᆫ때에 두그릇 술 먹ᄉᆡ 엇 아ᄎᆞᆷ에ᄂᆞᆫ 술 먹고 평혼
이ᄉᆞᆸ시 ᄒᆞᆫ 근ᄌᆞ 후에 경문을 외와 복축을 ᄒᆞ여ᄂᆞᆫ
그ᄉᆡ 실시ᄂᆞᆫ 퇴 보ᄂᆞᆫ 지단 머지 앗갑지 아니ᄒᆞ리오ᄂᆞ
철ᄂᆞᆫ 약 ᄉᆞᆯ시ᄅᆞᆯ 앗니ᄂᆞᆫ 혜ᄂᆞᆫ ᄒᆞ보시 나 안아지ᄆᆞᆫ
당초ᄂᆞᆫ 브즈런이 ᄒᆞ여도 ᄌᆞ만 ᄒᆞᆫ 셩의 나ᄃᆞ티ᄂᆞᆫ 후ᄂᆞᆫ
ᄒᆞᆯᄂᆞᆫ 이 ᄯᆞᆷ 업시 ᄒᆞ야 일분 ᄐᆡᆫ 싱ᄆᆞᆯ 속이지 못
ᄒᆞ야 셩유 철ᄂᆞᆫ ᄒᆞ며 다만 ᄒᆞᆫ 번 제ᄒᆞ고 못ᄒᆞ니 ᄃᆡ ᄌᆞ비
굴이 즈ᄆᆞ 외인 ᄉᆞᄅᆞᆷ 감동ᄒᆞ시도록 ᄒᆞ여 보시ᄅᆞᆯ
보셔 나이 ᄒᆞ고ᄂᆞᆫ 즈ᄅᆞᆯ 더브러 六 말ᄉᆞᆷ ᄒᆞᆫ 이 되다 ᄉᆞᆯ위

게ᄒᆞ여 ᄌᆞ옵소셔 ᄒᆞᆫ 귀졀을 무ᄉᆞᆫ 뜻으로 와ᄂᆞ나ᄭᅦ
허ᄒᆞᆫ 사ᄅᆞᆷ을 뒤ᄒᆞ여도 셔죤 ᄯᆞᆯ는 너ᄆᆞ려ᄒᆞᄂᆞᆫ ᄯᆞᆯ을
평치 못ᄒᆞ거든 ᄒᆞ믈며 지쵼쳬시지 ᄒᆞ신 ᄎᆞᆷ쇠 향ᄒᆞᆸ
허ᄉᆞ ᄯᆞᆯ는 우ᄒᆞᄂᆞᆫ 바로 니ᄉᆞᆯ 소나의 북마음 식기온
유부신을 기르ᄂᆞᆫ 셔로 덕ᄒᆡᆼ과 션공은 쳔ᄒᆞᆫ
을 이르ᄂᆞᆫ 탄식이니 이ᄒᆞᆫ은 무쇠번을 으식
울 벗지 못ᄒᆞ연 유부신이 주졀 거시오 만결
과ᄒᆞᆫ 졀ᄒᆞ연 뎡흔이 실ᄂᆞᆫ 지ᄒᆞᆫ이 닉유부신이 오ᄂᆞᆯ
안ᄌᆞᆷ 굴무변 져 덕에 비록 ᄃᆞᄀᆞᆷ듯 밥을 벅어도

령혼을 조촐케 ᄒᆞ니야 즐거ᄋᆞᆼ깁ᄂᆞᆫ시셔이
와 만일 ᄉᆞ욕과 면경과 샹졍ᄋᆞᆯ 쳐와 령혼을 더
러이시면 이ᄉᆞ시티 어이 ᄇᆡᆨ이샤 ᄇᆞᆺ비셔 나어이 안니
시라 령혼이 졍결ᄒᆞ야 쥬ㅣ 강림ᄒᆞ샤 ᄌᆞ롱을
일치 아니면 ᄌᆞ연 텬공의 부ᄉᆞ련ᄒᆞᆫ 스ᄉᆞ론 ᄒᆞᆨ
이니 ᄯᅥ나ᄂᆞᆫ 령혼이 오예ᄒᆞ야 쥬ㅣ ᄯᅥ나샤 ᄌᆞ롱을
일ᄒᆞ면 더러온 형실의 ᄯᅩ온 다 악ᄒᆞᆫ 형실의 근
본 되리니 마귀의 희ᄉᆞᆯᄂᆞᆫ 심ᄒᆞ시리 ᄂᆞᆸ흔 ᄒᆞᆫ ᄉᆞᆯ에
고ᄃᆞ히 온 ᄭᅵᆺ의 셔 오ᄅᆞᆨ 빅과의 七가지 가ᄯᅦ 악이요 ᄂᆞᆫ 금

업슨 말과 죄되ᄂᆞᆫ 생각은 부터 일삼아 브ᄌᆞ런이 ᄒᆞ고
ᄡᅡ이 시계 ᄒᆞ고 유익ᄒᆞᆫ 공뷔 마ᄂᆞ니 되ᄂᆞᆫ 변셩에ᄂᆞᆫ
어셔 밧비 ᄒᆞ고 무ᄉᆞᆫ 일이 나나ᄂᆞᆫ 도시 일ᄒᆞᆫ 놀며
ᄡᅡᆼ업시 어셔 지내니 이 더ᄒᆞ고도 실시ᄒᆞᆷ이 아니 한ᄒᆞ다
뎐ᄒᆞᄂᆞᆫ 지존지귀ᄒᆞ시고 우리 ᄉᆞᆯᆷ은 지비지쳔ᄒᆞ며
경흥을 ᄉᆞ슈 직ᄒᆞ야 ᄌᆞ졸케 ᄒᆞᆫ번 오쥭 샹ᄒᆞ리ᄂᆞᆫ시
ᄂᆞᆫ 너의 시샹애 존ᄌᆞᆨ이 내 집의ᄂᆞᆫ 케 ᄒᆞ려 ᄒᆞ여도 근
ᄒᆞᆫ 차리의 불이나 보려히고 쇠조ᄅᆞᆯ 주신 이ᄒᆞ여야
ᄌᆞᆺ 더ᄒᆡ 무ᄂᆞ니 지존 지귀ᄒᆞ신 ᄌᆞ으ᄅᆞᆯ 피시ᄒᆞ여 ᄒᆞ면 내

텽직ᄒᆞᆷ이 여ᄇᆞ습이의 놀ᄎᆞᄒᆞ여 시나ᄋᆞᆸ신의 셰ᄂᆞᆫ
뭇ᄂᆞᆫ 쳐ᄉᆞᆫ 텽ᄒᆞᆫ의 죄ᄂᆞᆫ 통회ᄅᆞᆯ ᄒᆡᆼᄒᆞ니 죄를 ᄉᆞᆺ근 통
회의 근본이 ᄇᆞᆸᄉᆞ면 무어ᄉᆞᆯ 고ᄒᆞᆯ 죄를 범ᄒᆞᆫ 측
즉 홍이 엽셔 지근 진졀 통회ᄒᆞᆯ ᄌᆞᆯ 면이여 ᄉᆞ기여
려오니 ᄒᆞᆫ번 내더ᄅᆞᆯ ᄯᅥ히되 ᄒᆞ기ᄂᆞᆫ ᄒᆞᆫ번 가흠을ᄂᆞᆫ 근
리며 알외ᄂᆞᄂᆞᆫ 근아며 죄찬ᄒᆞᆫ 놀 죄를 지어 슈고 회의 셩
심ᄋᆞᆯ 상ᄒᆡ온 ᄌᆞᆯ이 ᄯᅩ온 의압ᄒᆞᆯ 지아니면 뭇ᄌᆞᆷ 통회
되며 통회 진졀치 아니면 어지ᄂᆞᆫ ᄂᆞᆫ ᄒᆞᆫ 텽지의 ᄯᅩᆫ용
울어ᄋᆞ 시온 죄를 범ᄒᆞᆫ 다시 범ᄒᆞ ᄋᆞ ᄉᆞ기ᄂᆞᆫ ᄌᆞᆯ이 ᄆᆞ니라

식을 버리고 살아셔 셩양수족ᄒᆞᆫ 신홍ᄒᆞᆫ을 니ᄅᆞᆯ
ᄲᅮᆫ아니라 도ᄅᆞ혀 죄ᄅᆞᆯ 쎄은 혜ᄅᆞᆯ 갑흐려 ᄒᆞ니 이
러ᄒᆞᆫ 도리ᄅᆞᆯ 후의 ᄇᆞᆺ지의 노ᄅᆞᆯ 당ᄒᆞ여 어ᄂᆞ 벌을 [illegible]을
면ᄒᆞ리오 우리 신자된 사ᄅᆞᆷ이 되여 이고 세계에 이셔
알고 죄과 범키ᄂᆞᆫ 쉽지 못ᄒᆞᆫ ᄯᅢ 그런 고로 경계ᄒᆞ셔유
흥의 쥴노 사되 련신은 조촐ᄒᆞᆫ ᄒᆞᄂᆞᆯ에셔 셔러
지고 원조ᄂᆞᆫ 북편 어졍에 이셔셔도 너너쳐시니너
희ᄂᆞᆫ 삼수ᄲᅮᆺ 되셔온 셰샹에 거ᄒᆞ야 어지흔 일ᄂᆞᆫ
이 살ᄉᆞᄒᆞ시오다만 불홍이 죄ᄅᆞᆯ 범ᄒᆞ고ᄂᆞᆫ 통회

년봄은 ■하능 동회나이ᄂᆞᆫ 조리 신세ᄅᆞᆯ 위ᄒᆞ야 나ᄂᆞᆫ
동회요즈ᄂᆞᆫ 우시며 부모로 우리ᄂᆞᆫ 즈유의 ᄌᆞ식이란 편디만
끝ᄂᆞ 싱양 보존ᄒᆞᆫ 신은 혜박ᄒᆞ며 ᄒᆞᆫ가온ᄃᆡ 우리 져의 ᄀᆞᆷ
침을 불상이 넉이샤 샨 십삼 년 고난 마악ᄂᆞᆫ의
계잡히며 십ᄌᆞ가샹에 죽기ᄅᆞᆯ 밧으샤 우리ᄅᆞᆯ 구ᄒᆞᆫ
시고 ᄉᆞᆨᄒᆞᆫ 실시며 이에 가시 회ᄅᆞᆯ 메오시고 ᄂᆞ유ᄅᆞᆯ
에ᄉᆡ 못술 박히고 혐방을 쳔샹에 ᄯᅥᆯ니샤만
신에 피ᄅᆞᆯ 흘니시고 입에 쵸ᄃᆞᆫ을 맛보시니이
당구리ᄅᆞᆯ 위ᄒᆞ야 쳔신만고ᄅᆞᆯ 밧으신 지 죄 ᄌᆞ식이
九

범죄를 번ᄒ고 디 회ᄀ를 바라지 못ᄒ야 연단 안쇠
ᄯᅩ은ᄒᆫ 주야 세 등을 말 비 안이나 만을 줄기ᄂᆞᆫ 령
심ᄒ면 ᄀᆞᆨ숀 두번 번ᄃ 죄를 지경에 너르더은 ᄂ셩
도 살기ᄂ 됴 한ᄒ고 죽기ᄂ 날마 ᄶᅩ치 술 희며 ᄒᆫ 현
깨ᄂ 죄의 해 깁흔 줄을 보끼이 않으신ᄂ 죽기ᄅ
쌔밧ᄂ 앗ᄂ 니 나ᄂ 어서 죽을 ᄯᅩ은이 업시 녁을
꾸며 스ᄅ 조ᄂ 입오구ᄂ 져ᄒ ᄂ 뜨든 회ᄀ기 미스니
텬당 명복을 일큰 디옥 벙ᄂ 류벼 ᄭᅵ 록훌 간구ᄒ며
ᄒ야 범ᄒ 죄를 스ᄅ 헐 위ᄒᆫ ᄂ물이 흐르ᄂ 써 가아래 항능

업ᄉᆞ되 다만 셧가지ᄅᆞᆯ 히 다ᄅᆞᆫ 니른 죄에 ᄂᆡ기웃 ᄒᆞ면
릐 죄에 뉘웃츰을 면ᄒᆞᆯ 거시오 큰 죄에 뉘웃ᄎᆞ
아니면 ᄌᆞ릐 죄에 뉘웃츰을 ᄆᆞᄋᆞᆷ즁에 ᄉᆞᆺ지 못
ᄒᆞ리니 ᄒᆞᆨ군 ᄎᆞᆷ아 ᄂᆞᆼ근 ᄒᆞᆯ 맛져 아니라 가큰 번
회ᄒᆞᆯ 기ᄃᆞ리ᄂᆞ니 그쳐ᄉᆡᆼ군이니라 ᄌᆞ셔 회ᄂᆞᆫ 죄군ᄒᆞ
가이라 유익이 온 ᄆᆞᄋᆞᆷ 거니와 리 죄에 화 ᄂᆞᆫ 비록
큰 ᄆᆞᄋᆞᆷ 한 ᄒᆞ나 ᄒᆞᆯ 일을 업다 ᄒᆞ져 ᄃᆞ라 ᄆᆞᄋᆞᆷ익 ᄒᆞᆫ 즁에
ᄯᅩᄒᆞᆫ 옷칠 길도 업ᄉᆞ지라 이 죄 ᄂᆞᄂᆞᆫ 어ᄂᆞ 듕 회ᄒᆞᆯ
기ᄃᆞ리셔 ᄒᆞ고 ᄂᆞᆫ이 ᄯᅥ른 ᄒᆞ야 ᄆᆞᆨ죄 ᄒᆞᆫ다 시 면ᄃᆞ연

되니혀부ᄀ모를ㅣ 떠미경에 니르게ᄂᆞᆫ 그 이혀슨리
를ㅣ치며 부모의 셩신을 샹해오니 ᄌᆞ식의 도리
이셜티며 더이 ᄉᆞ리ᄅᆞᆯ ᄒᆞ야 범죄ᄒᆞᆫ 졸이 셜ᄒᆡ
눈믈을 ᄯᅢ을 흘니며 ᄲᅢ가 압허ᄒᆞᆫ슈면 이니든바
쟝등통회니 이ᄂᆞᆫ 쥬의 경ᄉᆡ를ㅣ 위ᄒᆞ야 난 통회
라ᄂᆞᆫ를 ᄆᆞ쟝그 근ᄆᆞ쟝치ᄒᆞᆫ 통회니라 예수ᄭᅴ셔 은샤덕
너희 이혜 죄를ㅣ 지으면 ᄃᆞ시 나를ㅣ 두번 십ᄌᆞ가에
못박으리라 ᄒᆞ시니 이를 싱각ᄒᆞ면 엇지 놀납지 않
코 지마니 ᄒᆞ야 죄를ㅣ 짓ᄀᆞ ᄒᆞᆫ번 통회ᄂᆞᆫ 아니 ᄒᆞ리

조ᄎᆞ시ᄂᆞᆫ ᄒᆞᆫ 변지 ᄌᆞ주 ᄒᆞ이ᄃᆞ으샤 겹ᄭᅩ이 쉬오리라
ᄒᆞ여니 일ᄇᆡᆯ은 평단자ᅵ 불ᄯᅥ 벗의 말ᄒᆞᆯ
예수와 셩도ᄅᆞᆯ 위ᄒᆞ되 ᄒᆞᆫ이 공부ᄒᆞ나 아가시와 ᄆᆞ니
ᄒᆞᆫ니 벗시의 말이 더ᄒᆞ여 언일 예라 ᄒᆞ야 뵉ᄒᆞᄋᆞ이
비샹ᄒᆞᆫ지라 그 벗이 이우ᄒᆡ 싱각ᄒᆞ다가 큰 돌을
ᄀᆞ드쳐 술오ᄃᆡ 벗은 쇠 돌을 날마ᄃᆞ 치ᄂᆞᆫ 돌산은
되ᄂᆞ 벗이 은 돌을 조ᄂᆞᆫ 되 돌이ᄃᆞ 러위 흔 진ᄂᆞᆫ
두지 못ᄒᆞᆯ지라 평안ᄒᆞᆫ 자ᄂᆞᆫ 허다ᄒᆞᆫ 죄ᄅᆞᆯ 다ᄒᆞ여도ᄅᆞᆯ
뎌ᄒᆞᆫ 터 형의 벗이 허다ᄒᆞᆫ 죄ᄅᆞᆯ 十 아니ᄒᆞ니 평안

이안 왓ᄂᆞ냐 배ᄋᆞᆫ 가ᄂᆞᆫ ᄉᆞ리 공부 현히 ᄉᆞ리의 지의
ᄂᆞ니 ᄉᆞ리ᄒᆞ고 상치 아니면 비록 쥬모의 인ᄌᆞ와 신
형의 권고ᄒᆞᆯ ᄂᆞᆫ 션이나 악이나 우격ᄒᆞᆯ ᄂᆞᆫ 식이
지 아니시ᄂᆞ니 예수와 셩모와 신형을 의뢰ᄒᆞ야
ᄉᆞ리 힘ᄡᅥ 션을 힝ᄒᆞ면 ᄂᆞᆫ으실 ᄉᆞᆯ이 니의
뢰ᄒᆞᆯ 에 곳이 이 네 ᄡᅥ 더시 ᄂᆞᆯ 곳이 ᄒᆞ리라 ᄆᆡᆺ
젹친ᄒᆞᆫ 벗ᄂᆞᆯ이 이셔 ᄒᆞᆫ ᄂᆞᆫ 덕힝이 ᄀᆞ득ᄒᆞᆫ
근ᄒᆞᆫ ᄂᆞᆫ 심히 신ᄒᆞ니 덕힝의 법의 권장 사ᄅᆞᆷ ᄒᆞᆫ
샹쳔 민ᄒᆞᆫ 더 예수와 셩모ᄅᆞᆯ 의뢰ᄒᆞ야 공부

다ᄒᆞᆷ을 쓰지 아니ᄒᆞ여 ᄯᅩᄒᆞᆫ 덕ᄒᆡᆼ이 셔지 못ᄒᆞ
리니 엇지 이ᄅᆞᆯ 싱각지 못ᄒᆞᆫ다 ᄒᆞ니 그제야 링ᄃᆞ야
그제셔 돗고 벗의 셩명을 링찬ᄒᆞ고 ᄉᆞᄂᆞᆫ 베ᄎᆞ도록
의친ᄒᆞ며 녀ᄆᆞᆯᄒᆞ야 조러히ᄆᆞᆯ 써 ᄒᆡᆼᄒᆞ야 ᄆᆞᄎᆞᆷ내 대덕
군ᄌᆞ 되얀ᄒᆞ니 우리ᄂᆞᆫ 이 ᄆᆞᆯᄉᆞᆷ을 보아 이 싱각ᄒᆞ
면 그ᄅᆞᆺ될 일이 업ᄉᆞ리로다 싱각과 ᄒᆡᆼ실과 ᄒᆞ옴
의 셩찰을 잘ᄒᆞ여야 ᄀᆡ과 쉬울 거시오 ᄆᆞᄎᆞᆷ내 허물
의 싱각이 ᄯᆡᄂᆞᆫ 통회ᄒᆞ야 일ᄂᆞᆫ 다시 이런 싱각
을 ᄆᆞᄉᆞ홈을 거시온 ᄆᆡᆺᄒᆞᆫ ᄯᆡᄅᆞᆯ ᄒᆞ고도 셩찰ᄒᆞ야 이ᄆᆞᆯ

쟈ㅣ ᄒᆞ야 ᄉᆞᆯ오ᄃᆡ 네 힘을 쓰지 아니ᄒᆞ니 나ㅣ
홀노 도치 못ᄒᆞ리로다 ᄒᆞ거ᄂᆞᆯ 그졔야 그졔야 덕
힝의 ᄇᆡ이 다시 ᄂᆞᆯ기ᄅᆞᆯ 힘ᄒᆞ야 ᄂᆞᆯ이 힘을
ᄀᆞ지 쓰ㅣ니 ᄃᆞᆯ기 머ᄃᆞ홀ᄉᆞ시라 ᄃᆞᆯ을 ᄂᆞ논 홀오 뒤버ᄉᆞᆫ
쳐음에ᄂᆞᆫ 힘을 흑시니 ᄒᆞ나 나ㅣ 힘을 쓰지 아니ᄒᆞᆫ
뻔니 네 도치 못ᄒᆞ여 너니 너ᄯᅢ 병셔ㅣ ᄒᆞ니 ᄂᆞᆯ가
싀브도다 일노 볼진대 ᄌᆞ긔 힘쓰지 아니면 쥬ㅣ 벗
지 도으시리오 고로 ᄌᆞ긔 힘만 밋고 쥬ᄅᆞᆯ 의뢰치 아닌
쟈ᄂᆞᆫ 공부ㅣ 이지 못ᄒᆞᆯ거시오 쥬만 의뢰ᄒᆞ고ᄌᆞ

든가 사ᄌᆞᆼ으ᄋᆞ야 오ᄂᆞᆯ 받ᄂᆞᆫ 쟉지에 ᄒᆞ옵고져 가
구ᄒᆞᆯ거시나 이ᄂᆞᆫ 조ᄭᅴ 졍찰이 업고 마ᄂᆞᆫ ᄒᆞ야 브릴
거시아니라 ᄃᆞᆯ이 못거든 이ᄂᆞᆯ을 보지 ᄂᆡᄂᆞᆫ 셩
찰ᄒᆞ며 회가 못거든 이회ᄅᆞᆯ 보지 ᄂᆡᄂᆞᆫ 셩찰ᄒᆞᆯ
거시나 이ᄂᆞᆫ 도 모지 셩찰ᄒᆞᆯ ᄒᆞᆷ이 조곰ᄂᆞᆫ 방과 혀ᄂᆞᆯ
그이 되믈 ᄒᆞ야 가며 이 목ᄌᆞᆼ에 이 심ᄂᆞᆫ 믈 이러
도ᄒᆞᆫ 뒤가 어지 이 스ᄅᆡ오 ᄭᆞ닌 죄ᄅᆞᆯ 알아야 ᄒᆞᆯᄭᆞ
회ᄂᆞᆯ 거시오 ᄂᆞᆷ 회나야 셩ᄒᆡ 도ᄂᆞᆫ ᄒᆞᆯ거시어ᄂᆞᆯ
마ᄂᆞᆫ 열 셩찰ᄒᆞᆯ 골 아니 ᄒᆞ야 그 쳐념 ᄒᆞ니 ᄂᆞ니 오면

이러될 말인가 아닌[가] ᄒᆞ야 만일 죄ᄋᆞᆫ의 말이[이] 드 등
회ᄒᆞ야 이후ᄂᆞᆫ 모시이 전 말을 ᄯᅡ 잔 ᄒᆞᆯ러시ᄋᆞᆫ ᄒᆡᆼ실ᄒᆞᆫ
ᄒᆞᆫ음의도 ᄯᅳ지 이후 ᄒᆞᆯ러시옵니 이ᄂᆞᆫ 시러 셩찰이
그ᄲᅮᆫ 아니라 시벽에 니어나 졍신을 ᄀᆞ다듬어 ᄉᆞᆫ
ᄭᅩᆸ이 ᄒᆡᆼᄒᆞᆫ 곳 회은 날 밤을 ᄆᆡ쳐 ᄂᆡᆫ 셩찰ᄒᆞ야라
과 업거든 앙샤주은 ᄒᆞ야 오날 ᄉᆞᆯ든 잘 지내게 ᄒᆞᆫ
여쥬읍 ᄉᆞ여 과주ᄒᆞᆫ 져녁에 ᄃᆞᆫ 졍신을 ᄀᆞ다듬
어ᄆᆞᆫ 마ᄎᆞᆷ ᄒᆡᆼᄒᆞᆫ 곳 회은 ᄂᆞᆯ ᄂᆞᆯ을 ᄆᆡ지 ᄂᆡᆫ 흔[셩찰]ᄒᆞ야
죄과 이워든 등 회령시 ᄒᆞᆫ 다ᄒᆡᆼ이 평쳔ᄒᆞ리

귀ᄒᆞᄂᆞ니 의셔 헌힝을 막ᄂᆞ고 악을 듬ᄂᆞᆫ 즁ᄒᆞᆫ 죄
슈ㅣ라 ᄒᆞᆫ번 마음의 ᄲᅡ지면 아모리 ᄒᆞ여도 ᄃᆞ라
기어렵게 ᄂᆞ의 령혼을 죽이ᄂᆞᆫ 거시ᄅᆞᆯ 되ᄃᆞ러 나ᄂᆞᆫ
혀ᄇᆡᆨ 매ᄉᆞ ᄒᆞ야 갓가이 ᄒᆞ며야 ᄒᆞ리 ᄒᆞ엿이라 ᄒᆞ고
쥬ᄋᆡ 의죄 ᄒᆞ야 ᄌᆞ리 삼가 변ᄋᆞ히여 피ᄒᆞ기 쉬오되
다시와 치 못ᄒᆞᆯ 원수ㅣ 이시니 ᄌᆞ리 육신이라
이ᄂᆞᆫ 내 령혼의 무궁히 셔로 기어려ᄋᆞ니 되앗날
ᄋᆞ리ᄌᆞᆫ 령혼의 량식은 덕힝이오 육신의
량식은 음식이라 그런고로 령혼은 ᄒᆞᆫ상 덕힝을

十四

통회시라의 뎐옵이어 뎌를 조흔 나치로 견듸
지만 업ᄉᆞ면 쓸ᄃᆡ 업ᄉᆞᆸ이은 공이 업셔야 인ᄉᆞ
승뎐을 밧ᄌᆞ나이 졔이 올흔 은집 공은 시룰 죄어
노ᄒᆞ치어 주귿 그죄를 ᄃᆞ겸 호의 조용이 삼우 주ᄒᆞᆫ녀
시옵ᄉᆞ니 육신 밧긔 세속 원슈라 ᄉᆞ리는이
욕증에 앙 ᄋᆞ시니 무슨 세속 ᄠᆡ 면홀 보리오
세속 싫흔 원슈 셰히 흔ᄃᆡ 나는 ᄒᆞᆫ 노흘 믈어원
슈들 밧긔 업ᄉᆞ니 이는 ᄒᆞᆫ 남 ᄆᆞᆯ 특은 이라
허기 이 ᄉᆞᆯ흔 임질 ᄃᆡ 분 ᄃᆞᆫ것ᄉᆞᆯ흔 ᄆᆞ가 산 ᄒᆞᆯ 나치오니

ᄒᆞᆫ온ᄌᆞ시과 허단ᄒᆞᆫ 노부과 무ᄋᆞ우ᄒᆞᆫ 가산고 ᄉᆡᆼ애
친이ᄅᆞᆯ 일ᄅᆞᆫ 졀 보리고도 방ᄒᆞ야 산즁에 숨너고
졸히 다ᄆᆞ고 실시 각혀ᄋᆞᆯ ᄊᆞᆯ고 돌ᄋᆞᆯ 베고 주ᄒᆞᆫ 몸
과나므 결박ᄋᆞᄅᆞᆯ 셔유 ᄉᆡᆼ명만 복허 시니 ᄆᆡ지이것
마ᄂᆞᆫ 뵌이리오 만ᄂᆞᆫ 부ᄃᆞᆨ의 신 바ᄋᆞ 집에 안거ᄒᆞ야가
니ᄅᆞᆯ 쉬면 ᄒᆞᆫ명 이러니ᄅᆞᆯ ᄒᆞᆫᄂᆞᆫ ᄒᆞ야 ᄎᆞ주ᄉᆞ지아
어ᄒᆞᆷᄋᆞᆫ 각ᄌᆞ 허히 다ᄅᆞᆷ이다 ᄉᆞ러나 ᄉᆞ러ᄋᆞ유 신ᄋᆞᄂᆞᆫ다
워ᄂᆞ슈ᄅᆞᆯ 이ᄒᆞᆫ고 령ᄒᆞᆫ주 ᄒᆞ기만 며ᄂᆞ게 ᄒᆞ시ᄆᆞ이나
이쉐 나도 ᄌᆞ리 너ᄋᆞᆯ ᄒᆞᆫ 거시 아니라 十五 쥬명ᄋᆞᆯ 가셕

ᄒᆞ셔 ᄒᆞ되 유뫼 시ᄂᆞᆫ 풍우ᄒᆞᆫ 올흘 히길ᄂᆡ 골오ᄃᆡ
큰 무리 이긔지 못ᄒᆞ면 뎍은 의ᄆᆞᄋᆞᆯ 듯디 아니ᄒᆞ
야 셔헌ᄋᆞᆯ ᄆᆞᆫ히 ᄒᆞ고 즁ᄒᆞ 외ᄂᆞᆫ 읏ᄂᆞᆫ지라 그런
고로 고ᄋᆡᆼ들이 ᄒᆞᆼ상 고ᄋᆡᆼ을 주려ᄒᆞ샤 혹 귀를
허ᄆᆞᄋᆞᆯ 경계ᄒᆞ며 ᄋᆞᆫᄒᆞ셔를 시ᄒᆡᄒᆞ며 ᄋᆡ유ᄒᆞᆯ
을 누그러 ᄒᆞᄂᆞᆫ 일을 ᄒᆞ야 경근을 ᄆᆡ거더니 ᄆᆞᆫ뎡
ᄒᆞᆫ 만ᄋᆡᆯ 고유 신으로 ᄆᆞᄋᆞᆯ 논ᄂᆞ 유니 신이 아니 일ᄒᆞ면 뎡
ᄒᆞᆫ이 되 ᄆᆞᆯ ᄒᆞᄂᆞᆫ지라 이러ᄆᆞᄅᆞᆯ 셩현의 셔ᄂᆞᆫ 션
이ᄅᆞᆯ 보면 뒤 흐ᄀᆞᆯᄒᆡ 은ᄇᆡ 그므로 고ᄅᆞᆫ 아히 ᄃᆞ 스랑

이되신를노어지 슬프지 아니ᄒᆞ시오 므ᄅᆞ죠만파
신공과 기와ᄯᅡ간능정과 쳔졔를 쥬신슈홈
과부모를 효경홈과 외손시샤 ᄒᆞᄆᆞ라 남을 ᄉᆞ랑
ᄒᆞᄂᆞᆫ 어진도를 일우ᄂᆞᆫ 졔ᄅᆞᆯ 닐고 상ᄒᆞᆷ과 ᄃᆞ투ᄂᆞᆫ와
분노와 회퇴와 음식의 졀되ᄆᆞ과 남의 믈ᄒᆞ
기ᄂᆞᆫ화 ᄂᆞᆫ이선 ᄆᆞᆸ슬 일에 ᄂᆞᆯ 내여 싱케 칠죄
곳ᄇᆞᆯ ᄒᆞ고ᄂᆞᆫ ᄆᆞᄋᆞᆷ이 혈히 ᄃᆞ지 도ᄂᆞᆫ ᄒᆞᆫ니 이셔
권이셔 케ᄂᆞᆫ 도ᄅᆞ지 원슈의 은혜신을 용ᄒᆞ더
져ᄇᆞᆸᄒᆞᆫ이ᄅᆞᆯ ᄂᆞᆫ다 ᄂᆞᆫ 평싱의 션이 쳔부ᄅᆞᆯ 도화ᄒᆞ

범죄ᄒᆞᆯ ᄯᅳᆺ ᄎᆞᆯ 알보리고 쳔ᄒᆞ히 원ᄒᆞᄂᆞᆫ 옥즁에 ᄂᆞᆯ
엇시니 더ᄒᆞᆫ 도케ᄂᆞᆫ 만ᄃᆞᆫ 이즁에ᄂᆞᆫ 죄과 졉ᄒᆞᆫ ᄒᆞᆫ
니ᄆᆞ이 ᄉᆞᆯ 알어ᄒᆞ며 무어ᄉᆞᆯ 부니 죄이러ᄒᆞᆫ
도무지 육신을 원수ᄀᆞ치 쳐바리니ᄒᆞ야 육형을
방종케 ᄭᅳᆺ러 ᄇᆞᆯ이ᄅᆞᆫ다 이ᄀᆞᆺ 사ᄅᆞᆷ들이 면ᄒᆞᆯ ᄇᆞᄂᆞᆫ 뎌
우리 도ᄅᆞᆯ 올 텬쥬ᄒᆞᆨ 죄인 텬쥬ᄒᆞᆨ 죄인 ᄒᆞ니와
지 텬이 만물 되ᄌᆞ시ᄅᆞᆯ 봉ᄉᆞᄒᆞᆷ을 아죠 만
퇴ᄅᆞᆯ에 이미 이ᄉᆞ시되 만ᄂᆞᆫ 헛일훔 만ᄀᆞ지고 실이 업
서 ᄉᆡᆼ고 ᄒᆞᆫ 옥 듸케 ᄒᆞᆫ 너 지ᄂᆞᆫ 텬쥬학의 죄인

곳ᄒᆞ며 ᄌᆞ허지완시원이 돌ᄃᆞ니ᄂᆞᆫ 글을 잘ᄒᆞ면
영근ᄃᆞ면 ᄒᆞᆫ 돌련옥을 ᄂᆡ여 홀근 그려낭그리네
가실ᄡᆞᆼ치 말고 부ᄉᆞ런이 힘ᄡᅥ 보ᄉᆞ이다 셩쳔 션ᄉᆞ
의 ᄒᆞ며시되 부월의 ᄌᆞ구ᄂᆞᆫ 이ᄂᆞᆫ 삼시 치병이며
이와 은ᄉᆔ 근ᄉᆔ 샹의 공부ᄂᆞᆫ 품열 셩의 치병이
라 ᄃᆡ옥어 졉 ᄃᆞᆫᄒᆞ며 ᄭᅦ 시낭그리의 치 병ᄃᆡ홀
ᄡᅡᆺ나시나 갈ᄉᆔ여 부의 돌며 ᄂᆞ니 치병이 되게 ᄇᆞᆺ
울친뒤 옥ᄌᆔ의 의 ᄎᆞᆺ되여 영원 친복이 ᄋᆞᆺ셔이와
ᄭᆞᆫ일 실ᄉᆔ ᄒᆞ면 디옥병의 ᄂᆞᆫ 구한ᄒᆞᆫ 디ᄉᆞ 츙혈도 님ᄂᆞᆫ

고치병즁에 든 쥭그릇을 손소 신거술 더욱 보셔
위ᄒᆞᆫ ᄒᆞ여 너나 죵 만흔 유죄무공ᄒᆞ야 뎡은 밧을
그로시 업서 이리 ᄯᅳᆸ시 살ᄋᆞᆺ시니 어ᄃᆡ시 혈에 도로ᄂᆡ
회ᄒᆞ여 ᄲᅧᆫ나 뵈온 ᄒᆞᆫ 날을 살변 ᄒᆞ올 죄과오의 ᄒᆞ올 살변
의 ᄒᆞ올 죄과로 ᄒᆞᆫ날을 살변 ᄒᆞᆫ날 죄과도 ᄒᆞᆫ 하ᄂᆞᆯ
살변ᄒᆞᆫ 회가 죄라 ᄒᆞ라 날ᄂᆞᆫ 이 ᄯᅩᄂᆞᆫ 이 회ᄂᆞᆫ 죄인ᄃᆞᆯ 협
ᄌᆞ산 희갓ᄒᆞᆫ 터 셩스 밧ᄌᆞ와 회져ᄒᆞ야 불길운이 ᄌᆞ옵
드니 외인ᄂᆞᆫᄂᆞᆫ 나죽으리 ᄅᆞᄂᆞᆫ 이루어이 ᄒᆞᆯ가 나죽으리
로다 죽을 ᄌᆞᆷ이 ᄆᆡ지 ᄂᆞᆫ도 ᄆᆡᆺ친도 츄ᄒᆞᆫ도 싱각

ᄉᆞ후도 다 보치 아니ᄂᆞ 흉우 신은 부ᄅᆞ라 피ᄒᆞ연 니에

도옥ᄃᆞ ᄒᆞᆫ 산치를 서ᄃᆞ니 시ᄃᆞᆯ 면원 부흥 세ᄅᆡ

불ᄉᆞ 볼 ᄇᆡᆯ ᄒᆞ는 령혼을 이러ᄒᆞᆫ 羞 시못ᄒᆞ여 ᄒᆞᆫ

는 다ᄅᆞ믄 ᄒᆞᆼ 현ᄆᆞᆫ 는 ᄋᆞᆲ흐계 ᄋᆞ니 ᄒᆞ고 ᄆᆞᆯ ᄂᆞᆫ 져히

ᄂᆞᆫ 바 ᄅᆞ 법스 나으 히ᄃᆞᆯ 이리 시ᄎᆞᆫ ᄂᆞᆫ 흉이 어ᄂᆞᆯ ᄋᆞ

지근 ᄂᆞᆫ 흉에 미쳐 리의 버ᄃᆞᆺ ᄉᆞᆯ 노치못ᄒᆞ야 의

연이 ᄃᆞᆫ 라ᄂᆞᆯ 고도 란ᄂᆞᆯ 에 흥리 ᄂᆞᆫ 혈치 못ᄒᆞ니 이러

군도 봉고인 의ᄒᆞᆼ 실 티란ᄒᆞ며 의ᄅᆞᆯ 위ᄒᆞ야 군ᄂᆞᆫ

을 내ᄂᆞᆫ 단ᄒᆞ라 죄은 울 羞 ᄎᆞᆯ 치 못ᄒᆞ이 ᄯᆞ호 면무

우편 배ᄃᆞᆯ 군난을 맛나 동졀에 옥즁에 갓치면
다가 열어 샹소ᄒᆞ시니 본당 쥬교들이 시근 ᄒᆞ샤
티 ᄌᆞᆯ 것은 거시 비록 진산 뉴젼 넝인 ᄯᅡ는 ᄆᆞᆷ 나샤
ᄒᆞᆫ층 더 ᄋᆞ시니 임의 쥬ᄅᆡ 현에 ᄋᆞ셔 복을 누리
다 ᄒᆞᆫ 며 계시니 이는 ᄌᆞ긔들이 아니라 비록 면상에 속
은 바아 난 그저 나외 쥬ᄭᅴ 치ᄉᆞᄅᆡ ᄒᆞ샤 ᄒᆞ신 ᄇᆞᆯᄋᆞ이 나나
도이 옥즁에 ᄋᆞ셔 ᄆᆞᆺ츰내 ᄃᆞ히 ᄋᆞ 쥬ᄭᅴ 치ᄉᆞ ᄒᆞ면 ᄯᅩ
ᄒᆞᆫ 치명 졍 ᄒᆞᆯ ᄂᆞᄅᆞ어 ᄋᆞ리 ᄂᆞ 뫼셔 ᄃᆞ힐 되오나 ᄒᆞ관 쥭
어시 부족 ᄒᆞ야 유진의 ᄋᆞ죽 시브 ᄆᆞᆫ ᄌᆞᆫ 면 ᄒᆞᆫ 티

주ᄋᆞ오되 셰자 가온 되가 향ᄒᆞ자 ᄒᆞ니 께 신이 널오되 셰
자 가온 때는 어디 히 보니 무섭지 아니 ᄒᆞ다 ᄂᆞᆷ 주ᄋᆞᆯ
오되 셰자가 온 되 녀셔 히 븕은 보고 그러 ᄒᆞ니 편ᄌᆞ의 일편
신이 병든 해 보시는 보고 무섭지 아니 ᄒᆞ다 ᄒᆞ니 ᄌᆞ께 심이
그 케 ᄃᆞ 그 쳐 ᄋᆞ는 흰 옷을 보시고 죄 ᄋᆞᆯ 지극히 간 ᄒᆞ여 시니
이 전 살 ᄆᆞ는 죄의 ᄋᆞ슬 지 안 난 ᄲᅮᆫ이 아니라 도 ᄒᆞᆫ 신 뫼 ᄋᆞᆯ 배
ᄒᆞ야 남 ᄉᆞᆷ시 회 심 게 ᄒᆞ니 이런 ᄒᆞ례에야 ᄇᆡ야 ᄒᆞᆯ ᄀᆞᆫ히
즈ᄅᆞᄅᆞ 쥬ᄭᆞ이 ᄆᆡᆺ는 ᄃᆞᆫ ᄒᆞ리로다 신 ᄆᆞᆼ이 ᄀᆞᆺ 턱 즁에 신덕
이 넙ᄉᆞ ᄇᆞᆫ ᄆᆞᆼ 덕 이 어 되를 조ᄎᆞ니 내 신덕과 ᄆᆞᆼ덕이 너ᄇᆞ

이ᄉᆞ니 모ᄅᆞ지 신텩이 업ᄂᆞᆫ도시라 ᄒᆞ니 일신 텩이
되ᄂᆞᆫ ᄒᆞ야 ᄌᆞ뎡이 ᄉᆞ회 계셔 ᄒᆞᆼ셩ᄒᆞ신 줄을 ᄭᆡ닷
남은 셜부ᄂᆞᆫ [illegible]히 ᄯᆞᆫ치나 며ᄂᆞ리 신ᄃᆡ여셔 밧ᄌᆞᆸ
이오시 ᄭᅴ치오 ᄉᆞᆷ은 ᄂᆡ 드딘 뎜 ᄒᆞ여야 긔ᄯᆞᆫ 보거니
와 ᄌᆞ이의 실ᄒᆞᆷ 보신ᄂᆞᆫ 족ᄃᆞᆫ ᄃᆞᆫ 쳐음 ᄒᆞᄂᆞᆫ 므ᄅᆞᆯ 실리 시ᄂᆞᆸ
ᄉᆞ니 일션ᄉᆞ ᄀᆞᆯ을 와뎐이 알아야 이러ᄒᆞᆫ 일을 ᄂᆞᆷ와 즈
곰ᄃᆞᆫ 강히 ᄯᆞᆫ 좃ᄎᆞᆯ 지 못ᄒᆞᆯ 리니 이셔 ᄒᆞ여야 ᄌᆞᆷ 신이
라 ᄒᆞ려 ᄒᆞᆯᄉᆞ 녜 ᄎᆞ쳐에 ᄒᆞᆷ하녀 ᄀᆡ 어ᄃᆡ 쳐 고흔 남ᄌᆞ룰 불
음 못ᄌᆞ올 이리셔 못ᄒᆞ야 ᄒᆞᆫ옴ᄒᆞ기를 쳥ᄒᆞ여 본 남

각ᄒᆞ야 죽엄 보니 ᄂᆡᆼ그려 ᄂᆞᆫ 범죄ᄅᆞᆯ 지어 ᄂᆡ 손은 무ᄉᆞᆷ 인고 ᄎᆡᆨ
ᄒᆞᆫ 일이 이셔ᄯᆞᆫ가 죽을가 무셥던가 아ᄋᆞ셔도 혜은 이시
여보와 그ᄃᆡ 일지 ᄉᆞ올 이리지 못ᄒᆞ야 놀ᄂᆡ혀 희실
ᄒᆞ셔 ᄒᆞ시기ᄅᆞᆯ 이ᄃᆡ ᄒᆞ니 가히 아ᄉᆞᆸ고 아ᄀᆞᆸᄂᆞᆫ ᄀᆞᆺᄒᆞ신 ᄒᆞ
도ᄎᆡ 호려 ᄒᆞ니 ᄆᆞᆷ ᄌᆞ 업ᄂᆞᆫ 일에 와가ᄂᆞᆫ 셜ᄒᆞᆫ 만 죽이셔ᄒᆞ
ᄂᆞᆫ디 가히 업다 ᄆᆞ귀 횡셜을 ᄭᅩᆺ치어 뎌ᄂᆞᆫ 아ᄎᆞ옵ᄂᆞᆫ 거시 업
소리라 ᄉᆞᄉᆞᆯ 싱각기ᄂᆞᆫ ᄯᅢ 연이 ᄂᆞ 살며 ᄒᆞ나 ᄂᆞ 한신 미망
살야 아ᄌᆞᆷ 아니면 저녁이오 오ᄂᆞᆯ 아니면 ᄂᆡ일이오 이ᄂᆞᆯ
아니면 ᄂᆡ ᄃᆞᆺ 모ᄅᆞ이오 금년 아니면 명년이라 ᄒᆞᆫ 번 ᄌᆞ긔 ᄌᆞ혀면

에 ᄉᆞ변 며ᄂᆞ리 어더ᄅᆞᆯ 조치 ᄋᆞᆫ며 신방이 ᄒᆞᆫ 녀기에
엽ᄉᆞ변 어뒤ᄅᆞᆯ ᄒᆡᆼᄒᆞ야 곱그ᄅᆞ 보ᄅᆡ더ᄋᆞᆫ 그런 곤ᄅᆞᆯ
즈그ᄅᆞ ᄌᆞ 이미ᄀᆞ 어야 주그이 모ᄅᆞᆯ 마시ᄋᆞ 알ᄂᆞ 죄 ᄉᆞ리 ᄉᆞ랑
ᄒᆞ온 ᄯᅳᆺ이 모ᄅᆞᆯ ᄒᆞ며야 자단이 업ᄉᆞᆯ거시어ᄂᆞᆯ 이제ᄂᆞᆫ
ᄂᆞᆫ 상각을 ᄌᆞ긔 신이 ᄒᆞ야 ᄎᆞᆷ 신을 ᄌᆞ지 아니ᄒᆞᆫ 져욱 ᄂᆞᆷ의 ᄯᆞᆯ
ᄭᆞᆫ 듯고 입모ᄅᆞᆯ ᄒᆞ여거니와 시립공이라 의ᄂᆞᆯ 내면 ᄯᅩᄒᆞᆫ
이의셔 자ᄂᆞᆫ 쳔셩을 의론치ᄂᆞᆯ ᄃᆞᆫ 우리 동녁 ᄀᆞ공그ᄅᆞᆯ ᄂᆞᆯ
너도 오죽 살고 시브련마ᄂᆞᆫ 그러나 죽기ᄅᆞᆯ 앗기지 아니 너신
ᄋᆞᆫ 살녀 ᄒᆞ며 쳐ᄂᆞᆫ 죄ᄅᆞᆯ 범ᄒᆞ게ᄂᆞᆫ 모ᄅᆞᆯ 평ᄉᆡᆼ을 셜

녀ᄒᆞ면 다ᄌᆞ고 ᄃᆞ리 시졀 르 ᄃᆞ련 ᄌᆞ류의 대신ᄂᆡ 슨삼
의ᄂᆞᆫ 줄은 ᄆᆞᆫ ᄃᆞᆯ지 못ᄒᆞᆯ ᄲᅮᆫ 아니라 대신 등 ᄒᆞᄂᆞᆫ 이ᄂᆞᆫ
ᄂᆞᆫ ᄒᆞ신ᄃᆞ이 ᄆᆞᆺ 더 ᄒᆞ시며 샹ᄃᆞ의 ᄃᆞ라ᄂᆞᆫ 션ᄒᆞᆫ ᄆᆞᄋᆞᆷ ᄒᆞᆸ
라 ᄆᆞᆫ ᄒᆞᆫ 쉬이 ᄃᆞ되ᄂᆞᆫ 아ᄋᆞᆯ ᄆᆞᆯ 실려 시업ᄉᆞ시고 샴ᄂᆞ
의 혈ᄆᆞᆺ ᄆᆞᆫ ᄒᆞᆫ ᄃᆞᄋᆞᆷ 머ᄀᆞᆫ 리ᄉᆞᆺ지 아얼 우지고 이왕 라혀
져ᄒᆞᆯ ᄲᅵ러ᄅᆞᆯ ᄂᆞ 긥블ᄅᆞᆫ 홍지 ᄒᆞ시ᄂᆞ니 조얼ᄅᆞᆫ 지ᄃᆞ이 ᄂᆞ더 ᄒᆞᆫ
시며 텬ᄌᆞ류 샹ᄃᆞ 회텸ᄃᆞ 작ᄒᆞᆫ 지ᄅᆞ 지고 동회 명여
ᄒᆞ야 작ᄒᆞᆫ 마 아니시라 본디 혈ᄆᆞᆺ ᄆᆞᆫ ᄒᆞᆫ 한ᄉᆞ 업ᄉᆞ
ᄌᆞᆨ 슌 혀이 작ᄒᆞ ᄌᆞ ᄆᆞᆫ 셔ᄂᆞᆫ 이 져 비 ᄒᆞᆸᄉᆞᆺ 니 ᄀᆞ 죄 ᄂᆞᆫ 어ᄃᆞ 이 엿

그ᄯᅢᄒᆞ야 이우ᄅᆞᆯ 가ᄌᆞᆺ ᄯᅳᆯ가 어지 그ᄃᆡ드ᄅᆞᆯ 허ᄒᆞ여ᄂᆞ니 시랍
ᄃᆞ 드러 보시ᄂᆞ니 졔쥬의 몬 ᄒᆞ비 ᄃᆡ 열 졔와 ᄒᆞᆫ 쳔쥬ᄭᅴ
ᄯᅢ유 무희 ᄒᆞᆫ ᄒᆞᆫ ᄒᆞ랴 ᄒᆞ며 시니 쳔쥬ᄂᆞᆫ 쳔ᄒᆞ쳔
지젼 쳔ᄒᆞ시ᄆᆡ 지은 시죄ᄒᆞ시ᄆᆡ 지의 과 어ᄂᆞᆫ ᄒᆞ시니
몬져 ᄃᆡ와 ᄇᆡᆼᄂᆞᆯ ᄒᆞᆫ 일월 ᄃᆞᆫ 산쳔 초목과 오곡 ᄇᆡᆨ
과의 각ᄀᆞᄀᆞ 비ᄉᆡᆼᄒᆞᆫ 거ᄉᆞᆯ 과 ᄯᅡᆯ 그ᄅᆞᆯ 지축ᄒᆞ히 평ᄒᆞᆫ
ᄀᆞᆯ이 라ᄂᆞᆫ ᄒᆞᆫ번 명ᄒᆞ야 시ᄉᆡᆼ 쳥케 ᄒᆞ시ᄂᆞᆫ 지라 이제
ᄯᅩ 엽시 ᄒᆞᆫ죄 ᄒᆞ셔도 ᄒᆞᆫ번 명ᄒᆞ야 경각 간에 ᄒᆞ
ᄉᆞᆯ 거 지은 사ᄅᆞᆷ은 오ᄅᆞ리지 ᄋᆞ이셔ᄂᆞᆫ 무ᄭᅩ ᄉᆞᆯ ᄯᅡᄂᆞᆯ

사ᄅᆞᆷ을 ᄃᆡ어 업ᄉᆞ시고 ᄯᅩ 업ᄂᆞᆫ 가온ᄃᆡ를 나ᄒᆞ내여 셰시니
이ᄂᆞᆫ 너의 큰 부모시라 ᄯᅡ당이 흠슝ᄒᆞ려니와 ᄂᆞᆫ 한ᄂᆞᆯ 념
그ᄯᅡ흘을 짓고 일월 셩신을 빗최시고 오곡 ᄇᆡᆨ과를
내여 기ᄅᆞ시니 은혜 크신지라 ᄯᅡ당이 흠슝ᄒᆞᆯ지니
회ᄉᆡᆼ 갈ᄅᆞ올 ᄂᆞᆯ 보ᄂᆡ도 ᄒᆞᆫ인 ᄃᆡᄂᆞᆫ 우ᄒᆞᆯ 흠ᄉᆞᆼᄒᆞ려든 ᄒᆞ
믈며 텬쥬ᄂᆞᆫ 우렵ᄂᆞᆫ 우희시니 엇지 흐모 보쉬이 ᄀᆞ곰
리오 뎨이계의 텬쥬의 거륵ᄒᆞ신 일홈을 불너 헛
ᄆᆡᆼ셰후 ᄇᆞᆯ치 말나 ᄒᆞ여시니 텬쥬를 위ᄒᆞᄂᆞᆫ 도리와
ᄉᆞ리 현묘ᄒᆞᆫ 주ᄒᆞᆯ 일을 의논ᄒᆞ지 업ᄉᆞᆯ ᄲᅮᆫ 아니라 도를 ᄒᆡ공

더ᄒᆞ시고 무ᄒᆞᆫ 실거시 업ᄉᆞ신 고로 졸오ᄃᆡ 쳔ᄒᆞ이 ᄉᆞᆫ
무ᄅᆞ시ᄂᆞᆫ 거시 이업ᄉᆞ신 고로 쳔지 시ᄋᆞᆫ 학지 아니ᄒᆞᆸᄉᆡ 이업
ᄉᆞ신 고로 졸오ᄃᆡ 쳔쳔이 ᄲᅡᆯ나ᄂᆞᆫ 의약ᄒᆡ셜ᄒᆞ니 이러
[illegible]ᄒᆞ신 현ᄌᆞ 교당이 흉ᄉᆞᆼ홀 거시오 지극히 놉
흐사 비홀 더 업ᄉᆞ시ᄆᆞ로 이극히 ᄋᆡ ᄒᆞ사 더홀 이업
논지라 나ᄂᆞᆫ 지비ᄒᆞ고 쳔ᄒᆞ니 이러ᄒᆞ신 현ᄌᆞ 교당이
흉ᄉᆞᆼ홀 거시오 셩을 면ᄒᆞᆯ 홈ᄒᆞ지고 악을 악ᄒᆞᆯ ᄒᆞ
샤 앙 벌이 브ᄅᆞ 명ᄒᆞ신지라 나ᄂᆞᆫ 불명부지ᄒᆞ니 이러
ᄒᆞ신 현ᄌᆞ 교당이 흉ᄉᆞᆼ홀 거시오 지극히 놉흐

어ᄂᆞ로셔 치안ᄒᆞ면 이ᄂᆞᆫ ᄯᅩ 멸셰오 낙ᄋᆞᆯ ᄌᆞᆼ셩이라 ᄉᆞᆲ

이ᄋᆞ니라 ᄒᆞᄂᆞ니 ᄯᅩ 니 형ᄋᆞᆯ 깁셩이라 ᄒᆞ거나 깁형ᄋᆞᆯ 취ᄒᆞ면

이라 ᄒᆞᄂᆞ니라 지시ᄒᆞ여 세ᄅᆞᆯ 범ᄒᆞᆷ이니 ᄉᆞᆯᄋᆞᆯ 내신 거ᄉᆞᆯ

내 이ᄇᆞᄋᆞᆯ 숣ᄋᆞᆷ이ᄋᆞ니라 ᄒᆞ며 ᄉᆞᆼ셩이라 ᄒᆞ며 깁셩ᄋᆞᆯ 내신

거ᄉᆞᆯ 취셩이라 ᄒᆞᄂᆞ니 ᄌᆞ의 ᄒᆞᆫ 인 발뤼 ᄂᆡ며 허ᄅᆞᆯ 홈 오ᄅᆞᆫ

더니 어지 허세 되지 아니ᄒᆞᆫ 뒨 십졔의 ᄌᆞ세히 실로

언니다 시며 홀려 엽 시니와 이 ᄌᆞᆼ느ᄂᆞᆫ 이 말ᄉᆞᆷ은 나의 보

병이라 곳 되기 어려온 ᄋᆞᆯ 병되이 녀이며 별ᄂᆞᆫ 검복

ᄒᆞᄂᆞᆫ 라 허 ᄂᆞᆫ 졔의 쳡 ᄒᆞᄂᆞᆫ ᄋᆞᆯ 지ᄒᆞ라 ᄒᆞ여 ᄉᆞ시니 쳡

이의 술 거시니 맛치 외부 이셔 셩고르옥 ᄒᆞᆫ 나블
ᄒᆞ거든 그러치 아닌 을 나ᄒᆞ즉 히발병ᄒᆞ더 낭이 무지
듯지 아니커든 변 ᄎᆡ를 발ᄒᆞ되 ᄒᆞᆯ ᄒᆞᆫᄉᆞ이라 셜ᄉᆞ 이니
니라 ᄒᆞ고 그 어든 그러ᄂᆞ 일 엽ᄃᆞ ᄒᆞ리나 만가 ᄒᆞᆫᄂᆞᆫ 다 ᄂᆞᆫ 근ᄂᆞᆫ
을 당ᄒᆞ야 비록 ᄒᆞ라 ᄒᆞ거든 명셰를 발ᄒᆞ되 내 비록
후ᄒᆞ면 그 증셩이라 ᄉᆞᆯ음이 아니다 ᄒᆞ거나 즉어든 비로후
못ᄒᆞ리라 ᄒᆞ면 이는 ᄃᆞᆫᄒᆞᆫ 명셰 버니와 현명셰라 ᄒᆞᄂᆞᆫ
거순 유신혈거의 ᄌᆞ근 ᄆᆞᆯᄒᆞᆫ 쥐ᄂᆞᆫ ᄒᆞᆫ 쥐 술 발ᄒᆞ면 ᄒᆞ셔
ᄒᆞ야 ᄇᆞᆫ 일 그러 ᄒᆞ면 그 증셩이라 ᄉᆞᆯ음이 아니라 ᄒᆞ거나 즉

취쳐ᄯᆞᆯ 버음다 나 ᄒᆞᆫ 뫼흘 만지ᄂᆞᆫ ᄯᆞᆯ 버법라 ᄒᆞᆯ 쏠을
도이지 ᄯᆞᆯ 뎌 가 뉴ᄌᆞ의 저ᄅᆞ 직회 며 각 식 라 난
의 졍가을 쓸허 ᄯᆞᆯ며 ᄂᆞᄅᆞ의 셔ᄅᆞ 작의 버야 진
ᄡᅳᆯᄃᆞ 놈다 져ᄅᆞ 직회려 나오 만 얼이 ᄎᆞ치아니 ᄒᆞ온 ᄂᆞ비
므ᄅᆞ 사ᄒᆞᆯ 나ᄒᆞᆯ을 ᄌᆞᆯ 버 셔ᄅᆞ 직회버ᄃᆞ 다만 유무 실이
주려 스시 시며다만 다제 ᄒᆞ여져 ᄌᆞ음ᄃᆞ 유지 ᄒᆞᆫ 녀
온 업슬러시ᄃᆞ ᄒᆞᆫ도 주쳐 ᄒᆞᄂᆞᆫ 일롤 만ᄃᆞ여라만
쳔ᄃᆞ보 ᄒᆞ여지 실ᄅᆞ온 엽ᄉᆞ의라 미ᄉᆞ제어 부모ᄅᆞᆯ ᄒᆞ오
겨ᄋᆞᆯ나 ᄒᆞ여시니 ᄌᆞ려ᄅᆞ 의론 권 부모ᄅᆞᆯ 여나 올ᄅᆞᆫ
卄四

뎨ᄂᆞᆫ 주일과 대ᄌᆞ션과 뎨셩인 치병일과 혹ᄒᆞᆫ 일
이나 이ᄂᆞᆫ 날이 이버ᄂᆞᆫ 년홀 바 가야 니ᄅᆞᆯ 더혀 뎨츌
을 ᄒᆞᆫ즉 ᄒᆞ여든 별실을 받ᄒᆞ야 송졍과 ᄃᆞ목 상마러도
와 셩졀 등회ᄅᆞᆯ 더옥 지킨 실이 ᄒᆞ야 증이ᄅᆞᆯ 조심ᄒᆞ여
평일과 ᄯᆞᆯ게 ᄒᆞᆯ 거시오 대ᄌᆞ죄라도 어육과 밥을
텰셰ᄲᅮᆫ 아니라 음난ᄒᆞᆫ ᄌᆞ죄ᄅᆞᆯ 두지 ᄯᅡ이 ᄲᅮᆫ의 죄ᄅᆞᆯ
직희며 샤식을 보지 말이 눈의 죄ᄅᆞᆯ 직희며 뎨ᄋᆞᆫ
말ᄉᆞᆷ을 ᄒᆞ지 말이 입의 죄ᄅᆞᆯ 직희며 이 되ᄒᆞᆫ ᄯᅢ 음식
ᄅᆞᆯ ᄆᆞᆺ지 말이 코의 죄ᄅᆞᆯ 직희며 비리의 지 굴을

쇠ᄌᆞ의 막ᄉᆞᆷ과 ᄡᅳ기ᄅᆞᆯ 감과 육신ᄉᆞ졍을 ᄒᆡ
련쥬ᄅᆞᆯ 봉ᄉᆞ치 못ᄒᆞ시ᄂᆞᆫ 가진 실ᄒᆞᆫ 거ᄌᆞᆯ 힝ᄒᆞ면 이ᄂᆞᆫ
ᄒᆞ리ᄋᆞ 즁에 드 쟝픔이 되여ᄇᆞ니라 녀유의 방안 ᄒᆞᄂᆞ
ᄋᆞᆯ 열히 뒤ᄒᆞᆫ도 ᄉᆞᆯ 신실 못ᄒᆞ야 일의 육신ᄋᆞᆯ
성ᄋᆞᆼ지ᄃᆞᆯ 받븐 ᄋᆡ이ᄂᆞᆫ 갑외 몸ᄒᆞ게 되고 편ᄒᆞᆫ ᄉᆞᆯ
드 션일이 번ᄂᆞᆫ ᄒᆞ니 다ᄉᆞ려 죄라 ᄒᆞ은 동셩ᄉᆞ시도 ᄇᆞᆼ을
의론 천이 아가 온 편ᄒᆞᆫ을 보쳐 ᄉᆞᄒᆞ우ᄃᆡ이 육ᄋᆞᆯ 갈쉐
퇴션 인ᄂᆞᆫ 이비와 힘과 우ㅣ 던 와ㅣ 순ᄂᆞᆫ이 션ᄂᆞᆫ ᄒᆞ야 쥐
졍케 못ᄒᆞᆫ 내 도시니 ᄯᅩᄒᆞᆫ ᄉᆞ셰ᄅᆞᆯ 범ᄒᆞᆫᄂᆞᆫ 쇠파ㅣ ᄆᆞᆫ

廿五

년을 지어 신하 엄친의 방축ᄒᆞᆫ 샹소는 부ᄅᆞ 두ᄃᆡ
츈방은 의뢰이 졔어시나 셰를 열골 드ᄅᆡ옵지 못ᄒᆞ나
호령여 부ᄅᆞᆯ ᄋᆡ론치 못ᄒᆞ게 ᄒᆞ여 겨시나 스ᄉᆞ로 도ᄒᆞᆫ
근쳐 치이 난바 ᄆᆡᆺ시니 쳔하 ᄌᆞ식 아ᄌᆞᆷ이 잇ᄂᆞᆫ 우ᄅᆡ오
우군의 ᄋᆞᆫ총은 ᄆᆞᆯ솜 나ᄆᆡ라ᄋᆞᆫ 외어 잔ᄋᆞᆫ ᄒᆞᄂᆞᆫ 졍을 줄도
리가이 시니이 방부 친을 위ᄒᆞ야 ᄀᆞᆫ졀 스후에 션후에
의 실간ᄒᆞ야 부진이 연경 보ᄌᆞ이ᄂᆞᆫ 죽의 인ᄅᆞᆯ 밧
비 잣ᄉᆡ 케ᄒᆞ며 ᄂᆞ읍ᄂᆞᆯ 거주고 지셩ᄅᆞᆯ ᄒᆞ야 ᄒᆞ령
을 뫼ᄋᆞ글 ᄭᅥ시니 션ᄅᆞᆫ 스치ᄋᆞᆯ 위ᄒᆞ야도 당지ᄂᆞᆫ 이혹

훈졍ᄉᆞ의거ᄒᆞᆫ 봉초ᄒᆞ야 ᄉᆞ리졍ᄋᆞᆫ을 살ᄂᆞᆫ 압
인 살옥으로면 ᄉᆞ인의 비밧ᄂᆞᆫ 날로 좃차 날거시오
결ᄒᆞ야 더옥 ᄉᆞᆯ펴ᄒᆞ려니와 그저 치ᄋᆞᆺ니면 여지블
로ᄒᆞᄂᆞ니 폐려 도로 은셰의 블로 ᄉᆞ흉에 더옥이ᄒᆞ며
러가지 방[illegible] 면 살옥이 ᄎᆞᆺᄒᆡ 되려ᄂᆞᆫ 폐오레와 살
인을 말ᄒᆞᆫ ᄒᆞ며 지니 살이 ᄒᆞ여 ᄒᆞ려 가지여 ᄉᆞ니 남을
기ᄅᆞᆯ 취 상ᄒᆞ며 시면 인ᄂᆞᆫ 은 ᄋᆞ로 살인ᄒᆞᆫ 죄로 혹 말
と 살옥ᄋᆞᆯ 옥이 잡ᄒᆞ며 거니 혹 부이 브려 정ᄂᆞᆫ ᄒᆞ며
건ᄂᆞᆫ ᄒᆞᆨ 즁 외 즁 에 보 시 ᄉᆞᆯ 흉ᄒᆞ야 ᄂᆞᆷ ᄋᆞᆯ ᄒᆞ며곰

이곳 샬ᄂᆞᆫ 놈이 브ᄅᆞ되 부ᄌᆞ텹ᄂᆞᆫ ᄌᆞᄉᆞᆯ ᄒᆞᄃᆞᆺ 더러워
ᄌᆞ리만 세ᄉᆞᆼ ᄃᆞ 부모의 게인ᄉᆡ 뭬ᄇᆞ글 ᄒᆞ료 ᄯᅢᄂᆞ 이외 ᄂᆞ려간
외ᄂᆞ래ᄂᆞᆫ 라ᄒᆞᆫ 니ᄋᆞ희에 ᄌᆞᆨ우ᄒᆞᆫ 므ᄅᆞᆫ ᄂᆞᆫ ᄇᆞᆯ이뵈니ᄋᆞ도
광셩각 컨티 실이의 슈변 ᄇᆞᆨ신ᄂᆞᆫ 아니ᄋᆞ 블효ᄂᆞᆫ 아니
뎐ᄉᆞᆫ 힝위 ᄒᆞᆯ 싱각 ᄒᆞ니 ᄋᆞᆫ 시이 ᄋᆞᆼ이면 ᄌᆞᄂᆞ 망신
이ᄅᆞᆫ ᄌᆞ믈 글ᄒᆞ료 ㅣ 올ᄂᆞ 칠 쳡ᄂᆞᆫ 친ᄋᆞ 쳥ᄒᆞ 쥬인ᄋᆞᆨ헤 ᄋᆞᄂᆞ
발ᄭᅬ ᄉᆞᄅᆞᆷ ᄆᆞᆨ쳘ᄂᆞᆫ 업시 ᄆᆞ 쳘ᄒᆞ니 ᄃᆡ ᄉᆞ지 샬ᄂᆞᆫ 이ᄌᆞ 안홀
바리ᄅᆞᆯ ᄡᆞᆫ 박ᄌᆞᆼ 쳔ᄒᆞᆫ 티 ᄉᆞᄅᆞᆷ 부ᄃᆞᆨ이 ᄒᆞ야 아리되
며시니 ᄒᆞᆯ 일 업ᄂᆞᆫ 우ᄉᆞᆫ 의 봉ᄉᆞᆫ 빈라도 ᄀᆞᆯ근도

ᄂᆞᆷ이 본 밧게 ᄒᆞ거나 혹 ᄂᆞᆷ의 션을 막ᄌᆞᄅᆞ면 이ᄂᆞᆫ
사ᄅᆞᆷ의 션ᄒᆞᆫ을 죽인 되오 ᄌᆞ리를 의논컨ᄃᆡ 이 ᄆᆞ양
욕ᄌᆞᆷ을 ᄀᆡᆸ흔 후 쳔ᄃᆡ치 못ᄒᆞ야 혹 ᄌᆞ슈ᄒᆞ야 죽
거나 혹 말ᄂᆞᆫ 잘ᄂᆞᆫ 즉흔 시브티 ᄒᆞ거나 욕셜을 ᄉᆡᆼ헤ᄒᆞᆷ
야 병을 ᄃᆡ여 ᄂᆞᆷ의 션ᄒᆞᆫ을도 알보지 아니ᄒᆞ야 죄과의 미
혹 ᄒᆞᆫ 번이ᄂᆞᆫ ᄂᆞᄎᆞᆯ ᄀᆞᆺᄎᆞ리르 쥭이ᄂᆞᆫ 죄과이 밧긔간
히ᄒᆞᆫ 칠만 ᄒᆞᆫ 사ᄅᆞᆷ으로 ᄒᆡᆼᄒᆞ고 ᄃᆞ리ᄅᆞ 쳔유치 아니
ᄒᆞ야 져의 션ᄒᆞᆫ 이 버ᄃᆞᆫ 어죄과의 죽게 ᄒᆞ거나 욕지션
이ᄌᆞᄅᆞᆫ 버져 쥭게 된 거ᄉᆞᆯ 막 병든 위티ᄒᆞᆫ 사ᄅᆞᆷ 본

주근시브니 ᄒᆞ제ᄒᆞ거나 혹 남의 ᄌᆞ믈 얻ᄋᆞᆫ 브ᄃᆡ
빨ᄒᆞ야 ᄒᆡ치거나 혹 남의 약ᄒᆞᆷ을 드러내며 ᄉᆞᆯ람의
신체를 ᄭᅫ지며 이ᄂᆞᆫ 입으로 ᄉᆞᆯ인ᄒᆞᆫ 죄오 혹 ᄂᆡ
제조곱ᄒᆡ롭게 ᄒᆞᆫ다ᄒᆞ고 남을 붑시뭐ᄒᆡ ᄒᆞ거나 혹
혹 으를 그르ᄂᆞᆫ 즁이면 쾌ᄒᆞ리라 ᄒᆞ거나 ᄭᅡᆼ선ᄒᆞ기를
원ᄒᆞ며 이ᄂᆞᆫ ᄆᆞ음으로 ᄉᆞᆯ인ᄒᆞᆫ 죄니 이 ᄉᆞᆷ가지 은니
ᄉᆞᆯ람의 육신을 죽인 죄오 혹 남을 범ᄒᆞ여 해ᄒᆞ려
나 혹 남이 ᄆᆡ쳐 ᄒᆞᄂᆞᆫ 거슬 보고 히ᄒᆞ이 ᄀᆞᆺ히 ᄒᆞ롤만
ᄒᆞ다 건지ᄃᆞ 아니ᄒᆞ거나 혹 ᄉᆞ라 여노흔 온이를 ᄒᆞ야

계ᄒᆞ야 뒤ᄯᅡ와 ᄲᅡ지게 ᄒᆞᆫ 곳이어든 쳔을 ᄭᅵ우고 ᄒᆞ
야 회심셰 ᄒᆞᆯ제 시은 그러치 못ᄒᆞᆯ 실이어든 조리외 주
ᄒᆞᄂᆞᆫ 냥ᄋᆞᆼ을 가지고 쳘단ᄒᆞ야 ᄭᅳᆫ근 잡아ᄒᆞ며 속히
근희ᄉᆞᆯ을 ᄯᅴ워 ᄒᆞᆯ거시오 그러치 아니면 어지ᄌᆞᆫ인라
주ᄉᆞᆯ어지루 변ᄒᆞ리오 ᄃᆡᆸ 터 닐ᄋᆞᆯ기루 ᄒᆞ옹ᄋᆞᆯ각
가이 ᄒᆞᆫ번 ᄃᆡᆸ허고 ᄇᆡᆨ을 갓가 이 ᄒᆞᆫ번 슈은 당ᄒᆞ니 ᄭᅡ지 흰
싈이 ᄉᆞᄅᆞᆷ을 가시 이ᄒᆞᆫ 부ᄂᆞᆫ지 아닌ᄂᆞᆫ 자 후 보지 못ᄒᆞ며
노흰나ᄆᆞᆯ을 ᄯᅴ워 ᄒᆞᆷ이 ᄃᆡ르이 더위 허니 ᄒᆞ욤은 죄업ᄉᆞᆯ
ᄉᆡᆼᄒᆞ여라 도로 ᄒᆡᆼ이 되ᄂᆞᆫ ᄃᆞᄒᆞ엿ᄂᆞ니 므워 ᄒᆞ기도 법

卄八

근럼ᄒᆞ와 ᄉᆞ히 후흘 ᄀᆞᆫᄒᆞ되 주쳐ᄒᆞ니 어나 남을 업스
러졀원ᄒᆞ고 ᄑᆞ쳐ᄒᆞ니 어나 남을 부족ᄒᆞ야 시비ᄒᆞ믓
쳐ᄒᆞ나 남의 졀원ᄒᆞᆫ 흐ᄅᆞᆯ 알고 험이 ᄂᆞ히 희히ᄒᆞᆯ
ᄀᆞᆫᄒᆞ되 ᄂᆞ니 쳔ᄒᆞ야 플어 주쳐ᄒᆞ니면 다 살ᄋᆞᆫ ᄒᆞᆫ러
라 부ᄋᆞ 쳐ᄉᆞ 일ᄉᆞ 골유ᄀᆞ 간ᄋᆞᆫ ᄉᆞ한ᄃᆞ 복ᄉᆞ지ᄃᆞᆫ ᄃᆞ이의 범
흔면 다 ᄭᆡ드게 홀ᄯᆞ라 가니 ᄉᆞ언 현의 ᄯᆞ 가히 르쳐
지어ᄯᆞ 이즁에 ᄲᅢ ᄃᆞ순 ᄒᆞᆫ 구혈이어 ᄉᆞ니 나의 욕신
을 ᄉᆡᆼ히은 ᄌᆞᆼ며든 졍한 ᄒᆞᆫ ᄉᆞᄋᆞᆷ을 말ᄒᆞ야 더욱 ᄉᆞ설
라 ᄒᆡᆼ동ᄒᆞ기를 히ᄂᆞ스러니 ᄯᆞ ᄆᆞᆫ 일ᄉᆞ리 ᄋᆡᆼ홀을 ᄒᆡᄋᆞᆸ

쉬온거시니 어ᄂᆞᆯ인이야 나으로무어신 ᄯᅢ로후게와사
온ᄆᆞᆯ나ᄂᆞ며시니 ᄒᆞᆷᄭᅴ살인강도와 ᄌᆞ지비오ᄯᅢ버
못시켠ᄒᆞᆫ을알ᄋᆞ죽이ᄂᆞᆫ저 시ᄅᆞᆯ뎌오려ᄒᆞ신ᄒᆞᆫ
유이오ᄒᆞᆫ ᄀᆞᆼ이 의ᄒᆞ어와 자어상 유의ᄅᆞᆯ ᄒᆞ며ᄃᆞᆫ 유선
의ᄃᆞᆫ 쌜희롭ᄀᆞᆫ 편신이ᄂᆞᆫ 허지ᄀᆞᆫ 모ᄒᆞᆫ 붓ᄅᆞᆯ 몰이인
당뒤이욕ᄒᆞᆫ 공두일호ᄃᆞᆫ 뻡ᄀᆞᆫ 일웃시ᄃᆞᆫ ᄯᅢᄒᆞᆫ 상화이리
일쳘 상영순 므앗이이어비 삼둄 이이엽 수여리 조흘
ᄒᆞᆫ 네결ᄒᆞᆫ 와이러ᄂᆞᆺ 분에 ᄒᆞᆫ 버ᄅᆞᆯ 바리기ᄂᆞ무여서
뎐ᄇᆞᄂᆞᆫ ᄒᆞ야 우리 ᄂᆞᆼ구ᄂᆞᆫ 의롭ᄂᆞᆫ 말고 적이ᄌᆞ신ᄒᆞᆫ와ᄂᆞᆫ

廿九

위이ᄉᆞᄂᆞᆫ 사ᄅᆞᆷ을 믜워 말고 사ᄅᆞᆷ의 올흔 힝실을 ᄇᆡ
워ᄒᆞ면 이런 믜워ᄒᆞᄂᆞᆫ 죄인 실노 잘 믜(외)ᄋᆞᆷ이 나ᄂᆞᆫ 셩
의 ᄉᆞ랑을 보건ᄃᆡ 스ᄉᆞ로 범죄케 ᄒᆞᄂᆞᆫ 자ᄅᆞᆯ 믜워 ᄒᆞᆷ
김이 원수ᄅᆞᆯ ᄉᆞ치ᄒᆞ여 ᄂᆞ니 ᄂᆞᆷ생ᄋᆞᆫ 아니ᄒᆞᆫ 양선 쳐주ᄂᆞᆫ 불
힝ᄒᆞ면 서로 섬기나 상ᄃᆡ 치아니ᄒᆞ여시니 이 ᄀᆞᆺ치 아니ᄒᆞᄂᆞᆫ 범
죄ᄒᆞ기가 이ᄅᆞ러 거의 ᄒᆞᆷ이 ᄂᆞ이 제 나의 ᄆᆞ음ᄃᆡ로 싱각
ᄒᆞ나 흐ᄅᆞᆷ 중에 웨ᄂᆞᆫ 의ᄆᆞᄋᆞᆷ을 ᄯᅥ ᄂᆞᆼ치 못ᄒᆞᄂᆞᆫ 것
된 버릇을 만히 ᄒᆞ야 스ᄉᆞ로 ᄀᆞᆺ치ᄂᆞᆫ 남도 겸ᄒᆞ야 ᄀᆞ
ᄅᆞ치게 ᄒᆞ나 션힝을 빈호키ᄂᆞᆫ 주ᄂᆞᆫ ᄒᆞᆫ 막습(울) 보ᄂᆞᆫ 지도

젼이 열ᄂᆞᆫ 올 지ᄂᆞᆫ이 나모ᄅᆞᆯ 섀ᄂᆞᆫ 아니라 ᄒᆞᆫ 번 매 죄 三千

번ᄒᆞ면 ᄌᆞ라 쟝ᄉᆞᆼ이 결ᄂᆞᆫ 뉴리ᄒᆞ야 조만 관ᄃᆞᆯ

기ᄂᆞᆯ ᄒᆞ이라 ᄭᆞ치 살ᄂᆞᆫ 졸 유인ᄒᆞ매 ᄉᆞ양 ᄒᆞᄂᆞᆫ 졸

직ᄀᆞᆫ 쇄오 나니 독ᄒᆞᆫ ᄃᆞᄂᆞᆫ 일ᄂᆞᆫ ᄌᆞ리 ᄒᆞᆼ이 업ᄉᆞ면 어ᄶᅵ

독ᄒᆞᆫ 회ᄅᆞᆯ 면ᄒᆞ리오 뎐ᄌᆞ 업ᄉᆞ제 日후 죄의 ᄋᆞᆫ

이시되 공연이 ᄉᆞ고오ᄅᆞᆯ ᄃᆞᆼᄒᆞ거나 ᄃᆞ져 ᄌᆞᆸᄋᆞᆯ ᄂᆞ근

원ᄒᆞ거나 ᄒᆞᆫ 번 비록 발ᄅᆞᆯ 벽ᄌᆞ치 아니ᄒᆞ셔도 ᄇᆡᆨᄒᆞᆫ 이라

ᄌᆞ디ᄒᆞᆫ 쏘 술ᄋᆞᆫ 샤되 ᄉᆞ로ᄌᆡᆫ이 버ᄂᆞᆯ ᄌᆡ라 도 ᄊᆞ회 젼

번이리면 죄업ᄉᆞ섀ᄂᆞᆫ 아니라 ᄃᆞ로 三千 회공이 되ᄂᆞᆫ ᄒᆞᆫ 바

외인이라 든 아니ᄒᆞ니 부모 혀주와 주ᄅᆞᆷ우신 ᄉᆞᆯ 일의
ᄇᆡᄒᆞ치 ᄒᆞ을 ᄒᆞ여도 외친 등 ᄒᆞ거든 ᄒᆞᆫ ᄆᆞᆯ ᄆᆡ치 ᄒᆞ되
그ᄅᆞᄒᆞᆫ 도리 부모 유셥ᄉᆞᆫ 일의 샹녀ᄒᆞ 허비ᄒᆞ야의
쎠비록 ᄒᆞᆫ 쫀 ᄉᆞᆯ 이 편 명 부ᄅᆞᆫ 과 ᄒᆞ면 자ᄅᆞᆷ이라
ᄒᆞ뫁 ᄯᆡ 다ᄉᆞ의 얀 회와 ᄉᆞᆯ을 ᄀᆞᆫ 번 ᄒᆞᆫ 그 리어어
ᄒᆞ라 음이 잔ᄒᆞ니 은 혀 흔 울 머리 너흐ᄅᆞ 쉬나 게ᄒᆞ
그ᄌᆞ니ᄅᆞ 안즈르 이 ᄂᆞ리 시 은 무한 ᄒᆞᆫ 즁 념 이 되
여념 녕의 ᄌᆞ당이 되 ᄂᆞ리 시니 길 ᄯᆞᆯ ᄒᆞᆫ ᄒᆞ 젼
싱각이 즈즈 ᄯᆞᄅᆞ 첨 ᄒᆞ야 ᄒᆞ니 ᄆᆞᆫ ᄆᆞᆫ 경 ᄒᆞ은

울만치 근듕은 ᄉᆞ숑ᄒᆞᆸ시온이ᄃᆞ 이런 ᄒᆞᆫ번 뵈
지옵고 졍이 이셰 셔ᄃᆞᆸ고 근근을 쳥ᄒᆞ온이ᄃᆞ이다
ᄂᆞᆫ 번셰 젼봉을 ᄇᆞ리 ᄒᆞ옹이 ᄆᆞᆯ을 흔
혀흣 븐이ᄂᆞᆫ 이ᄂᆞᆫ 이곰 븨이이 ᄒᆞᆯ이야 갈히ᄂᆞᆫ 됴ᄒᆞᆯ
뵈열ᄒᆞ여 신으 가히 젼ᄒᆞ온 울셜 ᄂᆞ리ᄂᆞᆫ흔 ᄉᆞᆫ이 뵈
지와니 근원을 엘ᄂᆞ 구타ᄒᆞᄂᆞ 싶히미 ᄌᆞ미나 ᄒᆞᆫ
면회에 ᄉᆞ옴에 ᄉᆞᆸ다 이셔 ᄒᆞ옵ᄃᆞᆫ 울ᄒᆞ며 ᄂᆞᆺ느니
우희 ᄎᆞᆺ이 음 힘을 보ᄅᆞᆫ 쳔ᄂᆞᆫ 울ᄂᆞᆫ ᄒᆞ와ᄂᆞᆫ 치라
三十
일ᄅᆞ온 길헤 쳐 편에 보ᄂᆞ 근ᄃᆞᆫ 믈긔 뵈ᄅᆞᆫ 몰로ᄂᆞᆫ 계ᄒᆞ

신이 쳬ᄒᆞᆫ 즁ᄉᆞ환이라 지아냐 ᄂᆞᆺᄉᆞ리 이우ᄅᆞᆯ
뎌 볼지어다 고셜을 보려더니 ᄃᆞ물이 박고셜 신ᄒᆞᆫ 부
과부의 ᄒᆡᆼ실은 미인부ᄂᆞᆫ 가ᄉᆞᆸ시되 셔로 민망ᄒᆞ야 나ᄂᆞᆫ
비소치 ᄒᆞ쟈 슈졍ᄒᆞᆫ 시니도 의고 이화에ᄂᆞᆫ 비치이ᄂᆞᆫ
니ᄒᆞ쟈 ᄒᆞᆫ 남ᄂᆞᆫ 녀의 ᄒᆡᆼ실은 이 쳐녀ᄒᆞ야 공부ᄅᆞᆯ
열원ᄒᆞᄂᆞ이 나ᄂᆞᆫ 부녀 이와 ᄀᆞᆺᄐᆞᆫ ᄯᅳᆺ을 발ᄒᆞ이ᄒᆞ야 ᄒᆞᆫ
셔볼 ᄀᆞᆺ술 안ᄂᆞᆫ고 공부ᄅᆞᆯ 일위ᄒᆞᆫ 알ᄀᆞ셔ᄒᆞᆫ 후
신자의 소ᄅᆡᄅᆞᆯ 보니 ᄒᆞᆫ번 ᄒᆞ믈 ᄂᆞᆫ ᄒᆞᆫᄃᆞᆫ ᄂᆞᆫ
회의 ᄆᆞᄋᆞᆷ이 비오ᄂᆞᆫ ᄒᆞᆫ 니도 의ᄀᆞᆫ ᄒᆞᆫ 번 ᄌᆡ어ᄃᆞᆫ

이러니 별ᄒᆞ여면 ᄎᆞᆷ아 말ᄉᆞᆷ 그ᄭᅴ히 보던 해
조ᄎᆞᆫ 오히여니 별러 되여 다 스승이 ᄎᆞᆫ 오ᄒᆡ 비스ᄭᅴ히 보
지모ᄒᆞ여 보도다 러스 ᄎᆞᆫ 오히 내 보기ᄉᆞ 가 쌍스ᄭᅴ히
보ᄂᆞᆫ니 눈ᄒᆞᆫ ᄎᆞᆷᄒᆞ ᄀᆞ뜻 ᄭᅴ 보장 일품 담더이다 ᄒᆞ거ᄂᆞᆯ
효공이 취ᄒᆞ야 ᄎᆞᆫ오ᄒᆡ 더후 령ᄭᅴ ᄒᆞ야 그보아이 붉으
콘ᄭᅴ 칙 법ᄒᆞ기 쉬 ᄎᆞᆫ 주ᄅᆞᆫ 근ᄒᆞ여 더ᄂᆞᆫ 공부
후ᄒᆞ엿ᄂᆞ냐 ᄒᆞ시고 도라가 그ᄭᅴ 조후 믄 의나셔 무ᄒᆞ게ᄒᆞ
기후ᄂᆞ 도ᄅᆞᆷ ᄒᆞ엿더 ᄒᆞ니 그전이ᄂᆞ 진실로 스승 ᄂᆞᆯ 지ᄂᆞᆯ
엇엇도다 안히후 각박이 ᄒᆞ면 ᄯᅩᆼ후 ᄃᆞᆺ지 ᄋᆞᆫ 계귀 붕ᄎᆞᆫ 갓

근심ᄒᆞ여 ᄉᆞᆯ음며 ᄂᆞᆯ오되 ᄯᅳᆺ을 니ᄂᆞ ᄒᆞ려ᄂᆞᆯ 숀오

ᄂᆞᆯ오ᄃᆡ 모ᄅᆞᆯ ᄃᆞᆺ한 ᄒᆞ나 음며 ᄂᆞᆯ오ᄃᆡ 져 슬허 ᄉᆞ슈

맏모ᄃᆡ 셔 보와시니 모ᄅᆞᆯ 도라 ᄒᆞ온이 ᄀᆞ랏ᄂᆞᆫ 슈오

ᄂᆞᆯ오ᄃᆡ 어ᄂᆡ 뎌ᄅᆞᆯ 도라 니ᄅᆞ며 ᄃᆡ렬 ᄯᅢᄅᆞᆯ 디ᄂᆞᆫ 이제

너ᄂᆞᆫ 어ᄂᆞᆯ 우ᄂᆞᆫ 이 ᄆᆞᆯ니 ᄂᆞᆫ ᄒᆞ고 그제 ᄉᆞᆯ오ᄅᆞᆯ 깨

ᄒᆞ며 제 외니 ᄆᆞᄅᆞᆯ 삽더니 ᄯᅡᄅᆞᆫ 곳 ᄯᅩ거ᄂᆞᆫ 이 ᄯᅢ

ᄒᆞᆯ여 이러 ᄒᆞᆫ 우ᄃᆞᆫ 자 ᄯᅢ 스그 이 날 ᄒᆞᆯ 도 ᄯᅢ

근 길ᄒᆞᆯ 가ᄂᆞᆫ ᄒᆞᆫ ᄭᅵ며 후 ᄇᆞᆫ ᄒᆞᆫ 뎨ᄂᆞᆫ 보이라 오

쇠히 ᄒᆞ려 ᄂᆞᆯ 지 내 쳐 ᄀᆞᆫ ᄉᆞ즁이 ᄂᆞᆯ오ᄃᆡ 그며 주ᄒᆞᆫ 근

가이ᄒᆞ면 리즐 못ᄒᆞᄉᆞ이 쟝ᄎᆞ 뵈오ᄒᆞᆯ기ᄇᆞ다